U0639672

古镇新韵

万安

主编　钟富民

执行主编　谢观光

社会科学文献出版社
SOCIAL SCIENCES ACADEMIC PRESS (CHINA)

魏侃夫遗像

根据《南武赘谭》描述
及元代官服绘制
二〇一四年冬

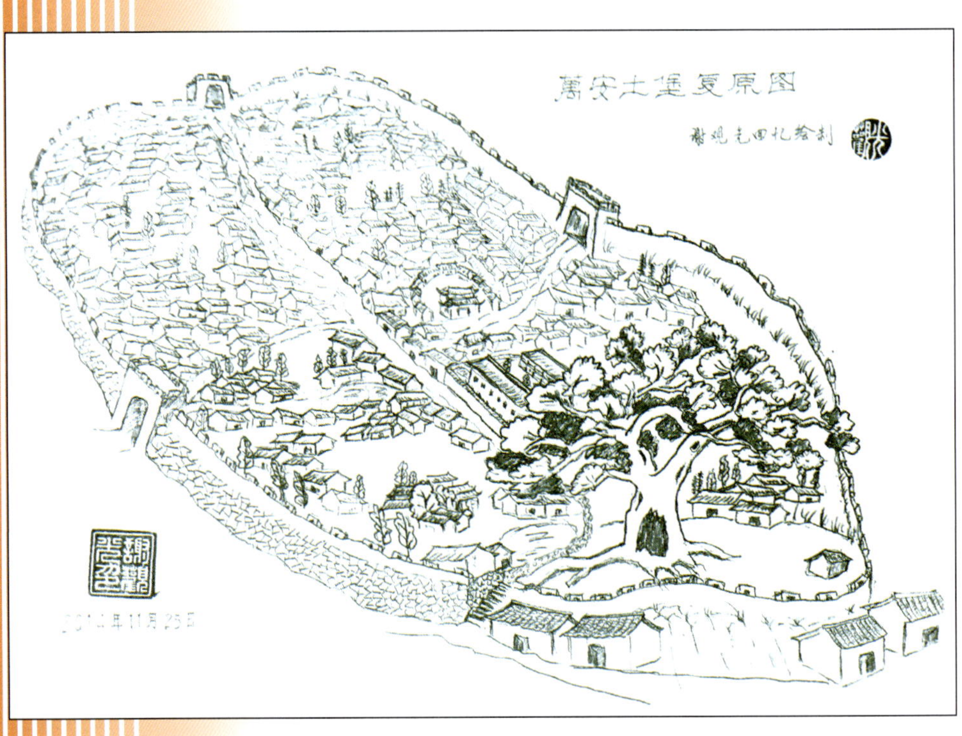
萬安土堡复原图

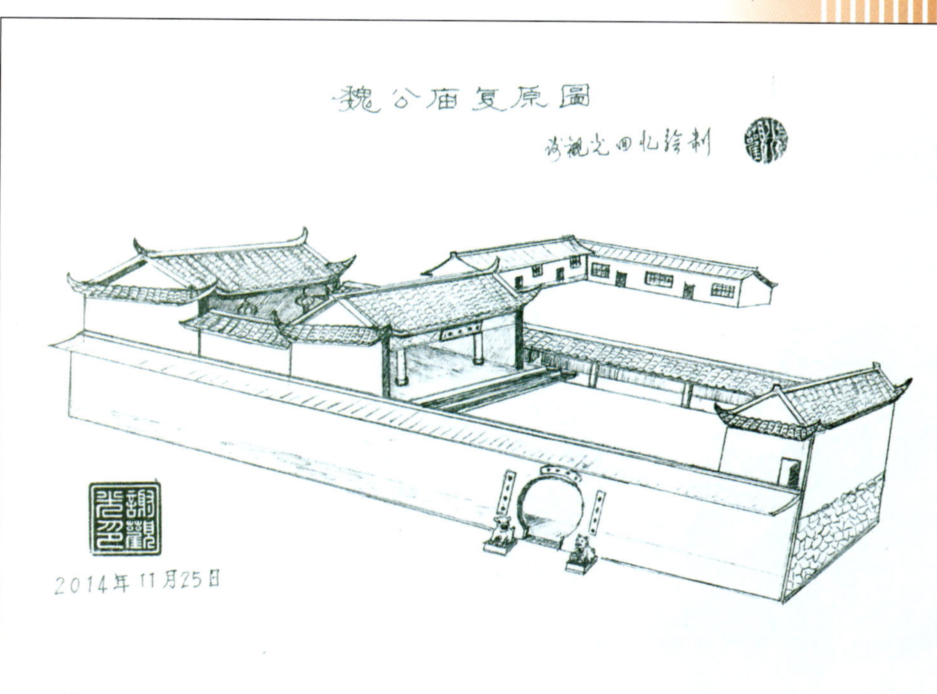
魏公庙复原圖
谢观光回忆绘制
2014年11月25日

2011年11月7日，时任国家林业局局长赵树丛（前排左二）在 武平县捷文村调研，充分肯定了武平林改工作取得的成果，认为武平林改“改得早、改得好、改得深、改得林农满意”

2013年3月福建省省委书记尤权（中）在武平县万安乡捷文村调研林改工作

2013年2月福建省委常委、秘书长叶双瑜（右二）在捷文村调研林业专业合作社

武平县委书记王建生在万安慰问贫困户

2014年11月13日，武平万安撤乡设镇授印揭牌仪式

2015年1月15日，万安捷文村林改故事微电影《大山的儿女》开机仪式

2015年3月16日（农历正月二十六），“魏侃夫民俗文化节”在万安镇隆重举行

捷文水库是武平城区目前唯一的一个集中式饮用水源地

祝万安镇《古镇新韵—万安》出版

古镇新韵

红土雄风

谢毕真2015年春

百岁老红军、原福建省新闻出版局副局长、省老区建设促进会副会长谢毕真为本书亲切题词

《古镇新韵——万安》编委会

序　一

谢曙光

福建武平出城往北，在群山环抱之中有一座静谧的小镇，据记载元朝至顺年间，时人将此地命名为“万安”，寓长治久安之意，这就是我的家乡。它是一座普通得不能再普通的小镇。在全国还有数十个乡镇以“万安”为名，其中有不少还是闻名遐迩的历史名镇！提起“万安”，除了本乡人士，估计也绝少有人会想到武平县的万安镇，然而它也有着自己的历史和文化，有着自己的魅力。

当人们选择一种观察世界、理解世界的途径的时候，他们也可能是在选择一种身份认同，或者是选择一种价值认同。作为一名社会学者，除了根植于心的故乡记忆，我更多的是以社会学者的眼光去研读故乡。随着近年来对古镇研究的升温，以及市镇研究的细化，特别是将古镇的社会学研究作为古镇研究的重要分支，纳入历史学、建筑学、经济学等多学科交叉研究的坐标系，在多元立体化的视域中重新对其透视、观察、研读，可以发现，古镇都有着自己独特的乡土文化个性和社会特征，新时代的城镇发展也往往依托着古镇特有的社会特征、人文特色形成不同的轨迹。武平万安，作为一座客家文化古镇，经历数百年的繁衍生息，从风光绮丽的梁野山岭到青石斑驳的古镇老街，以及老街上的大石桥和社公树，都浸透着鲜明的客家文化特征。古越族文明遗址，“南海国”王城遗址，“魏侃夫民俗文化节”，朱氏、谢氏古祠，客家歌赋习俗，新时期林改等，既呈现了古镇悠久的历史传承、淳朴的人文性格，也反映出依托这些社会特征和人文特色，新时期万安的创新与发展。

2014年年底，万安撤乡设镇，观光堂兄联系我，希望在我所服务的社会科学文献出版社出版一本反映万安古镇地域文化、人文历史和新时代城镇发展崛起的书。作为一名学术出版人，我更深刻地思考这本书的社会价值。此书的出版更深刻的意义在哪里？为此，我想到著名社会学家费孝通对故乡开弦弓村20世纪30年代经济生活的描述和乡土文化的研究，出版《江村经济》这一社会学名著，同时也使原本默默无名的江苏吴江开弦弓村成为世界瞩目的社会学人类学研究窗口。在中国的文化研究领域，地域文化的成分占有很大的比重。自从1978年2月考入厦门大学离开自己从出生到成人整整生活了22年的万安乡下圳村，这30多年来始终存有的一种愧疚感，就是未能为家乡的发展做点什么。那么，不妨就以《古镇新韵——万安》的出版为契机，借助社会科学文献出版社这个有强大的学术出版能力和资源整合能力、有强大的学术图书内容传播力和社会影响力的出版平台，吸引更多的人了解万安，进而深入研究万安，特别希望从万安走出的年轻学子中有志于从事经济学、社会学或人类学的博士生，把万安镇作为自己博士论文的研究场域，潜心写出像当年费孝通先生那样的学术名篇。作为一名社会学人，我乐于参与其研究所需要的讨论；作为一名学术出版人，我期待更多地出版有关家乡万安的学术作品。谨以此回馈家乡万安的生养之情。是为序。

2015年9月6日

（作者系社会科学文献出版社社长、中国社会学会秘书长）

序　二

谢重光

一条小溪，蜿蜒曲折，穿村而去，潺潺流水，清澈见底。村姑们三三两两在溪边浣衣，家长里短，寒暄嬉闹，笑声串串，弥漫四野。

一座石桥，简单质朴，连着村舍与学校。桥下溪畔，有一块块菜地，蔬菜茁壮，瓜果飘香。大人们在菜园里躬耕劳作，小孩们在旁边捉蜻蜓、抓蝴蝶、挖蚯蚓，有的也拿起小小花锄，帮助松土锄草。宁静祥和，其乐融融。

一棵大树，老干虬枝，树色苍苍，绿叶繁茂，名为社公树。树根旁常有香烟缭绕。那是孩子们上学必经之地。树下一条小街，店肆栉比，卖吃的、卖用的，还有理发店、信用社。孩子们放学后，围着大树戏耍。有的按照爸妈吩咐，买一壶冬酒回家，共乐太平。

一座小山岗，名为豹虎岗。岗顶数椽小屋，屋前有老柳树、柚子树、石榴树，夏日里枝叶欣欣，蝉鸣声声。岗下是卵石砌筑的小山坡，晒着稻谷，小孩在周围放风筝，跑上跑下，喜笑颜开。入夜后，人们在石坡上铺上竹席，玩起降僮跳神的游戏，神秘恍惚，逗得姑娘媳妇们格格大笑，小孩们却吓得一阵阵惊叫，直往母亲怀里钻。

古镇新韵——万安

一座小山岭，四季常青，竹树森森，名叫对门岭。这里是村民燃料的来源，大家都来打柴割茅草。孩子们则以采蘑菇、摘野果为乐。什么板栗呀、山梨呀、十月乌呀、鸡目珠呀，应有尽有。山岭下一湾深潭，名为兔子潭。夏收甫毕，稻田灌水，孩子们光着屁股，拔起一株株淋淋沥沥的稻根，一声“冲啊！”扑通跳进兔子潭，激起一波波浊浪，带来一阵阵笑声。

这是一个多么平和、恬静、质朴、淳厚的山乡！这就是福建省武平县万安镇，我亲爱的故乡，我的心灵永久栖息的地方。其中豹虎岗上的小屋，在下镇村，名为高园子，那是我爷爷归田闲居的书屋，也是我童年的乐园。每逢夏天，我爬树捕蝉，就像杜甫说的，“一日上树能千回”。石桥下拿花锄锄地松草和兔子潭光屁股的孩子中，也有我天真而顽皮的身影。长大后读到辛弃疾《清平乐·村居》所描绘的：“茅檐低小，溪上青青草。醉里吴音相媚好，白发谁家翁媪？大儿锄豆溪东，中儿正织鸡笼。最喜小儿无赖，溪头卧剥莲蓬。”我感到特别亲切，其情其景，简直与我家乡一般无二。又读到王维的诗句“故人具鸡黍，邀我至田家”“开轩面场圃，把酒话桑麻”，陆游的诗句“莫笑农家腊酒浑，丰年留客足鸡豚”“萧鼓追随春社近，衣冠简朴古风存”，也觉得就是我家乡民俗风情的写照。我家乡父老乡亲的热情好客、质朴淳厚，比诸王陆笔下所述毫不逊色。

1957 年，我离开家乡，随父母定居漳州，此后求学、工作，足迹遍四海，对故乡的眷恋却未尝一日稍减。几回回梦里还乡，总把家山仔细看。我对家乡的感情，与我伯母好有一比。我伯母晚年侨居美国，儿女们常带她游历美欧各地，总要介绍这山怎么怎么好，那山怎么怎么美。每当此际，伯母总慢悠悠地说，“哪有武平的山水好啊！”我也游历了国内外很多地方，也常听到介绍这个那个名村如何如何好。当其时，我心中想的也是哪有我万安好！道理很简单，诚如杜甫说的：“露从今夜白，月是故乡明。”真情所寄，移情于物，那物自然就好，自然就明。

眷恋故乡，就希望故乡古朴长存，而面貌日新。1993 年，阔别 36 年后我首次重返故乡，一是有“少小离家老大回”的感慨，二是有故乡建设飞快、旧貌换新颜的惊喜。此后又回乡了几次，每次都有新变化，每次都有新惊喜。因为我们的想象，总赶不上故乡的突飞猛进、日新月异。因此就想，要是有人经常向外出的游子报告家乡新貌，那该多好啊！没想到天从人愿，2014 年万安撤乡改镇，新一届镇领导年轻有为、宏图远略，要带领乡亲们把万安建设成城北新镇、城郊花园、保障基地。为了鉴古知今，组织编撰了一部《古镇新韵——万安》，全面反映万安的悠久历史和时代新貌。举凡历史沿革、民俗风情、山川物产、人物艺文、建设成就，无不具备。一编在手，犹如卧游故里，功莫大焉！书稿编成，付梓之前，征序于我。我得以先睹为快，不胜欣喜，爰弁数言，特为推介，并致感谢之忱！

甲午（2014 年）季冬于榕城兰韵斋

（作者系福建师范大学历史系教授、博士生导师）

目 录
CONTENTS

标杆 · 捷文林改

廉政·清风永拂

掌故·传说沿革

乡愁 · 古镇留痕

山水 · 美丽万安

民俗·中原遗风

人物·名士辑览

艺文·撷英拾贝

红土·激荡风云

崛起 · 魅力万安

标杆·捷文林改

习近平肯定武平林改：“像家庭联产承包责任制那样抓林改”

对事关长远的体制机制变革方面的创新之举，习近平尤为关注。他对武平县的林改工作给予肯定和支持，并由此推动福建全省集体林权制度改革，就是一个典型例子。

福建是我国重要林业大省，然而长期以来，广大林农却守着“金山银山”过穷日子，产权归属不清、主体经营错位、机制不灵活、分配不合理等体制机制问题，让农民根本没有耕山育林的积极性。破解困局，唯有明晰集体林权，改革山林产权。

破天荒的改革从闽西小县武平率先开始。在县委、县政府的支持下，武平县万安乡捷文村第一个“吃螃蟹”。2001 年 6 月开始，针对“山要怎么分，山要由谁分”这个最棘手的问题，在充分尊重群众意愿的基础上，捷文村提出了“山要平均分，山要群众自己分”的思路，把所有集体山林按照“耕者有其山”的原则落实到户。

山定权、树定根、人定心。当年 12 月 30 日，捷文村村民李桂林领到了全国第一本新版林权证。他说：“有了林权证，就像吃了定心丸。我们对山林有了自主权，才会真正用心去管理，这样也才能从山林里得到更多收入。”在总结试点经验的基础上，武平在全县范围内推进林权改革。

2002 年 6 月 21 日，习近平在武平调研时充分肯定了该县集体林权制度改革，并作出“集体林权制度改革要像家庭联产承包责任制那样从山下转向山上”的重要指示。

福建由此在全国率先开展了以“明晰产权、放活经营权、落实处置权、确保收益权”为主要内容的集体林权制度改革，成为全国林改的标杆。林改也被认为是继土地家庭承包之后，我国农村经营制度的又一重大变革。

（节选于《福建日报》2014 年 10 月 30 日第 2 版《始终与人民心心相印——习近平同志在福建践行群众路线纪事》）

一个小山村的巨变

——“全国林改策源地”福建省武平县万安乡捷文村调查纪实

钟德发

“林改对于我们老百姓来说是利国利民的大好事。林改前，我们没有自主经营权，一切都由村集体说了算，我们得不到多少实惠；林改前，我家人均年收入只有 3000 元左右，只能靠种点粮食、打点零工过日子。林改后，我家承包经营了 270 多亩林地，目前年收入有 12 万元，人均收入达到 2 万多元。现在日子过得越来越好，前两年在县城盖了一幢新房，家里电器什么都有。感谢党的林改政策，让我们得到这么大的实惠。”

说起林改，全国第一本新林权证持有人——万安乡捷文村的李桂林老汉精神抖擞、滔滔不绝，脸上洋溢着喜悦的笑容，这只是林改带来幸福生活的一个缩影。

捷文村是我国千万个山村中的一个普通村落，地处闽、粤、赣三省交界的武平县西北角，省道 309 线旁。全村共有 153 户 579 人，土地总

面积32137亩，其中有林地面积26763亩、生态公益林面积1887亩，人均拥有森林面积46.2亩，是全县人口最少、生态环境最好、森林资源最丰富、人均林业收入最高的重点林区村之一。这样一个普通村落却在一次农村重大变革中，变成了远近闻名的全国集体林权制度改革"策源地"，由此也掀开了百姓富、生态美的发展新篇章。

林改前，山区群众靠山吃山，山林资源是村民谋生求富的依托和希望。改革开放以来，捷文村先后开展了林业"三定"和完善落实林业生产责任制等改革，但受当时计划经济大背景的影响，改革基本未触及集体林地、林木的所有权与经营权，全村山林无论集体统管，还是已落实承包到户的自留山、责任山，村民都没有经营自主权，一切采、育、管、造和林业资金开支使用皆由村集体把持，由少数乡村干部说了算，广大村民得不到多少实惠。与此同时，村民为谋生计，利用地处城乡接合部交通便利的优势，全村盗砍滥伐、乱收乱购、无证运输木材等违法犯罪行为屡禁不止，林业秩序一度极为混乱，呈现出"乱砍滥伐难制止、林火扑救难动员、造林育林难投入、林业产业难发展、农民望着青山收益难"的"五难"困境。对此，村委会和广大群众既深恶痛绝却又无能为力。由于长期只砍不造或重砍轻造，全村造林、育林几乎处于停滞状态，村集体经济和村民林业收入逐年下降。至2000年，不要说村民在林业方面的经济收入微不足道，就连村两委也穷得没有钱买纸写标语，导致村级组织软弱涣散，严重制约和阻碍了捷文村的稳定与发展。

2000年7月，武平县林业局派人到南京参加由国家林业局举办的林权证启用培训班，回来就着手进行林权证换发的准备工作，并选择万安乡上镇村进行林权证换发试点，但让人意想不到的是，不管如何做工作，新林权证就是换发不下去。原来，上镇村集体林已经发包给村民经营，但村民只有管护权，却没有处置权，对不属于自己的山林要不要换发证不感兴趣，这样僵持了一个月，只好草草收场。就在这个节骨眼上，时任万安乡捷文村支部书记李永兴听到隔壁村进行换发林权证的消息，主动找到县林业局领导，提出能不能把试点放在他们村？得到支持后，捷文村立即召开村支部会议、党员大会，又接着召开村民代表、村民小组长会议，大家一致同意进行林改试点，但他们提出了“要开展确权发证，首先必须明晰产权”，要求把集体林地林木使用权和林木所有权、经营权落实到户、到人，通过颁发林权证，让林农吃下“定心丸”。

听到群众呼声后，县委、县政府通过深入调查研究，多次召开座谈会、研讨会，深刻认识到山林产权证是林业发展的“牛鼻子”，必须创新林业产权制度，认为要尊重林区实际，尊重林农的首创精神，毅然做出了在捷文村开展集体林权制度改革工作试点的决定，由此燃起了全县林改的星星之火。接下来，“山要怎么分，山要由谁分”这一争执又成为明晰集体林权的最棘手问题。有人主张山要按实力分，由有实力的人来管理山场，不能均山到户；有人主张山要由政府分、由村干部分。在关键节点上，经捷文村村民代表大会集体讨论，决定“山要平均分，山要群众自己分”，对全村所有集体山林按1981年林业“三定”时的人口实行了平均分配，家家户户都分到了山，得到了全体村民的拥护和支持。全村共发放林权证178本343宗26763亩，林权发证率达100%，林权到户率达100%，村民李桂林在2001年12月30日领到了个人持有的全国第一本新林权证。

2002年，捷文村完成集体林权制度主体改革任务后，坚持改革不停步、不松劲，又率先开展了林权抵押贷款、林业分类经营、林业合作经济组织建设、发展林下经济等方面的林权配套改革，使捷文村林业进入了一个新的发展阶段，焕发出新的生机和活力。

回顾捷文村过去10年的改革历程，林改到底好不好？看看这个全国林改第一村的变化，看看满目翠绿、绿意盎然的青山，看看村民们喜上眉梢的笑脸，答案就在其中。

有效激发林业发展活力，生态环境更吸引人。

林改后，随着农民耕山积极性的提高和生态环境保护意识的增强，捷文村的森林资源培育和保护工作日趋完善，生态环境更优美，也更吸引人了。家住万安乡政府所在地下镇村的谢月华，就是看中捷文村的生态环境才来到这里投资兴业的。他在捷文村流转了1200多亩的林地，投资种植油茶118亩，还依托良好的生态环境搞起了生态养殖，现在发展有山塘养鱼40多亩，办了一个养兔场，年出栏5000只。客商们知道他的鱼和兔是在捷文村养的，纷纷来求购，常常供不应求，仅仅无污染的绿色环保养殖就可以为他每年带来40多万元的收入。林改后，全村森林覆盖率提高4.9个百分点，达到84.2%；林木蓄积量增加4.5万立方米，达到14.8万立方米。不仅减少了水土流失，涵养了水源，还改善了捷文水库水质，捷文水库成为县城饮用水源区。空气质量变好了，主要污染因子为可吸入颗粒物，大气环境质量保持在一级标准。全村阔叶林占52%以上，植物生长茂盛，为养蜂业的发展提供了很好的自然条件。

充分调动林农积极性，农民生活水平提高。

林改前，捷文村的农民望着青山却难有收益，日子过得紧巴巴的。

林改后，农民分到的山就是一个聚宝盆，就是一个小银行，山上的林木是钱，山上的竹子是钱，山上的每一寸土地都是钱。农民通过山林管护、发展林下经济、生态补偿等得到大幅度增收，由此也提高了生活水平，过上了富裕、祥和的幸福生活。

钟明添，捷文村一个40多岁的汉子，绿富林业专业合作社社员，他家7口人，承包经营山林150亩。他在捷文村建起了3亩花卉大棚，主要种植富贵籽，按照2013年的市场形势，可望获得15万元的收入；在自家田中育了6亩的枫香、木荷等阔叶树苗，价值5万元；利用林地发展林下养鸡，年出栏1500只，收入有1.5万元；自家山上的木材、毛竹年收入有2.5万元；种植水稻3.2亩，产值约3000元；儿子、儿媳外出打工一年10多万元，如此算来2013年他全家收入可达30多万元，人均收入5万余元，其中林业收入人均3万多元。钟明添说，这样的日子，在林改前是想都不敢想的。

李有林，原来一直在武平、龙岩等地经营饮食店，人辛苦不说，扣除房租、工人工资和开销，一年下来，收入也就仅仅能维持生计。林改时他家分得100亩山林，2010年，他看到乡亲们在山上发展得红红火火，坐不住了，就琢磨着依托自家的林地做点事情，毅然决定转让饮食店，回家利用林地发展林下养殖，2013年他家林下养殖的鸡、鸭、鹅年出栏可达2500只，利润有2.5万元，其他养殖有2万元的收入，山林收入每年约5000元，移民补助每年2400元，儿子外出打工从事工地施工管理，每年有10万元左右的收入，2013年收入可达15万元。“以前守着金山银山，还外出闯荡，如今在家门口靠山吃山，日子更好过了。”

林改盘活了林业资产，增加了村集体和林农经济收入。2012年捷文村人均收入达到9680元，其中人均林业收入达到3140元，超过了全省平均水平。全村所有农户都承包山林，其中最多的达到500多亩，少的也有几十亩，户均承包集体山林125亩。根据当地村民当时进行的测算，按平均15年后主伐林木，其间支付的成本只有林地使用费一项，如果按每亩每年收1元林地使用费计算，则共需支付成本1875元。届时按每亩出材6立方米、纯利润每立方米300元计算，可获得收入超过22.5万元，这还不包括多种经营收入。近几年，由于山林快速升值，捷文村每户农民经营山场的收入大为增加。

进一步转变林业发展方式，农民耕山积极性高。

在捷文村，我们看不到一块荒山，所有的林地上都是郁郁葱葱的树木。村民告诉我们，林改前，由于山没有确权，担心政策会时时变，树种下去后，过几年不知是谁的了，所以大伙都不想种树，那时到处都是砍伐后留下的“瘌痢头”。林改后，山林确权发证，家家户户都分到了山，而且领到了林权证，吃了定心丸，林产变成了个人的“家产”，再也不用担心了。大伙的耕山积极性空前高涨，爱山爱林就像爱自己的子女一样，掀起了耕山的高潮，为山上的每一寸土地披上绿色的衣裳，“瘌痢头”不见了。林改以来，全村植树造林5600多亩，且造林成活率、保存率达90%以上。

捷文村在不破坏森林资源的前提下，还充分挖掘和利用林业资源空间优势，积极引导和扶持农民发展林下经济，提高林地综合利用率和产出率，促进农民在短时期内增收和致富，实现不砍树也能致富。林改后，全村成立绿富林业专业合作社等合作组织4家，发放林权抵押贷款350万元，发展林下养蜂、养鸡、养羊、养鱼，种茶、种果、种植食用菌、种植名贵树等林下经济，年产值达到2500万元。

重视改善农村民生各项事业，农村社会和谐稳定。

林改后，捷文村按“自愿、平等、互利”原则成立了护林防火协会，规范制订了协会管理，全村有山林的村民均自愿入了会，并对协会成员所有山林进行联防联护。与此同时，还制定了护林防火村规民约，并经村民代表大会讨论通过、公布施行，有效地规范了林业经营和管理行为，促进了依法治林，提高了全村林业自治管理水平。盗伐、滥伐木材现象得到有效遏制，森林防火、森林病虫害防治等责任制也得到进一步落实。林改从源头上遏制了过去一些村干部利用职务便利侵占集体林，变集体林为“干部林”等腐败问题。村两委利用林改收益（林木转让费、林地使用费等），积极兴办公益事业，清偿村级债务，实行村财务公开和民主管理，推动了村风文明，促进了新农村建设，赢得了广大村民群众的支持与认可。农民成为集体山林真正的主人，管理山林则从村干部的几双眼睛变成了千家万户的几千双眼睛，发生山林火灾，也是村帮村、邻帮邻，促进了农村社会关系的和谐，极大增强了村支部的凝聚力和战斗力。

林改后，捷文村未发生一起森林火灾、未出现一起涉林矛盾纠纷、未发生一起盗滥伐林木案件。近几年，捷文村村容村貌发生了巨大的变化，全村 153 户中有 124 户农户都建起了砖混结构的小洋楼。林改前，全村仅有 18 台电视机，七八辆摩托车，小汽车都没人买得起，现在家家户户都拥有了大屏幕彩电、摩托车，买了小汽车的已有 26 户，存款数量也连年增长。村财收入也从无到有，每年仅林地使用费一项就达 1.6 万余元，其中还不包括林木采伐收入分成。按照村委会和村民的约定，林改后凡是每户主伐自己所承包的林木，都必须按照每立方米 2 元的标准，向村集体另外缴交“集体提留”。现在每年村里在林业方面的固定收入达 3 万元，村里有了固定收入，也就敢做一些实事好事了，现在村道硬化 7000 多米，2013 年还修建了近 6000 米的林区公路，为村民耕山创造了良好的条件。

捷文村的林改实践，朴素地回答了“山要怎么分”的问题，反映了“家庭承包，共同富裕”的林改真谛；捷文村的林改做法，朴素地回答了“山要由谁分”的问题，揭示了“村民自治，基层民主”是农村和谐稳定的基础。许多老百姓高兴地说：“改革的是林权、保护的是生态、受益的是农民。”

（本文原载于《中国绿色时报》2013 年 12 月 24 日第 1 版）

赵树丛夜访林农

黄　俊

昨晚，武平县万安乡捷文村村民谢永贵家灯火通明、笑声朗朗。前来武平县出席全省深化集体林权制度改革现场会的国家林业局局长赵树丛又一次来到了捷文村，与当地干群畅谈林改成果，倾听林农呼声，共谋未来发展。省政府副省长陈荣凯，国家林业局有关司局领导，市领导黄晓炎、池秋娜参加座谈。

再次见到赵局长，拿到全国第一本林权证的村民李桂林掩饰不住内心的激动，率先谈起了自家 200 多亩林地的管护、经营及流转情况："拿到林权证后，我们林农就吃下了'定心丸'，我的林地流转了 100 多亩，还有 100 多亩种植了 60 亩竹林，其他种植杉树及涵养林，我还加入了养鸡合作社，在林下养鸡，全年仅山林就能带来 3 万多元的收入。"2011 年，赵树丛在我市调研林改工作时曾来到捷文村，与在座林农都有过深入交流，现在得知李桂林家通过林改实现增收，赵树丛十分高兴，他勉励李桂林再接再厉，依靠党和政府的好政策，依靠自己勤劳的双手，过上更加美好的生活。

习近平总书记当年在福建工作时曾来到武平调研，对武平林改经验给予充分肯定并寄予厚望。十多年过去了，林农们仍然记忆犹新。钟敏添、李永兴、李木生、钟泰福、李美元等林农一边回顾领导关怀和鼓励，一边你一言我一语，纷纷打开了话匣子。“如今，村子里养鸡、养蜂和从事花卉种植的人越来越多，年轻人也更加愿意留在家乡了。”“我们想发挥有山有水的优势，打造‘森林人家’，发展生态旅游。”“边远地段的毛竹林还有部分道路尚未建好。”……赵树丛一一认真听取，并详细询问了林农们林权抵押贷款、林下经济发展、当前存在困难问题、未来发展规划等情况，并当场承诺2014年对武平县通过林权抵押贷款发展林业的林农给予贴息优惠。

赵树丛感慨地说，听了你们的发言，我十分高兴和激动。林业发展与生态环境、民生改善息息相关，发展林业，眼光放得越长，得到的回报就越大，希望你们抓住机遇，对接政策，按照短期、中期、长期规划，进一步把林权管理好，把林下经济发展好。“快过年了，我在这里给乡亲们拜个早年，祝你们把林业发展得越来越好，我等着听你们的好消息！”赵树丛由衷的祝愿赢得了林农们的阵阵掌声。

一杯清茶，暖意浓浓。20时30分许，座谈结束了，林农们却久久不愿离去，他们仍在畅谈着不久的将来更加幸福、更加美好的生活。

（本文原载于《闽西日报》2014年1月4日第1版）

全国林改第一村汇报成绩
得到国家林业局局长首肯

康泽辉　李贵荣

看到信纸上“国家林业局”的大红套头，和国家林业局局长“赵树丛”的亲笔落款，全国林改第一村——龙岩武平县捷文村的林农谢永贵，别提有多高兴了。

先前，他趁国家林业局农村林业改革发展司司长张蕾到捷文村调研之际，写了封信，让张司长捎给赵局长。没想到，数日前，他收到了赵局长的回信。

赵局长曾到他家做客

谢永贵是武平县捷文村人。捷文村，是全国林改第一村。

2001 年 12 月 30 日，中国第一本新林权证发到了这个村子，从此开启了全国集体林权“包林到户”“明晰产权”的改革大幕。2011 年，时任国家林业局副局长的赵树丛到捷文村调研，当时，谢永贵是村主任。

谢永贵记得，当时的林改大会，就是在他家开的。“这么大的领导到我家做客，临走前，我老婆拎了两只家养的大公鸡，想送给赵局长。"

不过，赵局长风趣地婉拒了，"大公鸡可坐不了飞机"。这事，谢永贵一直记在心上。

前不久，国家林业局林改司张蕾司长到捷文村调研，谢永贵心想，"武平林改有了新突破，不砍树也致富，这要跟赵局长汇报一下"。

他找来格子信纸，给赵局长写了封信，汇报了捷文村的林改成绩，共五六百个字，还顺带汇报了谢家的收入情况，"现在全年收入达到12.5万元，人均林业收入5000多元"。

谢永贵很用心，还捎上了香菇和金线莲等，这些可都是村里发展林下经济的产品，"林改的成果，要让赵局长也一起分享"。

赵局长很快就回了信

让谢永贵没想到的是，赵局长很快就回了信。数日前，他从邮递员手上接过了这封挂号信。

回信中，国家林业局局长赵树丛祝贺捷文村试点集体林权制度改革以来取得的成绩。

捷文村是国家林业局群众路线教育实践活动基层联系点。赵树丛局长在信里表示，农村林业改革发展司将积极总结推广捷文村成功的改革经验，帮助推动解决捷文村在改革发展中遇到的困难和问题，共同推进深化集体林权制度改革，努力实现生态受保护、农民得实惠的改革目标。

谢永贵还收到了赵局长寄来的2000元现金，这是赵局长"买"他的林下产品的钱。

（本文原载于《海峡导报》2014年1月3日第30版）

武平林改的见证者：从牺牲品到受益者

谢丽燕

由“不砍树，如何能致富”到提倡生态保护、大力发展林下经济，这一思想观念的转变是武平林改成效的直接反映。集体林权制度改革后，武平县积极寻找新的门路，出台相关扶持政策，大力发展林下经济和林业合作经济组织，并于2013年被国家林业局评为“国家林下经济示范基地”。

梁野仙蜜养蜂专业合作社理事长钟亮生就是武平林改见证者之一。林改前，钟亮生是当地林业部门的一名护林员，日常工作就是巡山。他告诉记者，林改前武平滥砍滥伐的现象比较严重，整座山都光秃秃的，生态环境每况愈下。

后来，武平开展了以“明晰产权、放活经营权、落实处置权、确保收益权”为主要内容的集体林权制度改革，滥砍滥伐现象得以缓解，林农得了实惠，钟亮生却成了林权改革的“牺牲品”，就此“下岗”了。

在林权改革持续进行的背景下，钟亮生开始探索新的谋生道路。2008年，钟亮生继承父业，转行养蜂，并组织成立了梁野仙蜜养蜂专业合作社。合作社所产蜂蜜主要销往厦门、福州、龙岩的大型超市和礼品店，由于蜂蜜天然优质，价格合理，产品销路非常好。合作社的成立不仅解决了山区林农的就业问题，也带动了林农致富，带动了林下经济的发展。

据了解，合作社自成立以来，以“合作社 + 公司 + 基地 + 农户”的经营管理模式，实现了五个统一：统一品种、统一提供新技术、统一采购生产资料、统一组织收购和销售、统一品牌。目前，合作社社员遍布全县 80 多个村，建立了 100 多个养蜂基地，拥有 6000 多个蜂箱，年产蜂蜜 10 万多斤，2013 年营业收入达 645 万元。

提及成功之道，钟亮生认为良好的生态环境是关键。“水质和土质直接影响到蜜源，”他说，“林权改革后，滥砍滥伐现象缓解了，开花流蜜的乌桕树产量提高，养蜂行业才得以发展壮大。”

按照目前的势头发展，武平林下养蜂产业可达年产 100 万斤的规模，钟亮生如是说，而这一切都归功于集体林权制度改革，“我是林权改革的牺牲品，更是其中的受益者”。

（本文原载于闽西新闻网 2014 年 1 月 1 日网讯）

大山矗立的标杆

刘永泰

一根标杆，矗立于巍峨而又厚重的梁野山巅，云梯山顶，挡风岭尖。

一面旗帜，飘荡于逶迤连绵的万顷绿海，飘拂在亿万林农的心田。

跟随着采风团，我们来到了全国林改的策源地：福建省武平县万安乡。来到了敢为人先，为中国林改拓荒探路，披荆斩棘的捷文村。

脚踩闽、粤、赣三省的结合部，投进红土绿野的怀抱，轻轻地抚摸着全国南方重点林区那山的筋骨，细细地聆听那山的絮语，感受那山的精神，万千感慨从内心迸发：万安是杯竹叶青酒，谁喝了都得醺醉；万安是碗天然花蜜，谁尝了都得咂嘴甜心。

红日辉林海，春光唤鸟音。林改是继土地家庭承包之后我国农村经济体制的又一重大变革。武平是林业大县，森林资源丰富。然而，早期广大农民却守着金山银山受穷。旧林权体制矛盾凸显，产权归属不清，主体经营错位，机制不灵活，分配不合理，农民根本没有耕山育林的积极性。昔时有联云“此木为柴山山出，因火成烟夕夕多”，把宝贵的森林资源聊当柴火焚烧煮饭。当时群众中有句口头禅：“要想富，上山去砍树。”胆小的，晚上偷着砍；胆大的，白天成群结队地砍。力薄的用肩膀扛，势大的用机装用车运，集体山林乱砍滥伐，根本制止不了。面对困局，怎么办？林改推上了风口浪尖。当地党政，审时度势，为了百姓富，为了生态美，在深入调研，充分吸纳群众意见的基础上，决定冒着风险搞林改。于是，2001 年 6 月，万安乡捷文村率先开展了以“明晰产权、放活经营权、落实处置权、确保收益权”为主要内容的林改试点，点燃了全国林改的星星之火。

林深惊鸟兽，果熟醉山人。武平的林改实践，科学地回答了一系列林改的根本性、方向性问题：“山要怎么分，山要由谁分?”——“山要平均分，山要群众自己分”，实现“耕者有其山”；“林改好不好?”——“十年变化看山上”；“单家独户经营难怎么办?”——“联合起来就不难”；“不砍树怎么能致富”——“转变方式做文章，不砍树照样能致富”。

春风化雨，2001 年 12 月 30 日，身穿中山装的李桂林，长满老茧的双手捧回了全国第一份林权证！满头的黑发盼白了鬓霜，刀刻的皱纹舒展出慈祥的笑容。

山定权，树定根，人定心。

时任福建省省长的习近平同志对武平林改工作给予了充分肯定，2002 年 6 月、8 月分别做出“集体林权制度改革要像家庭联产承包责任制那样从山下转向山上”和“林改的方向是对的，要脚踏实地地向前推进，让老百姓真正受益”的重要指示，为武平林改指明了方向，极大地推动了林改的不断持续和深化。

武平林改的成功实践，为全省和全国林改起到了探路子、树典型、作示范的标杆作用，引起了党和国家领导人的关注和重视。国家林业局赵树丛局长，2011 年 11 月莅临武平调研，充分肯定武平林改“改得早、改得好、改得深、改得林农满意”。石破天惊，农民创举上升为党和国家的最高决策。青山为凭，蓝天可鉴。武平林改顺民意、合民心，改得农民得实惠，改得农民心花怒放，改得乡村变绿、变富、变美了。

停车驻足，极目眺望，巍巍山峰一座连一座，直向四周伸展开去，群山早已把你包围得严严实实，一座座、一层层，不知道哪里是边，何处是沿，漫山青翠，满眼碧绿。近处是淡淡的浅绿，那是十里沃土里刚栽下的萝卜、青菜，随风摇摆着，还有那鲜红滴翠的草莓，飘来阵阵清香；不远处，是浓郁的深绿，那是满山满岭的森林，高岭苍茫低岭翠，幼林明媚母林幽。山风拂过，荡起阵阵碧波，无边无际的汪洋绿海。远处，则是静静的墨绿，浓重而朦胧，巅连起伏的山峰云接蓝天，竹林葱郁千嶂翠，林海苍茫万顷涛。好一派南国群山，壮丽雄浑。

林深水长。放眼万安大地，处处滴翠流金。绿色，成为万安最大的原色、最亮丽的名片。广袤的森林和良好的生态，蕴藏着丰富的水资源。进入密林深处，举目看山山山葱葱山山宝，低头见水水水清清水水银。大自然的玉液琼浆，有的从石缝树根中挤出，滴滴答答；有的已经汇成小溪，在山石间起舞；有的似娴静的淑女，在树丛中悠悠地流淌着。山泉，带着大山的芳香，带着翠竹的清甜，欢快地跳跃着，招呼着你。这山泉水，可美呢。伸出手放在泉水下，便摸到了阵阵清凉；洗一把脸，全身都爽快起来；仰头喝上一口，五脏六腑都舒服。十年树木千秋业，一望江山万里春。当地政府做起了水文章，白莲塘水库，碧波荡漾，鱼肥水美，成为当地一大名胜。地处全国林改第一村的捷文水库和正在兴建的石径岭水库成为武平城区饮用水源地。无污染、富含大氧的“地球肾水”正送向千家万户，惠及城乡百姓。

匠心独运，著手成春。林改使绿水青山变成了“金山银山”。万安人从只顾眼前利益变为着眼长远利益，产生了从“砍”树到“看”树的巨变。人们跳出了杀鸡取卵“砍”树的怪圈，走进了保护生态“看”树的乐园。山林越来越漂亮了，山里人办起了“森林之家”“农家乐”，吸引了来自周边县市大量游客前来观光“看”树，再则，村民把山上的树切实地看管保护起来。村护林员李木生自豪地说，林改前，我一个人看500多村民有没有偷砍树，现在是500多村民一起看护山林资源，千千万万的游客前来看树品绿。“看”树换来了经济效益，人们越看越欢喜，越看越想看。

万木争荣五岭碧，千帆竞发一江春。林改的春风吹绿了林下经济。生态林变成了“摇钱树”，人们在山中养“宝”，林下点“金”。林改后，林子成了农民的自家林，林下经济便成了林农眼里的“聚宝盆”。睿智的万安人在林下养蜂，构建起“甜蜜的事业”；林下养土鸡，林下筑塘养鱼、养石蛙，提供绿色餐桌；林下种金线连、鱼腥草、石斛、草珊瑚、人参等地道中药材；林下种竹荪、灵芝、香菇、木耳等食用菌；林下种兰花、富贵籽等花卉，异草奇花添几分春色，桩头盆景夺一代天工。林下经济发展插上了腾飞的“翅膀”。大山让万安林农的“钱袋子”鼓了起来。

林改正未有穷期，站在新的历史起点上，展望未来，万安人民豪情满怀。当地党政风清气正，信心百倍地带领人民走“绿色经济，生态家园”之路，共圆“天更蓝、山更绿、水更清、民更富”的中华之梦。

万安捷文赋

谢观光

万安之捷文，天然之翡翠。距武平县城二十里，乃林改全国第一村名地，青峰环抱，层峰叠翠；捷文水库，绿水穿袭。采天地之精华，聚日月之灵气。妆世外桃源之佳构，展风光无限之壮丽。和谐乡村，富美之地，

捷文之美，自然风光，山之迤逦。绽山花而烂漫，结野果之爽脆；满山苍郁，林竹葳蕤，完好生态，奇景靓丽。山川彩绘似春图，岫黛氤氲如神女；清风拂拂，涛声好似拨琴弦；溪水涓涓，流泉叮咚如磬脆；玉带盘旋，才女入寨，勤劳做纸成金屋；腐植酸肥，历史悠远，乌泥黑漆地名立。乘林改春风，抓林下经济。种植草珊瑚，养蜂采蜂蜜。妙哉！催旅游发展，促经济腾飞。

捷文之韵，汩汩流泉，东调西水。捷文水库，可赏碧波之旖旎；飞瀑天泻，可睹堤坝之雄伟；六里隧洞兮，聆听泉水欢歌；水闸巍峨兮，尽观电站瑰丽。浩浩水烟，飞歌锦绣，极目潆洄玉带；弯弯水管，饮水工程，演绎蛟龙喷水。壮哉！铸青史之辉煌，创民生之福地。

美哉捷文，山翠水媚，人文俊美。富饶繁荣，日新月异。抓机遇扬

鞭催马，群雄竞起；展宏图鹏程万里，山经唱戏。书记领头，前程似锦；万马奔腾，全民奋力。广种林果茶，播富于田地；勤养鸡禽兽，转型收实惠；试种麦冬草珊瑚，装扮山村遍葱翠；圈养野猪田鸡，广开财路宝盆聚。噫嘻！盛世青春焕发兮，激情给力，村民精神振奋兮，信心百倍。天时地利人和，凝聚祥云紫气。实现中国梦，乡村醉绚丽！

我慕捷文，欣然成咏：

黛绿西峰霞彩绕，湖光山色彩图描。
东调西水惠黎庶，北岭南冈翠竹娇。
林改标杆诗满目，田畴沃野果香飘。
身临胜境心欢愉，陶醉林间树萧萧。

捷文林改领路人
——钟泰福

谢广福

钟泰福同志，1962年出生于万安乡捷文村乌泥坑自然村，1978年高中毕业后，回归家乡扎根农村。由于家庭人口较多，生活十分清贫，家庭的重担就落在他的肩上。穷则思变，他结合当地田多山多的实际，联合农户走种养结合、多种经营的路子，依靠山区资源丰富、靠山吃山的便利，很快就摆脱了贫穷落后的面貌，家庭经济得到良好的发展。1982年，20岁时，进入村两委班子，任民兵连长，于1989年加入了中国共产党，1993年开始当选为村支部书记，至今已有20多个年头。在他的带领下，村两委班子多次获得上级政府的表彰，其个人连年获得脱贫致富奔小康先进个人和优秀支部书记等光荣称号，2003 年被评为全省林业系统先进工作者，受到省委、省政府的表彰。

2001 年，正当林权改革的春风吹拂到捷文村庄时，身为村主任的钟泰福同志高兴之余，日思夜想，寻求对策。针对捷文村林业资源丰富、农民向来靠山吃山的现状，考虑到之前的山林产权不明晰，造成很多的林地纠纷，以及时有发生的偷砍滥伐林木情况。通过这次林权试点改革，期待能彻底改变林地、林木难以管护的困境。于是，他干起工作来雷厉风行、主动积极、大胆肯干，富有责任心和使命感。首先召开村两委班子认真研究、商讨对策；继而召集村民组长及户长参加会议，进一步摸清情况，把工作做到前头，对县委、县政府提出的“集体林地、林木产权改革实施意见”，深刻领会，认真贯彻。相应成立了捷文村林改试点工作领导小组，自己亲任组长，带领村两委一班人翻山越岭，走村串户，开展调查研究，摸清农户的经济状况及林木经营管护等情况，迅速制定实施方案并发到了各村民小组征求意见。随后又召开村民代表大会，讨论通过《捷文村深化改革林地、林木产权改革实施方案》。

钟泰福同志于 1981 年间，被县人民政府抽调至民主乡林荣村开展林地“三定”工作，随后又在本村进行了林业“三定”工作，既熟悉了业务又积累了经验，对本村的林地林木资源情况更是了如指掌，又经历了近 30 年的访民亲民、巡山防灾工作，对本村的林地四至及林木储藏，心里都有一本明细账。所以，配合上级有关部门专业技术人员来村勘察情况时得心应手、顺势而为。在实施方案过程中，思路清晰，方向一致，当地群众也乐于接受、踊跃参与。

在推进林地、林木产权改革试点工作中，钟泰福同志带领捷文村两委班子摸情况、搞内业、贴公示、签合同、发证件。历时 100 多天，使改革试点工作得以顺利完成、成功实施，真正让村民得到好处，使村级经济增加收入。山定权、树定根、人定心，真正体现了“耕者有其山”的为民宗旨，同时有效保护了森林资源，民心大快，干群关系和谐融洽。

钟泰福同志长期深入群众，扎根基层，对党忠贞不贰，为民办实事，全心全意为人民服务，以其身先士卒、艰苦朴素的优良传统和作风，体现出脚踏实地、求真务实的共产党员光辉形象！当地村民亲切地称赞他是“百姓心中的有心人，捷文林改的领路人”。

蜜蜂舞唱四时春

刘永泰

林改腾绿原之野，万民跃富强之林。

林改，改得万安千山滴翠，百花飘香，亿蜂舞唱。

采风车在万安石燎阁戛然停驻。这里是武平县梁野仙蜜养蜂合作社驻地。花的海洋，蜂的圣地。抬头仰望，千山万壑四屏如翠，狭长的沟谷足足 5 里，山抱岭，岭抱林，林抱花。避风向阳近水的北坡，人工精制的蜂箱一字儿排开，层层叠叠，错落有致。宛若客家的古典民居，依山傍水，林中嵌珠。每只箱门上都贴一红条，这是客家人“红红顺顺”的祈盼，也是蜜蜂认居归家的标识。细细观察，有的还把巢筑在突兀的石岩下，建在深深的泥土洞里，还有的竟构建在古老的空心树洞里，千姿百态。百千只蜂箱，居住着数以亿万计的蜜蜂，紧密团结的蜂群，在蜂箱里发出排山倒海般的嗡嗡声响；大自然的天使，紫褐色的生灵，若潮水般在蜂箱门缝里废寝忘食地进进出出，穿梭来往。它们时而在箱外洁美的蓝天下盘旋，时而在碧绿的林海中穿梭，时而又在鲜艳的花丛中飞舞。这可爱的小生灵，一只只宛若披盔戴甲的勇士出征、花环簇拥的姑娘凯旋，不停不歇地酿造着生活，酿造着幸福，酿造着美好的未来。

一花引来百花开，林改不仅使万安更绿了，更美了，而且更香了。万安成了“花花世界”，因而有了“武邑花园”的美誉。武平人常说，万安遍立终年长青之树，山间盛发四时不谢之花。此话不假。君不见春光喜临，桃李争艳，春兰牡丹，竞相绽放，妖娆多彩吗？立夏之后，竹绿荫浓，苍翠欲滴，紫腾青蔓，荷花盛开；秋冬之日，银装素裹，秋菊冬梅凌霜傲雪，茶花含笑而放，报岁兰花飘散着浓郁的芳香，诱引着春姑娘翩翩而来，把万安山麓装扮似妙龄少女，充溢着诗情画意。“二十四番花信风”，古代认为应花期而来的风，简称花信风。由小寒到谷雨共 8 个节气 120 日，每 5 日为 1 候，计 24 候，每候应 1 种花信。小寒节 3 信（即 3 候）：梅花、山茶、水仙；大寒节 3 信，瑞香、兰花、山矾；立春节 3 信：迎春、樱桃、望春；雨水节 3 信：菜花、杏花、李花；惊蛰节 3 信：桃花、棠棣、蔷薇；春分节 3 信：海棠、梨花、木兰；清明节 3 信：桐花、麦花、柳花；谷雨节 3 信：牡丹、酴醾、栋花。一年四季，繁花似锦。白的、紫的、黄的、粉的、橙的、蓝的、红的，五颜六色，缤纷绽放，撩拨得花的信使——可爱的蜜蜂，难怪乎前来“拈花惹草”，进而“安居乐业”了。这可爱的小生灵，成年累月，不辞辛劳地在百花丛中飞舞欢歌，辛勤构建着“甜蜜的事业”，把神圣而又智慧的结晶奉献给和谐、美丽的人间。

养蜂，在万安历史悠久。民间相传，早在元代，县尹魏侃夫就曾带领刘坊镇民养蜂酿蜜并把蜂蜜用于医药治病。沧海桑田，蜂蜓蜜连。人们发现，林下养蜂，不占地、无污染、花工少、收益高，而且蜜蜂产品用途广泛，蜂蜜、蜂蜡、蜂乳、蜂毒、蜂胶、花粉等是食品、医药、电信、纺织、国防和出口的重要物资。养蜂业是一项家家能办、户户可为的朝阳产业。

蜜蜂，客家人叫“丰（蜂）子”。历来被视为吉祥物，蜂子到家，预示着家运勃兴，家业蓬发了。花为媒，蜂为缘。采访中，我与石燎阁养蜂基地的钟亮生夫妇攀谈起来。钟亮生是一位退伍军人，他瞅准了林改使这里山清水秀，林茂花繁，四季如春，气候宜人，具备了得天独厚的养蜂条件。他瞧准了万安政通人和，风清气正，提供了创业的舞台。因此，他带头养起了蜂，并取得了很好的经济效益。为了把养蜂业做大做强，当地党政引导他们采取了公司 + 合作社 + 基地 + 农户的先进管理模式，如今共有 110 个残疾人养蜂基地，分布在全县 17 个乡镇，现拥有中华蜜蜂 8200 多箱，年产蜜 80 多吨，为每户增收 10000 多元，政府连年举办“采蜜节”，使梁野仙蜜漂洋过海。采访中，好客的女主人，捧出用山泉水勾兑好的冬蜜让大家品赏。呷一口，天然蜂蜜之韵哇，简直无法用语言来形容！浓香？甜蜜？纯正？清爽？此时，我才知道什么叫“甜蜜蜜”。座谈中，有的文友把它比喻成“爱情”，亦有文友把它比喻成“事业”，而我，则更垂青于它的原汁原味：“硕果”，林改结成的“甜蜜蜜的丰硕成果”。不是吗？正是林改，改出了万安一片新天地，改出了人民生活的甜蜜蜜，改出了社会和谐四时春……

采红菇

何照远

每当夏天出现雷雨天气，我就会想起家乡武平万安那座叫“山坑尾”的山和山中几片橡林，以及橡树下鲜活的红菇。红菇，给我的成长岁月烙下了“鲜红”的印记。

盛夏，原本晴朗的天空聚集一两块沉闷的乌云下起一阵雨，乌云散去又是烈日当空，我便高兴得手舞足蹈，哦，要长红菇了，哦，长红菇了！是那雨滴打在被太阳烤得炙热的一片片橡树叶上，又落到树下蓬松、肥沃的泥土上，再由太阳加温，红菇就悄悄地生根发芽，冲破泥土，顶起落叶、枯树枝，露出红红的脑袋来。这个时候，正值学校放暑假，我就迫不及待地背起父亲早已做好的小竹篓，催促父亲带我去深山山坑尾采红菇。

山坑尾位于万安镇贤溪村与捷文

村接壤地带，没有红菇的日子，是很少人踏进阴湿的山坑尾的。我兴冲冲地跟着父亲越过一排梯田，来到山口，父亲用镰刀劈开久违了一年的长满荆棘的入山小道，顺着山涧潺潺小溪而上，在山窝里摸索着找到一片橡林。父亲告诉我这就是长红菇的地方，我的心狂跳一阵后，像猴一样在橡树周围寻找那红色的亮点。而父亲并不急，他总是先拗把树叶寻个高处坐下来，摸出旱烟袋，卷起“喇叭筒”嘴上吞云吐雾，眼睛看着我四处乱窜。父亲抽烟总是在手心里“哧”着火柴，点燃后用嘴吹灭，待火柴梗上不见半点火星时才把它扔掉；抽完烟，那短短的烟头，总是用手指把它掀进泥土里，还不忘踩上一脚。父亲说，上山用火要特别小心，否则就没有这橡林，更没有红菇了。

红菇，一开始长得并不多，往往东一个、西一个，极其隐蔽。我眼尖（父亲说“小孩眼尖”），发现一个个藏在树叶底下、灌木丛中“羞答答”的红菇远比父亲多，我就极其自私地装满自己的小篓，再装父亲的大篓。偶尔发现父亲的篓里有极漂亮的一个，我会毫不客气地把它转移到自己的篓中。越过几个小山峰，走遍了所有的橡林后，我和父亲欣然而归。上山的时候，我跟在父亲的屁股后面；回家的时候，我老是抢在前头，快到村落了，还一阵小跑，为的是给母亲和乡亲们报喜：山坑尾又长红菇了！

采到红菇，一般要拿些煮了尝尝鲜。看着一家人有滋有味地吃着那爽口的红菇肉，喝着那清甜的红菇汤，我自豪极了，那心情俨然像红菇是我自己种的。多数的红菇是要晒干卖的，几块钱一斤。我把红菇按照形状、大小有致地铺在门前坪上，便成了一道亮丽的风景。小山村的人们全为这特有的风景雀跃起来。我晒红菇的时候，父亲并不像我那么陶醉其中，而是极其认真地挑出红菇中的杂红菇，生怕杂红菇混淆其中。我们常说的红菇也叫正红菇，帽成金红色，肉有韧性；杂红菇有水红、暗红以及红中带白点等多种，肉易碎，味不清，有的还带毒。父亲说，不能以次充好坑蒙人家，挣昧心钱。

第二天凌晨，就有一大群人撩开雾纱，沿着父亲劈开的小道，去寻找那一篓篓希冀。往日寂静的深山热闹起来，山谷回荡着采菇人欢快的笑声。几片橡林走遍后，太阳也半天高了，从深山里钻出来的人们，一个个满头雾水，拖着湿漉漉的裤管回家。回村的路上，不时有人探头瞧一瞧别人的篓子，每个人篓里的红菇数量是不等的，有的满满一篓，有的半篓不到，有的则见篓底，这要看各人的手脚、眼睛，还有机遇。采菇人并不相互埋怨，大自然给予我们恩赐，我们岂能贪得无厌？

随着“好”天气的频频出现，红菇愈长愈猛，往往隔一个夜晚，橡树底下便是一群“红姑娘”亭亭玉立，那迷人的阵容，简直叫我们无从下手。上山采菇的人越来越多，个别家庭倾巢出动。山上人多了，有时为一小簇甚至一个红菇头碰头的事情也是常见的，但是谁也不会因此而动怒，更多的是相视一笑。每做一件事几乎都可以窥见一个人的性格，采菇亦是如此。那种风风火火、唯恐落后之人，往往能率先遇上大片的红菇群，但也难免疏忽甚至踩坏就在脚下的唾手易得的个别红菇；慢吞吞的细致人，往往能发现隐蔽的、零星的红菇，他的篓中之物是一种点滴的积累。

上山采菇乐趣无穷。这种乐趣源于采菇本身，也来源于大自然形形色色的诱惑。山上那粗枝粗皮的一棵棵橡树，就像一个个饱经风霜的老农，树底下漂亮的红菇，是他们精心培育的果实。橡树间间杂的笔直冲天的樟树、火柴木，给人一种朝气蓬勃、奋发向上的感觉。在偌大的山里能遇上很多野生动物，常见的有野兔、山鸡、跳鼠和狐狸，以及多种鸟，也曾经瞧见一只胆小的穿山甲把身子卷成一个圆球从高处滚落下来。我们在山中穿行之时，冷不丁就有一只或一对鸟在你脚边扑腾而起，给人一种惊喜、一种刺激、一种情趣。有时走下山涧小溪喝口水、洗把汗，清澈的水里有老态龙钟的山螃蟹在挪动，有银灰色的石鳊在游戏，偶尔还能窥见一只黑不溜秋的小乌龟在石缝里探头探脑。寻找红菇的同时，有幸的话还能拾得一两片长长的五颜六色的山鸡尾巴毛，带回家去，插在自制的花瓶里，赏心悦目……可以说，每一次上山，除收获红菇外，也开阔了眼界，增长了知识。

上山采菇常有险情发生。长红菇的季节山上地面湿润易滑，脚或篓子被树枝磕绊使人失去重心摔个四脚朝天，衣服撕破、手脚擦伤的事经常发生。不过我们最忌讳的当是遇上蛇和蜂了。在入山的路上，脚到之处常有“拦路蛇”（在路上觅食的蛇）闻声“呼”地溜向路边。山上滑，有时借助一条小树枝，冰冷冷的，蓦地一松手，只见树枝上绕着一只“青竹蛇”，吐着红红的信子。万一被蛇咬了，就强行走到溪中，用细沙擦洗伤口，尔后回家敷上蛇药。如果人没有弄痛它，蛇一般不会主动咬人。对我来说，最怕的是那山蜂。常见的蜂有两种，一种是在小树的枝叶间吊个巢的叫“辣子”的小蜂，只要人碰动了树枝，惊动了它们，它们便会倾巢而出，把人团团包围。头上被它们刺上几下，整个头嗡嗡作响，疼痛发热，很是不适，使人无心采菇。另外一种拇指般大的马蜂，在地上挖个穴群居，留心的话在几米之远就能听到它们发出的巨大“嗡嗡”声，让人毛骨悚然。如果不慎遇上马蜂，被它们蜇了，会痛得在地上打滚叫爹喊娘；蜇到动脉，如不及时抢救，则会毒浸全身，危及生命。越是诱人的地方越是危险，往往就有迷人的一小簇红菇生在蜂窝边，如果谁懵闯，很有可能遭蜂袭击。我们都极其老到，谁发现了蜂窝，就在蜂窝的四周放上几把生树叶做记号，为别人也为自己。我们并不因为山中有这样那样的危险就不去采菇，家门口捡不到金元宝，只是在找菇的同时多了份谨慎。上山多了，再幼稚的人也变得

老成。

我参加工作后，就没去过山坑尾，但在梦里不知去过多少回。我的新家在市里，离家乡山坑尾就两个小时的车程，每年到了长红菇的季节，我都会蠢蠢欲动，想回老家采红菇，但每次都被家人劝阻了，今年亦是如此。家里人说，你长期住在城里，人已发福，恐怕不适合上山了，加上山里有“山气”，可能红菇没找到已经弄了一身“痒”；再说现在红菇已涨到几百块钱一斤，也轮不到你捡了。经家人这么一说，我只好打电话给老家亲人，捎上一小袋红菇给我。当我松开袋口，一股久违的清香扑鼻而来。我兴奋极了，用手一个个挑出来欣赏，小时采红菇的情景历历在目。盛产红菇的家乡武平万安，我更加眷恋您了！

廉政·清风永拂

魏侃夫传奇

谢观光

魏侃夫，江苏省南京江宁人（《魏氏族谱》载），元末至正年间（1341～1368年）任武平县县尹（县令）。其间，他勤政爱民、正义清廉、筑城防寇、崇儒兴学，保境宁民，建树丰伟，深受县民爱戴。他为武平人民做出了卓越贡献，是武平历史上官宦的标杆，是具有极大影响力的传奇人物。当地老百姓敬称他为“剥皮公爹”，视为心中的“神明”。每年都举行隆重祭祀，历六百余年不衰。

一

南京位于江苏省西南端，这里山川秀丽，人杰地灵，是历建都城所在地之一。元朝皇庆元年（1312年），高澄魏氏后裔魏侃夫，就出生在这南京市江宁府上元县石溪乡。父亲给他命了个“锦舒”的名字，希望儿子前程似锦，舒舒服服过日子，后来又给他取了个号“侃夫”，目的是期望儿子长大以后能成为一个刚直不阿、对社会有用的人才。

魏侃夫童年时候，生活很艰苦。虽说是书香家庭，一家全靠父亲办私塾的收入维持生计，微薄收入远远不够家庭事用，母亲还得在田园种蔬菜，不时卖些菜，换些零钱，买点油盐，减轻家庭负担。正是在这样的家庭影响下，懂事的魏侃夫从小就养成勤俭节约、艰苦奋斗的作风，他十分勤劳，经常帮母亲扫地、挑水，做一些力所能及的家务事。6 岁时他开始念书，在父亲严格教育下，刻苦认真、勤奋用功，每天都能自觉地朗读、背诵、练字、写作文。因此，他成绩优异，成为小朋友中的佼佼者。父亲看在眼里，喜在心中。中学时他远离家乡，前往城里求学。这时他开始独立生活，自己买东西，自己洗衣服，自己管理自己。在书院里也很用功，一直名列前茅。元天历二年（1329 年），他在科举考试中成绩突出中了进士（这时他才 17 岁）。后来被朝廷派往福建上杭任县事。1343 年，又派往武平任县尹（县令、正堂），开始了他在武平的从政生涯。

二

魏侃夫时刻为群众着想，为人民鞠躬尽瘁。赴任的第二年（1344 年），史载，武平发生瘟疫，弄得民不聊生。后来又发生特大旱灾，连月不雨，旱情十分严重，小溪干涸，田地龟裂，连岩前的蛟湖也干得见到底石，树木枯黄，五谷几乎无收。老百姓哀天哭地，拜神求雨，惨不忍睹。有的挖野菜、削树皮度日，有的上江西外出逃荒。魏侃夫看在眼里，痛在心中，时刻想着人民。他经常深入农户，访察民情，上桃溪、下象洞、去十方、入东留，无处不往，辛苦奔波。通过了解实情，广集自救办法。他根据当时的情况制定了许多优惠政策，除苛政、减税收，鼓励百姓克服困难，积极生产，下定决心，重建家园。这样，武平各乡村很快恢复元气，出现了生机勃勃、欣欣向荣的新气象。

三

武平县位于汀州府之西南。史载，晋朝属新罗地，唐置汀州后，以州西南地设南安、武平两镇，均隶长汀县。五代时闽王王审知将南安、武平合并为武平场，场所设在武溪源（今中山）。宋太宗淳化五年（994 年）升场为县，县所仍在武溪源。不久，县府当局叫堪舆师勘定县城所在地应在南安（今平川）的“白叶岭”（今县政府所在地）为好，因此在这里开始建筑县衙。《志》载，绍兴四年（1134 年）为防盗寇，使相张浚派官始筑了周长 280 步的土城。元至正年间（1341 ~ 1368 年），兵荒马乱，连城起义军罗天麟等攻陷汀州府后攻下武平城。这事引起县尹魏侃夫的高度重视。他认为起义军能入城，主要是城墙倒塌造成。为保卫县衙，保护人民生命财产，《志》载，他高瞻远瞩，毅然决定修筑城垣，迁改县署。武平城池更加完整、更加坚固。他为武平人民做了一件功不可没的大好事。原实验幼儿园旁的城门遗址，就是这明代的南安门。

四

明朝建立后，明太祖朱元璋对以往的制度进行了改革，皇帝直辖吏、户、礼、兵、刑、工六部。为选拔官吏，扩大了科举制度。明确规定以四书、五经为内容，以八股文为形式进行考试选拔，因此，民间基层重教之风由此而开，大兴学堂，私塾、族塾、家塾、村塾遍布城乡。县尹魏侃夫崇尚儒学，特别重视文化教育事业，筹拨经费，为设在孔庙的县学（又称学宫），请教谕讲学，聘训导管理生员，并制定教学职责、考试制度、奖励办法等。他们以《三字经》《百家姓》《千字文》《唐诗宋词》等作为启蒙读物。教授四书、五经，以备参加科举考试。

古有诗赞魏县尹云："筑城迁署绸缪豫，兴学明伦作育勤。"这样，武平涌现了一批举人、进士。为培养文人学士、开发武平文明起了极其重要的作用。

五

史载，魏侃夫卸任后，有感于当地民情敦厚纯朴，决定不再回原籍江宁。而携眷（妻谢夫人，子高祖、建祖）择居县北十华里的刘坊镇（今万安镇），由于当时元末明初，时局纷乱，盗贼不断，土匪海元子经常骚扰，社会不得安宁。于是魏侃夫为保一方安宁及生命财产安全，召集乡中贤达，商议以上镇为中心构筑土堡作为防御工事事宜。万安乡贤一呼百应，立即动员百姓有钱出钱、有力出力，组织民工修筑土堡。一场修筑土堡的战斗打响了：魏侃夫亲自指挥，建筑专家请来了，泥工师傅赶来了，下镇、五里、上镇、贤溪的群众自发支援来了，他们来不及抹掉脸上的汗水便投入筑土堡的队伍中，挑土的挑土，筑墙的筑墙，扛石头的扛石头，砌石脚的砌石脚。北门城头红旗招展，师傅们正在那里砌城门；南门城堡彩旗飘扬，民工正在那里夯筑土墙；看东门号子声声，人们正在那里扛木运石头；瞧西门欢声笑语，人们正在那里挖土运泥……人来人往，车水马龙。他们不怕苦，不怕累，扁担磨破了肩膀何所惧，汗水湿透了衣裤不歇息。为保卫一方境地，保护人民生命安全，人们全心投入，奋发蹈厉，个个不怕烈日晒，人人不怕寒风吹。就这样，一座牢固的长三华里、高二丈多、宽三尺，并有东、西、南、北四个城门的土城堡，经过整整一年的时间建成了。面临雄伟的城堡，盗匪望而却步，不敢侵犯，群众得以安居乐业。万安村民个个感谢魏侃夫，人人称赞魏侃夫，歌颂他为保境宁民做了一件功在当代、利在千秋的大好事。刘坊镇也从此更名为"万安镇"。

六

但是，好景不长，说是有一李姓祖坟围在城内，李家人认为破坏了他的风水，便捏词向朝廷诬告侃夫及乡绅私造王城，图谋不轨。当时朝廷不分青红皂白，下令抓捕魏公及乡绅善士。这时魏公为保乡民，宁愿牺牲自己而自告奋勇、挺身而出，坚持一个人承担责任，以救全乡。结果对他处以剥皮的极刑，并被暴尸示众数日。据说，魏侃夫被处死时天气突变，做寒落雨，说这是老天爷的怜悯：做寒，好让他的尸体结冰不易腐臭；落雨，是天神看到魏侃夫冤枉而死流的眼泪。后来地方正义之士，义愤填膺，联名上书，惊动了朝廷。朝廷便派员下来明察暗访。幸老天有眼，确认冤枉实情，此案得以平反昭雪。并为求补过，平息民怨，皇上追敕封魏公为光禄大夫，谢夫人为光禄太夫人，并荐魏公为土地隍公，供众人奉祀。

七

万安百姓对魏侃夫崇敬有加，都认为他是保民受罪、刚正不阿的好官。因此大家都敬称他为“剥皮公爹”，择吉地安葬在城南十里的关刀亭，曰游鱼上水，建“魏公庙”，雕刻龛座，安魏公神明塑像。每年正月廿六日开展隆重的祭祀活动。昔时在正月廿四日开始活动，魏公被处死的廿六日（乡民敬称“剥皮公爹”生日）是庙会活动的高潮。是日，上午开纪念会，请和尚、道士念经。然后众人上香叩拜神明，历时约两个小时，接着吃中午饭，参加庙会的人见者一份，都由庙会供应。饭后举行盛大的游行，队伍前面是魏公、谢夫人及两个儿子的轿子，后面是儿童装古事的古事队、菩萨队，接着是数十队的龙灯、狮灯和船灯组成的灯艺队。从上镇游到下镇，锣鼓喧天，鞭炮齐鸣，再返回魏公庙。这时魏公庙的戏台上开始唱大戏，吊傀儡。晚上烧花，有架花、竹筒花，相当于现代的礼花烟火。烧花就在李姓人的坟地上举行，意在烧死诬告魏侃夫致死的李某人。这时整个夜空五光十色、五彩缤纷，真是火树银花不夜天，以庆祝魏公平反昭雪。另外还发动乡绅儒士撰文作联，以歌颂魏侃夫功德事迹。如笠樵先生撰联：“本众志以为城扰攘一时能择地；非其罪而成狱吁嗟千载得传名”。爵一公撰联：“官于斯葬于斯真迹存于斯慨当年筑堡防匪未营地宅；妻在此子在此神主奉在此幸吾日报德崇功聿修庙堂”。为记此事，丽滨先生作哀词曰：“哀哉正月廿十六，魏公此时遭杀戮。保民御寇该剥皮，千载闻风齐痛哭。乱世岂容作好官，问公何事城高筑？呜呼，城已废，民不忘，人生何赖臭皮囊，祭祀年年报赛忙。”魏公庙建成后，大门正上方书：公庇乡闾，两侧对联为：祀隆正月，绩著元朝。神龛上坐着魏公实木雕像，雄壮威武。龛眉联：保境宁民。两则对联是：潜受匪剿苦心何殊岳少保；民怀帝威芳躅几等颜将军。中厅联为：深斯沟高斯垒子婿协力卫民哪个敢忘遗爱；捍厥寇御厥侮夫妻同心为国谁人不乐效忠。伯镕先生还深有感触地作诗云：“行人如织乐熙熙，妇孺提携趁会期。结伴也偕来访古，万安城外魏公祠。周遭犹见旧城坚，老树婆娑六百年。解组为民筹保障，至今人识使君贤。”整座庙宇美轮美奂，恢宏壮观，具有深厚的文化底蕴和丰富的文化内涵，真是弥足珍贵的人文景观。

八

但是，20世纪60年代的“文化大革命”，大兴什么“破四旧”，把“剥皮公爹”雕像也当作“四旧”烧为灰烬。还拆除魏公庙，改建成上镇大队部（现叫村部）。更有甚者，把传统的正月廿六民俗节日，认为是迷信色彩的邪节，于是，进驻上镇的工作组长李某某在这天组织人力深入到各家各户，把农家迎接宾客做粄的粄浆倒掉；组织“红卫兵”在四周来万安的路口站岗拦路，不准人们到万安亲戚家做客，还没收来客的礼品、强制他们到田里劳动（碎泥块），说什么让大家过一个革命化的正月二十六。这一小撮极“左”的人们，真叫人气愤。上天也似乎显出“神灵”：每年的正月廿六日不管是晴天，还是阴天，都会“风凄月惨行云黯，顿作泪雨悼忠魂”，群众说，魏公为民受罪，感动上帝，年年也不忘记，今天又多了一层意思，“无辜群众受迫害，老天看了也心寒”。不久，更奇怪的事情发生了，那个指挥红卫兵倒板浆、拦路行恶事的李组长突然发病，全身溃烂，奇痒难忍，经医生诊断说是皮肤癌。这时有人对她母亲说，你的女儿得罪了剥皮公爹，才会患这样的怪病，一定要去万安镇魏公庙，在剥皮公爹面前谢罪！于是，她母亲带着高香红烛到万安上镇魏公庙，在剥皮公爹雕像前三叩九拜，反复叨念“我的女儿不懂事，请剥皮公爹原谅”。但是，为时晚矣！不到两个月，她女儿便命丧黄泉，时年仅26岁。人们说这正是佛教中说的“善有善报，恶有恶报”的典型例证。

今天虽然庙没有了，筑城时南门头种植的社公树（枫树）没有了，但延续六百七十多年祭祀魏公的民俗节日从未间断。近年来结合农民文化节，热闹场面有增无减，真的比过年还更热闹，公路上车水马龙、人来人往，公路两旁停放的小轿车长龙似的一直排到五里村。每家每户都准备了丰盛的酒席迎接宾朋。人们利用这天走亲串戚，会朋访友，共同缅怀魏公的悲壮事迹，祭祀老百姓心中的神明，以弘扬魏公刚正不阿的浩然正气，传承魏公鞠躬尽瘁的爱民精神。

民间信仰千秋盛，魏公文化万代传。

万安魏公庙今昔

刘桂春　王闻福

现魏公临时供奉点（位于上镇小学旁边）

魏公庙建在万安镇上镇村晏塘尾，现在的上镇小学校址就是原魏公庙的庙址。魏公庙占地 3000 多平方米，坐北朝南，整座庙由三栋高大的房屋和东西各一排平房构成。第一栋是高大的纪念堂，中间大厅的神龛上安放魏公夫妇及五个子女的木雕偶像（菩萨），在神龛两旁的大柱上书写着："宦于斯，葬于斯，政绩在于斯，慨当年，筑堡防匪，那个敢忘遗爱；妻在此，子在此，神主奉在此，尔吾日，兴建庙堂，谁不报德崇功。"纪念堂的两边各有一间房间，里面悬挂着捐资建庙芳名录。前面是天井，中间有阶梯的走廊通向第二栋，第二栋是一个好几百平方米的大厅，厅中央上方悬挂着"志在保民"的一块大匾。大厅内有六根大柱，其中两根柱的对联，规定要由上镇村城子里南门头捐献建庙土地的谢屋人书写和张贴。老人回忆其中两根柱上的对联是“不避谗言，不避戏辱，但愿万安乡万民长享万事之福；追思捍寇，追思御侮，皆知一宰武平一邑永沾一公之恩”。大厅后面是一个很大的空地。第三栋是大戏台，与二栋大厅遥遥相对。过去在戏台上演戏时，大厅和坪内可容纳上千人观看。在二栋与三栋中间空坪的左右两侧各开有一个圆门通向两侧平房。西边平房的南边建起雄伟的大门楼，门楼上方书有“魏公庙”三个大字，门楼两旁对联是“祀隆正月，绩著元朝”，门口安放两只石狮子，现仍放在上镇小学校门口。

民国以前，每年的正月二十六日，万安乡民（现在的上镇和下镇两个村村民）家家户户都杀鸡宰鸭，蒸糕做糍粑，邀请亲戚朋友一起欢庆“剥皮公爹”生日这一传统节日。庙里设五个棚（按自然村落将上镇村划分为五个棚）轮流做东，轮到哪个棚时，就由该棚向理事会领取经费，负责请戏班和组织安排活动。有的年份从正月二十三、二十四日就开始在庙里的戏台上演大戏。到二十六日这一天，上午就把魏公菩萨抬出来，由少年儿童装扮古事人物，乐队吹奏，敲锣打鼓，从魏公庙出发，沿着大路从上镇游到下镇后再到庙里，晚上再把魏公菩萨抬到城子里（原万安小学）内坪的高台上，然后燃放烟花爆竹。燃放的烟花由当年添男丁的人家献一枝竹筒花。燃放烟花时，龙灯队在烟花下来回飞舞，呈现一派五彩缤纷、光彩夺目的景观。全村群众和各地的亲朋好友一起观看，人山人海，热闹非凡。

20 世纪“文化大革命”“破四旧”时，魏公菩萨被人当作“四旧”烧掉了。魏公庙也于 20 世纪 70 年代拆除改建上镇大队部（现在叫村部），80 年代又拆掉大队部，建成现在的上镇小学。

魏侃夫卸任后择居刘坊镇考

谢观光

魏侃夫，江苏南京江宁府上元县石溪乡人。史载，元朝至正年间，任武平县尹（县令）。其间，他勤政爱民，正义清廉，崇儒兴学，筑城防寇，保境宁民，建树丰伟，深受县民爱戴。卸任后，他决定不再回原祖籍江宁，而携妻谢夫人，子高祖、建祖择居县北十华里的刘坊镇（今万安乡）。他为何做出这样的决定？我在读史之余，特对这事做了一番研究和考证，现分析如下。

史载，元末至正年间，魏侃夫家乡军阀混战。元朝统治者对汉人百姓压迫管制十分恶劣，当时不管哪家结婚，新婚之夜新娘子必须元人占有；元人又怕汉人反抗，规定每十户人家合用一把菜刀，人民极为愤恨，社会很不安定。加上当时他家乡南京、台州、温州、宁波一带连年灾荒，到至正十四年（1354 年），先后发生了 18 次灾荒，其中 10 次是水旱灾。基于这种情况，他决定不再回原籍江宁，他感到武平比家乡更加安宁。这是原因之一。

俗话说："金杯银杯，不如老百姓的口碑。"魏侃夫是当时县民公认的一名正义清廉、爱民如子的好官。在元代，七品芝麻官俸禄不高，史载县尹只有一锭五两银子，改银为钱后才有十五贯，而且根据元朝官吏制，卸任后是给半俸养老的。因此，魏侃夫平常除了养家糊口外，身无分文，连回家的盘缠也没有。所以，他找离县城较近的刘坊镇安家落户。这也是一个原因。

相传，1348 年，台州方国珍率众起事，后遭政府围困，从海上逃入福建。1368 年，据《谢谱》载，武平万安刘坊镇谢茂清率兵辅明太祖朱元璋定天下，与胡大海等打败方国珍于清风山，逼方国珍投降朱元璋。太祖缴获降卒 9200 人，水军 14300 人，官吏 650 人，马 190 匹，船 420 艘，粮 151900 石。谢茂清身立大功。魏侃夫认为武平刘坊镇有军事指挥人才，能保境宁民、保护一方平安。这是决定携眷择居刘坊镇的第三个原因。

昔时，刘坊镇地理位置优越，人杰地灵，明代就开始设镇。该镇东边是梁野仙山，灵气氤氲，风景优美；西边是石径云梯，交通要隘，树木葱茏；背靠当风岭，层林尽染，是县城屏障。刘坊镇三面环山，岫黛叠嶂，中部沃土平坦，是刘坊镇所在地。陆路交通十分方便，有前往江西及汀州府的两条官道穿越这里。所以，刘坊镇是官吏、客商必经之路。这样，刘坊镇商贾云集，人口逐渐增多，连江西樟树的黄先生、聂先生都来这里开大药房。时下，工业（铸锅厂、米粉加工厂）及手工业（铁匠、木匠、泥匠）等如雨后春笋，蓬勃发展。当时市集的繁华景象，可想而知，据《县志》载，在明洪武十四年（1381 年）设万安镇，这是武平继唐朝设南安镇（今平川镇）及武平镇（今中山镇）后设的第三个镇。魏侃夫赞赏刘坊镇，看好刘坊镇。他择居这商业发达、经济繁荣，又离县城不远的刘坊镇，顺理成章、理所当然。这是第四个原因。

刘坊镇有悠久的历史和文化。传说，秦汉时期的南海国皇城就在今万安五里村的刘屋背。这里不但山美、水美，人更美。万安人热情正义、善良诚朴、耕读传家、勤劳勇敢、爱国爱乡，演绎了许多动人的故事。上述谢茂清辅明太祖定天下，与胡大海打败方国珍于清风山，就是一个很好的例子。这里人才济济，使人崇敬。就明朝而言，念七郎任钜鹿中宪大夫；仁宝，授平定州知州；枚旺任山西都指挥；宗仁任知安府经历。可见，这是历史厚重、文化底蕴深厚的一个乡镇。史载，魏侃夫正是羡慕当地民众，有感于当地民情敦厚诚朴，才决定不再回原籍，而携眷来刘坊镇的。他的妻子谢夫人，是否万安人，现还未找到资料考证。现只知她的坟墓在武平岸塘（据《魏氏族谱》载）。但是，刘坊镇是武平谢姓人最多的乡镇。所以，他择居谢氏大本营的刘坊镇，让谢夫人像回到自己娘家一样安心、放心。据岩前澄邦魏氏后裔说，谢夫人就是你们万安人，不然魏公不会到万安定居！这是一个非常重要的原因。

“剥皮公爹”及其后裔

谢观光

2015年正月廿六日，武平万安镇恢复了中止61年的魏侃夫传统民俗节日活动。盛大的庙会，请和尚道士诵经；信众还抬着“剥皮公爹”全家雕像在全村巡游。锣鼓喧天，鞭炮齐鸣，龙腾狮舞，彩旗飘扬。人山人海，车水马龙，欢声笑语，热闹非凡。不几小时，微信网络疯传大地，武平网、龙岩网、福建网、人民网、台海网等都相继转播，一时轰动八闽！

“剥皮公爹”是万安人民对魏侃夫的敬称。他是元朝至正年间（1341～1368年）武平县尹。由于他执政清廉、爱民如子，又崇儒兴学、筑城防寇，为人民做了很多好事，所以县民对他崇敬有加。卸任后率眷定居县北十里的刘坊镇，当时时局纷乱，匪盗不断，尤其是土匪海元子经常偷袭刘坊，弄得刘坊人民不得安宁。为保人民的生命财产安全，魏侃夫在民众强烈要求下，于刘坊上镇率众筑城（土堡），后来被小人诬告说他私筑王城、图谋不轨，惨遭朝廷凌迟（剥皮）处死。后来经乡绅善士上书，确认冤案，才给予平反昭雪。为求补过、平息民怨，皇上正式追封魏侃夫为光禄大夫，谢夫人为光禄太夫人，并荐魏侃夫为土地隍公，可塑像、建庙，供众人奉祀。

土地隍公是皇上对魏侃夫敕赐的最高荣誉。众所周知，土地神是最有人缘的尊神，旧时农村的村落里，可以没有其他神庙，但不能没有土地庙，因为土地庙住着土地老爷，地头上的事，无论大小，他都得管，都管得到。魑魅魍魉，妖怪邪祟之流，也得到土地那里登记注册上户口。就连大闹天宫的齐天大圣孙悟空也有求到他的时候，孙行者保唐僧往西天取经时，每到一地，碰到妖魔鬼怪捣乱，总是先唤出当地的土地神问一番究竟。城隍神，按《说文解字》曰："城，以盛民也"，"隍，城池也，有水曰池，无水曰隍"。由此可见，魏侃夫是管理一方、保一方平安的土地爷、城隍神。正是有魏侃夫这位土地隍公——万安人民心中的神明，刘坊镇人民才安居乐业，全镇才得到长久治安。所以明朝时，人们就把刘坊镇改为万安镇，还建庙、塑像，虔诚祭拜魏侃夫。六百年来，香火鼎盛，实现了由凡人向人格神的转化，也演绎了许多魏侃夫十分灵验的传奇故事。万安人都清楚知道："文革"时工作组长李某某，在正月廿六日组织民兵进村入户倒板浆，破坏民间信仰、破坏传统民俗节日，结果全身溃烂患皮肤癌死了；几个剖魏公菩萨神像的后生，后来患疯癫病，掉在农田坎下摔死了；重塑魏公雕像以来，万安境内平平安安，没有出现不安全事件，就连外乡（东留）人在万安境内（高排下）翻车（十几米高）也平安无事，安然无恙，只有两个人受点皮外伤；正月十九日魏公菩萨上座开光，前几天倾盆大雨，后几天细雨蒙蒙，唯独这天阳光普照，春意盎然；正月廿六日我们恢复"出古事"巡游活动，天气也格外晴朗；菩萨上座时，魏公后裔 12 人七点多钟就从岩前澄邦村赶到万安来，我们安排他们烧头香，结果不到一个月，魏公后裔魏某某便由县级干部高升为市级干部……这些当然是巧合，但在民间群众中反响很大，都认为是魏公菩萨显灵。如果我们摒弃迷信的色彩，也有劝人弃恶从善、积极向上的一面。所以，魏公菩萨的香火十分旺盛，每天都有许多善男信女前来膜拜！

话说魏公裔孙为何会居住在岩前澄邦？据说，魏侃夫被小人诬告后，知道要全家操斩。万安乡绅马上组织群众整理行装，带他两个儿子（高祖、建祖）外逃，以免遭飞灾横祸，保存魏公血脉。临行前魏夫人含着眼泪，再三叮嘱两个孩子要正直做人，与邻里和睦相处，并把家里养的一伙鸡嫲带仔（母鸡和小鸡）带去，以便看到它便知父母带小孩不容易，从而铭记父母养育之恩尽一点孝道。他们抄着小路一直南行，走到岩前时，不小心装鸡的笼蔽门打开了，母鸡与几只小鸡掉到河里。大哥高祖立即吩咐弟弟，我去追赶母鸡，你在后面慢慢走，若走不动，要到大山里去安家落户。于是他们兵分两路，大哥沿河追赶母鸡，直到广东五华才追到母鸡，因此就在五华落户；而弟弟建祖便按哥哥的嘱咐带着剩下的小鸡，跋山涉水来到岩前澄邦，弟弟看到这里峰峦叠翠、环境优美，虽然人烟稀少，但十分清静，心想朝廷官兵要追赶我们也难以找到，便放下行装在这大山里搭起草棚居住下来，繁衍生息。现在，广东五华魏氏已发展到三万多人，而岩前澄邦魏氏也发展很快，据说到第七代后，有魏正龙一支从这里迁到台湾桃园中坜，现在发展到六千多人；另有一支迁到岩前双坊村。当下发展到二十八代，两个村都有一二千人，这是留在武平的魏侃夫裔孙。他们与岩前的其他姓氏和睦相处，辛勤劳作，共同为建设社会主义新农村做出了应有的贡献！

新中国成立前，每年正月廿六日岩前魏氏都来万安，一起参加隆重的魏侃夫庙会，一起参加魏公菩萨在全村的巡游活动，一起观大戏（汉剧或傀儡剧），一起看烧花（燃放烟火）……历六百余年不衰。2015 年，中止了 61 年的这些活动在万安重放异彩。魏氏宗亲格外高兴。他们说，这是我们又祖公太，你们各姓人都这么重视魏公文化，我们魏公裔孙怎能不积极参与！我们每年一定要准时来万安参加纪念活动，我们也热情邀请你们在第二天（正月廿七日）来岩前澄邦祠堂（锦舒堂）参加祭祀活动，以饮水思源，缅怀祖德。魏公的情缘，把两地宗亲牢牢地联结在一起，我们像兄弟一样，手拉手、肩并肩，在中华民族伟大复兴、实现中国梦的伟大征程中，团结一心，共同奋斗，一起见证昔日的辉煌和文化积淀，一起建设城镇化的美好家园。

百姓谁不爱好官

刘永泰

夏历正月廿六日，一个特殊而又盛大的节日——“剥皮公爹生日”。花谢花开，云卷云舒，纯朴的客民用纯朴而又古老的方式祭奠着“百姓好官”——魏侃夫。悠久而又厚重的历史，镌刻着一条至理名言：自古好官敬百姓，“百姓谁不爱好官”？

拨开东西穿梭的浩浩车流，跟随着南来北往熙熙攘攘的祭祀人群，我们来到了武平县万安乡。伫立在位于上镇、下镇那古老村落的沃土，轻轻地用手抚摸着坍塌废弃土堡下那斑驳厚实的奠基条石，突然感觉到我在隔着时空与历史对话，与名人会晤。不！是凝视着曾经鲜活熟悉而又凄惨悲壮的沧桑：眼前是愚昧与文明的搏杀，肉与魂的呐喊，官与民的交融，浓缩成为一缕独特而又永不磨灭的乡愁，似高山松柏问苍，若巍巍丰碑问地。

清康熙《武平县志》载：“魏侃夫，县尹，至正任。”原籍江苏省江宁府上元县石溪乡，娶妻谢氏。元末赐进士及第，任文林郎知上杭武平县事。元至正年间（1341～1368年）任平川令。在朝为官，清正廉洁，一身儒气，两袖清风。在那“一任府知县，十万雪花银”“不贪不占，三十六万，若贪若占，千千万万”的历史大染缸里，魏公则奉百姓为天地，敬百姓为爹娘，“抬头三尺有神明”啊！他秉承着“贫贱不能移，富贵不能淫，威武不能屈”的信条，勤政廉政，俨然一个封建社会的士大夫、儒家文化的卫道士。弃官卸任后，本想叶落归根、“荣归故里”，然，固守清贫的他，竟连舟楫盘缠都无法筹措，只好偕妻携子，依亲傍戚，来到这谢氏发祥地、妻族大本营安家落户了。

穷困潦倒的“县太爷”，卸任后来到这距县城10华里的刘坊镇(后改为万安镇)。举目四眺，东有大气磅礴的梁野山，西有巍巍石径岭，北有天堑当风岭，南有滔滔武溪源，屏障灵水环绕着一马平川，十里沃土，实为开基乐业的福地洞天。然，当时盗贼四起，匪寇横行，弄得鸡犬不宁。为维护一方稳定，确保百姓平安，魏公振臂一呼，率民众献工献料、捐资出力，在上镇筑土堡，建围墙，日开夜闭，以防祸患。魏公好心，苍天可鉴，却不料捅了一个偌大的马蜂窝。村中某姓人家，原在镇尾修有祖坟一座，今一筑土堡围墙，大煞风水。因此便联名向朝廷上书，诬告魏侃夫私造皇城，企图叛乱。罪莫大焉！当时因交通不便，信息不灵，朝廷信以为真，竟不问青红皂白，下令将魏侃夫就地剥皮处死，否则就将血洗全“城”。当地群众欲保不能，欲哭无泪。魏公则为免遭全城血洗，挺身担当，于是年正月廿六日被活活地剥皮捐躯。惊天地，泣鬼神。当地百姓眼睁睁地看着好官含冤处死，禁不住黯然泪下，默默地掩埋好魏公尸体后，拍案而起，鸣冤叫屈。一匹匹烈马飞驰于汀州府，一封封申诉书飞往元廷，诉其事实真相，辩其不但无过反而有功。民心不可污，民意不可辱。了解真相后，元廷如梦初醒，改判魏公无罪，宣布爱民有功，平冤昭雪。为表彰魏公功绩，朝廷同意在当地建造魏公祠，并立碑为神，让万民朝拜。当地百姓为怀其德，无论何姓何氏，不管男女老少，都一律尊称其为“剥皮公爹”；为颂其功，每年的正月廿六日定为剥皮公爹生日。此日实为忌日，凤凰涅槃哇！百姓心中翁虽死犹生也！年年岁岁不仅在魏公祠中朝拜，还雕刻魏公及妻儿神像端坐于轿上，让人抬着游村中要道，巡游时鸣锣开道，肃静回避，街道上礼炮齐鸣，家家鞭炮声声，户户高朋满座。昔时祠中还演清官戏，舞狮舞龙打船灯，热闹非凡。相传，每年祭祀完毕，蔚蓝的天空上总有乌云一块，甚或还会下一阵绵绵细雨，真可谓感天动地啊！此习俗一直延续至今，浓浓乡愁化作永不磨灭的铭记，沧桑不息。

“百姓谁不爱好官”？愿“剥皮公爹”与正月廿六同辉。愿万安长治久安！

万安土堡乡愁浓

谢观光

万安古堡，正月廿六，剥皮公爹的悲壮事迹，在我心中激起阵阵涟漪。

光阴荏苒，古韵悠长，元末明初的传奇故事，在我脑海里缓缓浮现……

昔时，一般县份，只有县治所在地才有城池，而武平县由于地处闽粤赣边，常有盗寇扰乱，加强防御的建筑工事特别多。据武平县志载，武平有三城一堡，即武平县城、武平所城及岩前城，另外万安镇有一土城，称万安土堡。

万安土堡是元末至正年间武平县尹魏侃夫卸任后，携家眷谢夫人，儿子高祖、建祖到县北十里的刘坊镇（今万安镇）定居时，正值时局纷乱、盗贼不断，故根据民众建议而筑的土质城垣，周围不到2公里，全是土石建筑，故称“土堡”。由于昔时筑城必须报请朝廷核准，而魏侃夫率众筑的土堡非正式城池，所以当时未及时呈报，后被一个姓李的小人诬告，说是私筑王城，图谋不轨。当时朝廷不分青红皂白，下令抓捕魏侃夫及乡绅善士，这时魏公为保乡民，宁愿牺牲自己，挺身而出，坚持一人承担责任，以救全乡。结果魏侃夫惨遭剥皮极刑。刘坊镇（今万安镇）群众为纪念其功德，就地集资兴建魏公庙，于每年正月廿六日（魏侃夫处死之日），举行盛大庙会，虔诚祭拜，结队游行，非常隆重。

万安老百姓对魏侃夫崇敬有加。由于他是保民受罪、刚正不阿的好官吏，大家都敬称他为“剥皮公爹”，是万安人民心中的神明。后来万安正义之士，联名上书，惊动了朝廷。朝廷派员下来明察暗访，确认冤枉实情。因此，此案得到平反昭雪。朝廷为求补过，平息民怨，由皇上亲自追封魏公为光禄大夫、谢夫人为光禄太夫人，并荐魏公为土地隍公，供众人奉祀。这样，百姓对魏公更加敬慕，祭祀活动不断提升，影响也越来越大。昔时正月廿六日，不但四周乡镇会带着舞龙、舞狮队及船灯队前来万安参加迎神装古事的游行活动，甚至江西、上杭等地民众也远道赶来观看会景。从此，万安土堡及“剥皮公爹”的名声大振，誉满四邻。魏公庙在“文革”时被废，筑土堡时种植的社公树（枫树）也在前几年被孩童玩火时烧废了。但魏公在武平任县尹期间，执政清廉、爱民如子、筑城防寇、保境宁民以及崇儒兴学的故事，给后人留下了宝贵的精神财富。他已成为宋代以来，210 多位武平县令中最为突出的一个。

“剥皮公爹”，万安人民永远铭记的名字；万安土堡，历史时空永远抹不去的乡愁！

从“剥皮公爹”想到的

刘良林

小时候，很早就听说过“剥皮公爹”的故事，但是具体如何“剥皮”，仍不甚了解。

龙岩市民间文艺家协会推出的“闽西乡村丛书”之《闽西乡村记住乡愁》一书中收入了谢观光先生采写的《万安土堡乡愁浓》一文，让我开始了解其中缘由。

读毕该文，掩卷沉思，不禁感叹：铁肩担道义，公道在人心。

魏侃夫，本是元末至正年间武平县尹，然而，在他死后的600多年来，缘何受到千万民众追思爱戴？缘何能由人转化为神？历史告诉我们，凡是能在民间流传久远或被百姓自发拥戴为“神”的人，必定有一段可歌可泣的历史，如定光古佛郑自严、唐僧玄奘、财神菩萨关羽、闽王王审之……

本来，卸任后的魏侃夫完全可以携家人找一块相对平静之地安居乐业，享含饴弄孙之乐。但面对时局动荡，盗贼四起，他没有回避，而是挺身而出，为保一方百姓平安，毅然决然地留下来靠自己的影响力与邪恶势力做斗争，结果受小人陷害遭到朝廷误判，惨遭剥皮。

由此，万安百姓对魏侃夫的壮举崇敬有加。为纪念魏侃夫的义举，民众尊称他为“剥皮公爹”，也就是在我儿时听父辈传说的“剥皮公爹”。

看来，一个人之所以能成为受百姓爱戴的神，不仅仅是朝廷敕封而成，更是由民众拥戴助推而形成的社会文化形态，正如人们常说的“金杯银杯，不如老百姓的口碑”。

由魏侃夫的历史故事我想到很多，我想起了从古至今一次次改朝换代无不是以民心向背为最根本的归依，邪不胜正，正义终将战胜邪恶，从秦王朝到国共争雄，无不以“得民心者得天下”为结局。

魏侃夫一身正气，义薄云天，为官一任，造福一方，赢得了民心，赢得了由“人”化为“神”的华丽转身，他永远活在万安人民心中，他的义举终将万世传颂、千古流芳。

魏侃夫，让我想起了当前反腐倡廉。打虎拍蝇与当年魏侃夫筑堡拒贼有异曲同工之妙，唯一不同的是，与其对敌高悬利剑，不如号召公仆们向魏侃夫学习，学习他体恤百姓、爱民如子；学习他两袖清风、一身正气；学习他刚正不阿、宁死不屈……

魏侃夫，不愧为历史淘洗而留存的供后世为官者学习的楷模，他被人们当成神来崇拜不是人为的典型打造，而是百姓发自内心的崇拜，是人们弘扬正气、惩治邪恶的一面照妖镜。

魏侃夫的故事，让我想起了著名爱国诗人臧克家的《有的人》，“有的人活着，他已经死了；有的人死了，他还活着！……有的人，把名字刻入石头想‘不朽’，有的人，情愿作野草等着地下的火烧……”

魏侃夫，作为万安百姓的保护神，他的形象，他的精神，他的人格魅力也将像历史上的正义化身一样重塑金身，熠熠生辉，大放异彩！

担当，大义

宋　客

一个幽灵在这个集镇上空徘徊。

一个背影在这片青山绿水中幻化成永恒的风景。

每年，正月廿六，这里的村民早早起来洗漱、沐浴、更衣，为的是燃一炷香火，挑一副三牲，祭拜传说中的“剥皮公爹”！

时光像一把锋利的刀子，“风流都被风吹雨打去”，“宫阙万间做了土”，然而，近700年的风霜雨雪并没有把他的名字随风湮灭，相反，世世代代的子民都把他的名字高高举起，接受民间最朴素最盛大的膜拜和祭奠。

祭奠的是中华传统文化禀赋的正大光明、浩然正气、磊落情怀、责任担当，不论风云如何变幻，年年岁岁唤醒每一个子民隐藏在心灵深处的道德良知，从此，一方水土一方人，祈祷风调雨顺，国泰民安，幸福安康。

“剥皮公爹”，是当地人对他的尊称，原名魏侃夫，元至正年间曾任武平县尹，官至七品。

皇天后土，辽远星辰，一个堂堂县尹，何以遭受如此酷刑？

这是一个凄婉而悲壮的故事。

据传，武平县尹魏侃夫卸任后携家眷到城郊刘坊镇（今万安镇）定居。其时匪盗横行，民不聊生，为抵御外侮，魏公顺应民意，带领周边群众在刘坊镇一带修筑土质城堡，周长不到一公里，史称“土堡”。按惯例，地方修筑土堡应层层上报，待批准后方可建设，然而魏公所筑城堡并未上报，后被当地一小人诬告，称私筑城堡，有图谋不轨之嫌，朝廷当即下令抓捕魏侃夫及乡绅……为避免血洗村庄，魏侃夫挺身而出，声称修筑城堡系其一人所为，与乡民无关，要杀要剐随时准备。时在正月廿六，魏侃夫遭剥皮而死。

彼时，正是客家民系呱呱坠地、发育成型的时候，最忠实地秉承中原文化的火炬成为客家人与其他民系最大的识别。魏公清正廉明、一身正气，又因为保境安民而受罚，民间岂能麻木不仁，于是开始设案烧香，顶礼祭拜，把魏公奉若神明来祭祀，并尊称魏公为“剥皮公爹”。当地有识之士九死不悔，秉笔直书，上下奔走，联名上书朝廷欲为“剥皮公爹”平反昭雪。传说朝廷迫于民间压力，派员暗访，确认“剥皮公爹”实为冤案，给予平反，追授魏公为光禄大夫，谢夫人为光禄太夫人，并荐魏公为土地隍公，供众人奉祀。

从此，“剥皮公爹”信仰在武平万安镇民间开始蓄势发散，流传于平川大地及周边县市，成为代代相袭的民间祭祀盛典。每一个当地子民，逢正月廿六总要津津乐道“剥皮公爹”的传奇，一种敬畏神明、崇尚正义的自豪感溢于言表；每一个万安人家的亲戚，逢正月廿六均不畏路途遥远，挎香篮，备糕点，带礼物，前往娘家一睹祭祀“剥皮公爹”的盛况，收获满满的希望；每一户万安人家，逢正月廿六必大宴宾客，杀猪宰羊，觥筹交错，鞭炮齐鸣，笙歌鼓乐，直透天明……

民间信仰的力量是那么伟大而绵长，任何力量都无法阻挡！

人长两条腿，站正才顶天立地。

做人要担当，担当才凝聚人心。

为官须清廉，清廉才浩然正气。

一代又一代子民，在浩浩荡荡的祭拜“剥皮公爹”的民俗活动中，口耳相传，潜移默化，传唱“剥皮公爹”的故事，传承中华民族道德价值的理想和精神追求，飞过高峻大山，奔跃弯弯江河，坚守在深厚的大地！

赴汤蹈火，担当大义，日月同光。

向“剥皮公爹”致以深情的祭礼。

万安镇的正月二十六

——旧时武平县万安镇魏公庙庙会情况调查报告

谢重光

1996年4月下旬至5月上旬，笔者在武平县文史工作者王增能先生陪同下，对于旧时武平县万安镇（今为万安乡）魏公庙庙会情况，进行了调查。兹将调查所得，分项报告如下。

一、魏侃夫史事概略

魏侃夫，元末曾任武平县尹，元史无传；康熙《武平县志》和民国《武平县志》均载其“至正任”。笔者祖父丽滨先生撰有《魏侃夫县令事略》一篇（注），记其事较详，节录于下：

“魏公侃夫，元末至正间武平县令也。或曰山东籍，又曰浙江籍，无可考矣。任职时，勤政爱民，有古循吏风。卸职后，继任者为李实。实亦循吏，因建学宫功，人名宦祠；侃夫不兴焉。但万安乡之崇奉魏公，主祭隆盛，实际之在名宦祠只春秋二祭，享二块冷猪肉，不可同年语矣。”

缘元末天下大乱，魏公卸职后，已无家可归，遂携眷住万安乡。此乡亦常受土匪之害，因集乡人筑城以御寇。寇来，群人城以避之，寇不能害，乡人得安。唯李姓有祖坟一穴，被围在城内，风水有碍，竟往省控魏公及乡绅私造王城。当时魏公呈报，只云土堡。经李姓控后，派委查办，则有女墙、有炮眼，并非土堡，造城是实。魏公遂被凌迟处死，乡绅逃走不少。后乡人以魏公因保民受罪，怜而立庙祀之。每年以正月廿六日集会，数十里皆来观会，人称为“剥皮公爹生日”。其实正月廿六日乃魏公剥皮处死之日也。

魏公有女，嫁本乡黄姓诸生；有子某逃在岩前双坊，至今有后裔数百家。魏公所造之城，倾圮已久，然乡人每修复以利用之。前明不可知，入清国后，一修于长毛将来之时，一修于清帝退位之时，再修于红军解放汀城之时。其故址今犹存也。庙即在城之东北外沿，离城十丈以外。笠樵先生撰联云：“本众志以为城扰攘一时能择地；非其罪而成狱，吁嗟千载得传名。”盖纪实也。

高园叟曰：“私筑城池之案发，不独魏公受罪，全乡绅耆皆逃匿他乡。……夫欲筑城，何以不先报准而行？不知寇来迅速，当时必有迫不及待之势。万一失败，则全乡无噍类。魏公宁牺牲一己，以救全乡，其心愈苦，其情尤可悯也。当道不察，意以严法处之，可谓失刑。元之亡也，宜哉！”

据此可知，魏侃夫是一位为了保全百姓而牺牲自己的好官吏，却因私筑城池的罪名，横遭剥皮处死的惨祸。这样一个人物，既符合正统祀典规定的“御寇捍患、有功于民”者应被祭祀的原则，又符合老百姓同情和敬畏被迫害而非正常死亡者而祭祀厉鬼的心理。所以他自然成为万安乡及远近百姓心目中的神明，受到隆重的祭祀和纪念。

有人认为，据方志记载，李实任武平县尹在魏侃夫之前，故魏侃夫之冤死乃由李实陷害的说法，是不可能成立的。此说固然有理，但并不影响魏侃夫为民御寇捍患而死非其罪的基本史实，也不影响魏侃夫以功臣和厉鬼的双重身份而受百姓崇拜的基本性质。所以，这里对此说存而不论。值得指出的是，这篇《事略》说魏公有一子逃在岩前，又有一女，女婿姓黄。而我们这次询问了许多老人，都说魏公只有一女，有人说女婿姓吴，与《事略》所说不同。

二、旧时魏公庙的概况

魏公庙址，在今万安乡上镇村，原万安中心小学附近（现改为上镇小学），废圮仅几十年。所以不少年纪稍大的人，尚能记忆庙的情况。庙中原有清嘉庆二十四年改建魏公庙碑记，略云：

“公罢用后，因原籍兵火，若不得归，移离城七里之刘家镇家焉。邻境盗贼窃发，道路充斥。公筑土堡聚守，环居而互卫，风鹤之警以息，因改地名为万安镇。是则保境宁民，岂非能御大盗，能捍大患，宜在可祀之列也欤！所以境内之民，歌功颂德……尸祝之，俎豆之，固可以无恶矣。……兹踵前修，庀材鸠工，葺而新之，扩而大之。旧址向北，今转朝南；雕刻龛座，以安神灵；增建大厅，以时设席；添筑戏台，以便庆祝；加建两旁廊庑，各几椽，以为主庖之所；周围垣墉，版筑而固其基。地系谢公爵一之业。当正月诞期，台阁故事农队成群，操鸡豚，挈壶浆，烧香点烛，抒诚而荐馨者，昼夜不绝。”

三、旧时魏公庙庙会概况

1949 年以前，每逢正月二十六日，万安乡都要举行盛大的庙会，以纪念魏公的诞日（一说为魏公被剥皮处死之日）。廿六日是庙会的正日，也是庙会的高潮，而实际上廿四日就已开始了庙会的部分活动，到廿七、廿八日全部活动才结束，整个庙会历时四五天。

庙会的经费由专门的魏公庙蒸尝田负担。管理蒸尝田的组织，称为“棚”，共有五棚，轮流主持庙会事务，每棚五年轮到一次。每棚各有一个理事会，负责人称为棚主，由热心社会公益事业、家底较富裕股实、群众信得过的人担任。理事则由棚主邀请会办事、合得来的人担任，一般有一二十人不等，具有合股经营的性质。尝产的数量，一说一百石谷，约三十亩田左右；一说有三百多石谷之多。又有人说一棚收三十多石谷。孰是孰非，已难考究。但从一棚收三十多石谷之说可知，各棚有各棚的尝产，其数量不等，魏公庙所在地的上镇棚最盛。所谓尝产一百石或三百多石，是指各棚尝产的总和。

廿六日这一天的庙会内容，主要有上午开纪念会、下午菩萨出巡、晚上烧花三个部分。

上午的纪念会，请和尚、道士各一人念经，和尚穿袈裟，念佛经；道士穿红或绿色道袍，念道经。各念各的经，百姓们并不在意。念经的同时，棚里主事者为菩萨上供，供品有果品、齐菜、三牲、粉干、板果、豆腐、红馒头（用红曲染红的馒头）等等。摆好供品后，由棚里推选二位年老有威望者，向菩萨上香。念经上香活动，历时约两个钟头，然后吃中饭。远近前来观礼凑热闹者，都有资格参加吃饭。吃荤，八碗菜。晚饭也一样，都由庙会供应。

下午的菩萨出巡，略同于一般的“打醮”，由古事队、游菩萨、灯艺三部分组成。古事或称故事，由人装扮成古装戏文中的人物，如唐僧、孙悟空、猪八戒、沙僧、神马、何仙姑、观音菩萨等，还有人打着洋伞、举着刀棍作为陪衬。或步行或站在专门布置的表演车上，边行进边表演。魏公庙碑记所谓“台阁故事逐队成群”，正是指此而言。装古事的一般是小孩，庙会组织者会给这些小孩一些钱。古事队的数量，视当年“棚”的经费多少而定，一般有五六架表演车。其内容的搭配亦有一定的规矩：通常第一人牵马，旁边一人举凉伞，后面跟着一队人举着“回避”“肃静”牌，略如古代官员出巡的样子。

古事队之后，是菩萨队。最主要的菩萨，是魏公一家人。魏公及夫人用轿子抬着，其女儿、女婿由小孩抱着。女婿是入赘的，姓黄，一说姓吴。此外还迎请在本地有影响的其他菩萨，通常有袁畲太太（即武东袁畲村太平山的妈祖菩萨）、岩前菩萨（即岩前镇狮岩的定光佛）和三位夫人（即万安乡下镇村的相传来自莆田的三位女性菩萨，其中一位应即妈祖）。有时也请吉祥哥、五谷大帝、观音佛祖和三叔公。三叔公实即定光佛化身五古佛中的三古佛，眼睛作三角形，造型特别奇异。游行时，魏公及其家人在前，袁畲太太等菩萨在后。游行的路线，是先从魏公庙出发，从城子里（即上镇）往下镇，经过大谢屋，再往城子里回魏公庙。把万安乡主要的三个姓氏（王氏、谢氏、朱氏）的地盘都游一遍。

菩萨队之后，是灯艺队，有龙灯、狮灯和船灯。各种灯艺的数量，视当年办会的财力而定，最盛时龙灯有二三十队，狮灯有七十多队，船灯也有几十队。灯艺大部分是外地组队来凑热闹，由万安各姓分别联名邀请。来自十方乡山岭村（今名中和）、东云乡赤岗村、武东乡六甲村和县城城北的多姓朱，是朱屋联系的；来自城厢乡长居、汾水、汾中或本乡贤溪的龙灯、狮灯队多姓谢；狮灯还有来自江西的，是井下窝（下圳）谢屋联系的。对于各队灯艺水平的高低，主持者（当年轮值棚的理事们）暗中进行非正式的评比，表演得好的队，红包给得多，次者给得少。财力特别强的年份，表演灯艺的同时还演戏，通常是吊傀儡戏，戏班来自上杭县白沙乡。

晚上烧花，是一种类似焰火的节目。把架花点着火后，一圈焰火直射至天空，化出鲤鱼喷水、跳龙门、狮子撒尿、姜太公钓鱼等花样。烧花就在李姓墓地举行，意在烧死李某人，即传说中诬告魏侃夫致死的那个人。制造烧花，是城厢古楼岗人的专业。烧花之后，一般有各种灯艺表演及演戏。

庙会的规模很大，二十六日那天，万安乡的来客有几千上万人，家家户户把床错让出来，给客人住；这还不够，连每家的“灶公下”（即厨房灶门前的空地）都住满了人；许多人家还在厅里用谷搭（用竹皮编的晒谷子用的器具）打大铺待客。客人有来自临近各乡村的，有来自十方、岩前等远乡的，还有来自江西县、寻邬县，广东平远县、蕉岭县等地的。江西、广东的客人，平时与武平有生意来往，他们来庙会凑热闹，同时也来赴牛岗墟做买卖。庙会招待客人吃饭，往往要摆几十桌。

四、魏公庙会的影响与性质

1949年以后，仅在50年代初，还偶尔举办魏公庙会；不久即因时势变迁，庙会停废，进而连魏公庙也废圮不存了。

但魏公庙会虽废，与庙会相关的大部分民俗活动，却延续至今，历久不衰。每逢正月廿六日，万安乡民照旧大操大办，准备丰盛食物待客。以前庙会辐射所及的远近各乡村群众，也仍然如期前来凑热闹，走亲串戚、会朋访友。龙灯、狮灯、船灯等各种灯艺表演，也照旧举行；条件许可时，还邀请戏班演出吊傀儡戏。近年来，随着民间信仰活动的复兴，有时还举行包括游菩萨和装古事活动的打醮。在此期间，当然也会进行一些商贸活动。据说，近年来万安乡群众，为正月廿六的庆祝活动额外支出的费用，平均每家达到一百元之多。

如前所述，人们只把魏公当成有功于民的往代贤哲或英雄人物，从来没有把他改造成佛、道二教的神祇。相应的，无论是以前的庙会，还是如今的庙会残余形式，宗教活动的意味很淡、民俗活动的色彩却很强烈。人们除了借这一活动形式寄托对于魏侃夫的怀念、寄托自己的爱憎之外，也利用这一形式，达到娱乐和联谊的目的。

注：此文系王增能先生收集刊布，题为“万安谢茂谟作”。按谢茂谟乃笔者曾祖父，卒于清季。而文中有魏公庙在清代“一修于清帝退位之时，再修于红军解放汀城之时”等语，皆不可能出自先曾祖父之笔。而文中又有“高园叟曰”云云，是作者发的议论，明显是仿《史记》以“太史公曰”、《资治通鉴》以“臣光曰”发议论的形式。可知此文作者，应是高园叟。而高园叟，乃笔者祖父丽滨先生的别号，故此文应改题写“万安谢丽滨先生作”。

武平万安镇魏侃夫民俗文化节踩街游行纪实

谢观光

修永清　摄

2015年3月16日（农历正月廿六日），魏侃夫传统民俗文化节踩街游行活动，在武平万安镇隆重举行。

这一传统民俗文化节已中止61年。听说今年要恢复，重放光彩，人们格外高兴，多年的夙愿得以实现，个个兴高采烈，奔走相告。是日，除万安各乡村的人们蜂拥而来观看外，江西周田的群众赶来了，龙岩适中、雁石的乡亲来了，还有广州几位没有看过万安“出古事”的群众闻风而来，他们在早晨3点钟就开车出发，8 点钟就赶到了万安。8～9 点钟整个万安圩车水马龙，人山人海，热闹非凡，上万的观众站在公路两旁，登上高楼，井然有序，等待观光。

6:00，和尚、道士开始念经。7:30 祭祀“剥皮公爹”的祭典开始，主祭、副主祭在奏乐、鸣炮声中肃立就位，他们行礼上香，虔诚祭拜，敬献斋菜果品和酒礼，然后宣读祭文。礼毕，众乡亲在礼生引导下，按顺序一一向“剥皮公爹”行礼！香火十分鼎盛。

修永清　摄

8:30，踩街游行队伍在万安上镇小学操场着装整齐地排好队。然后燃放 61 发高升礼炮，寓意中止 61 年的民俗活动，现在重放异彩。这时踩街游行队伍开始侃侃出行，前面高升礼炮、宫廷灯笼开路，接着一条鲜红的横幅上“万安镇魏侃夫民俗文化节”的大字耀眼地映入人们的眼帘，后面两面“魏”字刀旗，古色古香、迎风招展。巨大的“魏徽”由两个壮汉扛抬着，威武壮观。然后是万安各姓的“三角”彩旗队，一旗一姓，猎猎迎风，展示了万安人民团结协作、奋发进取的决心和雄姿。“风清气正”“执政为民”“传承魏公文化”“弘扬魏公精神”四个醒目的大幅标语牌，红底黄字，在队伍中金光闪耀，揭示了魏公“正义清廉、爱民如子”的正能量，也展示了万安干群浩然正气的新风貌、新决心。魏公菩萨来了！村民敬仰着神明，自发燃放的鞭炮、礼花，声声不断。他们双手合十，祈祷“剥皮公爹”庇佑万民盛世太平、五谷丰登！看，前面四人抬着两面大铜锣，鸣锣开道，接着“肃静”“回避”牌、鼓乐队紧紧相随。立式的魏公金身菩萨，头戴官帽，目光炯炯，右手捋着胡须，左手握把宝剑，一个威武雄壮、保境宁民的英雄形象，顿时展现在人们面前，令人肃然起敬！魏夫人梳着高头、插着金簪、戴着耳环，安详微笑地坐在椅子上，两个儿子（高祖、建祖）手捧圣书，精神抖擞地站立着。他们用四座大红轿子抬着，庄严肃穆，威风凛凛，格外壮观。然后就是“古事队”，今年是以“八仙过海”为主题，装扮了汉钟离、张果老、韩湘子、铁拐李、吕洞宾、何仙姑、蓝采和与曹国舅八仙形象，神采奕奕，人们说今年神仙降临，大家一定会大吉大利、吉祥如意！灯艺队中的龙灯队、腰鼓队、船灯队等组成了一条长龙，载歌载舞，欢声雷动。沿途人山人海，观者如潮，礼花绽放、鞭炮声声。踩街游行队伍整齐有序缓缓行进，当巡游到镇政府门前，队伍转个弯，再返回魏公菩萨临时安放点。

魏侃夫民俗文化节的顺利进行，着力提升了魏公传统民俗文化活动品位，丰富了万安古镇的历史文化内涵，使万安具有特色的历史民俗文化成为一朵奇葩，为构建和谐社会、促进村民团结、增强族群凝聚力做出一定的贡献！

我们镇民将成立“魏侃夫传统民俗文化研究会”，努力挖掘魏公文化，研究魏公精神，决心世世代代把历史悠久的“魏公庙会”传承下去，并继往开来，与时俱进，不断丰富庙会的文化内容，提升庙会的文化品位，为万安古镇打造新的品牌增添新的光彩！

掌故·传说沿革

1927 年 10 月 19 日，南昌起义军在万安石迳岭与何四妹股匪发生激战，朱德亲自带领警卫人员，从悬崖陡壁攀沿而上，不意地从侧后发起进攻，击溃股匪头目何四妹。起义军乘胜挺进东留，疾速转入赣南，甩掉了国民党追兵，保存了火种。图为石迳岭战斗遗址。

“万安”地名考

谢肃雍

万安原名“刘坊镇”。最初来此定居者当为刘姓无疑。下镇村东向高层稻田坎边一带的田地，至今犹称“刘坎塅”。

据现居万安的高寿老人谢德昌、谢清盛两位老人说：他俩中年时做过牛贩子，常到江西会昌、瑞金等地买牛，赣人问他们居住何地，他们以距武平北门十华里之地以告，赣人即说出“刘坊镇”。还有我年少时，曾就读于长汀省立第七中学（今长汀中学前身），有一次，放暑假返里，途经官庄与中堡接壤的吴地村，村民询问我居住地址，我亦以距城北门十华里之地以告，他们也晓得那就是刘坊镇。

那么，“刘坊镇”何时改为“万安镇”？我没有看过记述此事的文字，相传有两种说法：其一，元朝至顺年间（1330 年），兵荒马乱，武平县正堂（县长）魏侃夫卸任后，因宦囊羞涩，无法返家遂携眷属移居于万安，为防贼寇侵扰，魏公即率乡民筑城，居民赖以安居。但城中原有某姓祖坟，认为筑城有碍他们风水，遂向上诬魏私筑“王城”，朝廷不加调查，将魏公凌迟处死。乡民为纪念魏公保民而获罪之事迹，遂集资建庙，于每年农历正月廿六日集会以祀魏公。是日，远近数十里群众，咸来此朝拜“剥皮公”生日，实则此日为魏公处死之日也。由于筑城之后，寇不敢犯，人民得以安居乐业，时人即将“刘坊镇”改名为“万安镇”，寓长治久安之意。

其二，清乾隆时，丁卯科举人谢耀，认为姓氏盛衰已发生了很大变化，若仍以姓氏命名已不大相称，因而倡议将“刘坊镇”改名为“万安镇”，此议得到乡人的赞同。

综上所述，我认为谢耀改乡名的说法比较正确。因为元朝至顺（1330 年）至清乾隆丁卯（1747 年）相隔 417 年，其间刘姓兴盛时期已成过去，代之而崛起的为谢、王、朱诸姓，此时，不独谢耀个人有更改之心，其他乡人亦有更改之意，何况他以举人身份倡议更改，当然一唱百和，这在当时是顺理成章的事。这是我个人的看法，究竟有无其他更翔实的资料，尚望乡中人士多多提出，以便做出进一步的考证。

对《“万安”地名考》一文的疑义和探讨

谢观光

第八辑《武平文史资料》（1987 年 10 月版），刊载谢肃雍先生《“万安”地名考》一文。

近期我在阅读史料中发现，肃雍先生的阐述有几处值得怀疑，要认真探讨，有的地方应予纠正：

其一，据康熙《武平县志》、民国《武平县志》及《魏侃夫县令事略》均载魏公侃夫于元末至正年间任武平县令，“至顺”年在前，“至正”年在后，不可能还未在“至正”年上任的正堂，就在“至顺”年已卸任。

其二，据清朝嘉庆二十四年《改建魏公庙碑记》云：“公罢用后，因原籍兵火，若不得归，移离城七里之刘家镇家焉。邻境盗贼窃发，道路充斥。公筑土堡聚守，环居而亘卫，风鹤之警以息，因改地名为万安镇。”这就是肃雍先生可能没有看到的历史记载，足见改名时间应为元末明初。

其三，据《平川谢氏族谱》念一郎公条："公万安镇开基鼻祖也。其父伯一郎公，因祖父避元不仕，来武平择避地，遂买陂头坑一带田地、山冈，效东山高卧故事。公幼聘万安镇吴屋巷者，即今所称大谢屋一带也。追祖妣归，公后喜外门所居乡坊大观，爰迁于是。其大谢屋老屋下大屋祀公一脉香火者，即当年所遗故居也。历元、明末本朝代，多簪笏，宗技繁盛，皆公迁乔远识，其渊源盖有自云。"（十九世嗣孙庆宗百拜传）可见，明初万安的大谢屋（当时称吴屋巷）就称万安镇（距今已 600 多年）。而谢耀是清乾隆已卯乡试中第三十八名举人，若他成为举人后提议改名，则"万安镇"的地名已叫了近 300 年。所以，我认为不可能是谢耀提议改名。

综上所述，"万安镇"地名的出现确应为"元末明初"，即肃雍先生所述的第一种传说较为正确。这是我个人的看法，是否确切，请乡中热心史料的贤达进一步考证为盼！

编后记：现将谢肃雍先生《"万安"地名考》和谢观光先生《对〈"万安"地名考〉一文的疑义和探讨》一并刊登，供有关学者、专家和当地知情者辨析。

摭谈万安地名

谢广福

据《武平县志》记载：万安乡有久远的历史，相传，秦汉时，南海国王城所在地在今万安官陂上的刘屋背。元代县尹魏侃夫率领群众建筑的万安土城（又称土堡），至今尚存部分城墙。明洪武十四年（1381年）设万安镇，属顺平里。民国初设万安区，后又与城区合并为第一区。苏维埃时期，万安属城厢区，万安和五里二乡成立了乡苏维埃政权；新中国成立后先后属第一区、城厢区、卫星公社。1964年4月改称万安公社。“文革”期间，又称“跃进公社”。1984年10月撤万安公社，设立万安乡。

万安镇：原名“刘坊镇”。当时刘氏家族首先来此地定居，下镇村东向一带的田地，至今犹称“刘坎塅”。元代至正末年，盗寇蜂起，县尹魏侃夫领乡民筑“刘坊土堡”自卫，此后，当地人民安居乐业，故将“刘坊镇”改名为“万安镇”，寓“长久平安”之意。此时的万安镇辖城子里（上镇）和镇里（下镇）2个村。

城子里：指当时称“刘坊土堡”，后称“万安土堡”城内，土城东门外有一村落，称城下。土城南门外的村落称“城子脚下”。

五里塅：县城北门至刘坊镇的风吹口，距离十华里，从县城北至五华里的地方以内尚属城厢范围，从三口塘开始至今下镇村田地为界称为“五里塅”，又以公路为界，分为上塅、下塅。1964 年改为五里大队，隶属于万安公社，1984 年 10 月设立万安乡后设为五里村。

上镇、下镇：明朝洪武十四年设万安镇，因所处地域面积较大，人员居住比较集中，为便于识别和管理，将城子里、城下、刘屋里、大馒头岗、石壁下等地划归为上镇，将城子脚下、田心里、朱屋岗、井下窝、坎头上至大谢屋划为下镇。一段时期，人们为了书写方便，将“镇”写为“圳”，认为是通音字，其实这是错误的。

贤溪：又称“鸡嫲窝”，分属平川河流域水源头的溪流两旁。据传，明朝嘉靖三十四年（1550 年），县城城北李公子忠，在金顶寨山脚下寻觅到一块风水宝地，建筑“朝泰庵庙”，祀奉定光古佛及观音菩萨等神仙，祈求神灵能护佑众生。当地名士贤达聚集（这也是后来称谓地名“集贤”的缘由），其间，李公登上金顶寨岽，极目眺望，神形毕真，眼前景象，貌似金鸡下蛋的金窝形状，周围民居建筑如朱屋湾、盘岗子、岗上、彩门口、大路下、李屋坝等村落，恰似鸡窝里的金蛋。为此，“鸡嫲窝”由此得名。

20 世纪 50 年代初期，政府划分行政区域时，将“鸡嫲窝”区内的村落称为“集贤”，放牛坪、吴坑尾、大板上、当风岭等地为“渔溪”。50 年代后期，二地合并时，取“集贤”的“贤”和“渔溪”的“溪”，称为“贤溪”。

捷文：原名“石门坊”。先前江西筠门岭、寻乌、会昌或武平县城客商要去捷文都说去“石门坊”，石燎阁坡顶，此处山路崎岖、两边狭窄，难于通行。通过这狭猛口即为“石门坊”地盘。当时有流传歌谣：“北门坊、石门坊，两个地名不相当，一个生在富庶地，一个出在穷山乡。”民国初期，高排下出了一名私塾先生，叫谢步端，在当地教书，很有名气，口碑很好，受人敬重。当他听到不少人反映“石门坊”地名不好，建议改换时，思考良久，联想到自己教书一定能教出好学生并且期盼能金榜题名，文书捷报，马上就到。就改名“捷文”吧。一经提出，众人疑惑？“捷文”不会是“狭稳”？谢老先生诡秘谈笑：“真是没文化，‘捷’是捷报频传，‘文’是我们这里大有前途，大有文章可做，就这样定吧！”众人默认。“捷文”地名沿用至今。

霞彩绕：原名“下石寮”，此村落前面有一条河流，河床宽阔，河水清澈，浅滩鱼戏，潭深见底，傍晚时分，蓝天白云间，每每出现彩霞，倒映在河里，折射出美丽的图景，整个村庄彩霞缭绕，甚是好看。村中长辈历经沧桑，感受到了新旧社会两重天的喜乐悲哀。他告诫年青一代：出门在外，要挺胸做人，勤奋做事，时刻牢记自己的家乡“霞彩绕”。久而久之，“下石寮”的名字已不记得了。响亮的名字“霞彩绕”将永载史册！

小密：这个地名历史较悠久，相传南宋淳祐年间（1241～1252年），设立永平寨巡检司，当时巡检司有一官员，经乌泥坑、下石寮一直往北而上，准备从昭信去永平寨履职，当走至白面石下水口时，此官员当即下马，勘察周围地理形势，并从随身行李中掏出一本黄历书和时针罗盘，心中喃喃自语，啊，不得了，前面村庄定有贵人必出大官。于是小心翼翼地边走边看，一直走到村庄中部，才回转神情，放下心思，因为此官员看出了道道：此村庄中间一条笔直的河流，河流两边居住了不少人家，排列得密密麻麻，貌似组成了一个“小”字，这地形叫作“水破天心”，可惜呵！出不了大官了。随从问道：“老爷，此地叫什么名呀？”“我看就叫‘小密’吧。”此官员脱口而出，立即上马赶路。此事在民众间传开，认为“小密”是官宦所命的名，所以“小密”地名一直沿用至今。

万安三地名的来由

李坦生

官陂上 为五里村的一个自然村。明嘉靖年间，邑中贡生，历任平乐推官、署富县、贺县的钟天爵告老返乡。时，县城官山脑山崩，天爵协助县署组织民众筑堑护之。不久，城区稻田闹旱灾，天爵又助县署发动农民在平川河上筑陂抗旱，始保住禾苗。此陂由官府出面修筑，故把大陂上游近处的村落称为官陂上。

五里塅 现为五里村。从县城西北的茜塘背自然村至万安镇门口，田塅开旷，一望平川，从南到北、从东而西均约五里，故人们称为五里塅。在抗日战争时期，曾有工程师来勘测，拟在此建飞机场，后因交通不便、占用良田太多而作罢，改在长汀城北山下建。

城子里 属上镇村。元末县尹魏侃夫卸任后，卜居城北七里之刘坊。土匪海元子滋扰，魏侃夫率民筑土城。土城内称城子里，土城下面的自然村称为城子脚下。

万安下镇井下窝考

谢观光

在武平县万安下镇村井下窝，至今还保留着一口古井。这是客家人艰苦创业、繁衍生息、历史沧桑的见证，它展示了谢氏文化的渊源久远和古朴雄浑，诉说着井下窝的千古变迁。这

口井井口直径约一米余，深四五米，井身用鹅卵石砌成，井沿是用花岗岩石块雕凿的，井沿周围地面用红紫石铺就（2006 年因年久受蚀，凹凸不平，改铺水泥面）。据地方志记载，闽，古为蛮荒之地，到处丛林密布。这古井旁的背树岗也不例外。据说开发前荆棘丛生、树木参天，所以才叫背树岗。最初（明代），背树岭下住着刘、蔡两姓人家，后来，由于地理先生勘测时说背树岭下是建祠的风水宝地，结果刘、蔡两

姓都想在此建祠，鹬蚌相争，各不相让。最后，地理先生说这里只有谢姓建祠才有发展，你们要另择“聚水藏风”吉地。于是，刘、蔡两姓纷纷外迁，谢家人也就从大谢屋（当时称吴屋巷）搬迁过来，修路、建祠、做房、挖井，形成全是谢家人的自然村落，在此，繁衍生息，谱写春秋。

新中国成立前，井下窝的谢氏家族，每年都要举行醮会，进行撑井，热闹非凡。打醮时，在惟达公祠门口大坪搭有临时佛堂，并专门组织人马敲锣打鼓到岩前均庆寺，恭迎客家人的保护神定光古佛升坐，供人进香，以期保民平安、物阜丰饶。因此，日日烛光吐焰，香烟缭绕；佛堂对面请南门坊的纸扎师傅扎了五彩缤纷的花孔彩屏长廊，五光十色、琳琅满目、十分壮观。花孔中扎有“嫦娥奔月”“仙女散花”“桃园三结义”“武松打虎”“三请孔明”“姜太公钓鱼”“鲤鱼跃龙门”等古代传说故事，栩栩如生，供人观赏；旁边还搭有戏台，供演大戏（古装汉戏）、吊傀儡（木偶剧，通常请上杭的汝仔师傅来吊傀儡）。打醮时，人来人往、络绎不绝，佛堂前人头攒动，熙熙攘攘，一般持续五至七天。最后，还要扛着定光古佛在古井上“撑井”。所谓“撑井”是在古井口上倒放一顶谷榭，上面尊坐着古佛爷爷，然后摆着香菇、木耳、针心菜及橘子等斋菜供品。大家燃烛烧香放鞭炮，虔诚跪拜，祈求神明保佑，还专门请和尚念经，祈祷祝福！庇佑百姓喝此井水能够风调雨顺、五谷丰登、高升发财、事事顺心、合家平安、益寿延年。

对此古井为何这么重视，既要打醮，又要撑井？传闻这口井中清泉是从灵洞西山的仙人井中流下来的，经过神仙造化清冽甘甜，人们饮后可延年益寿、长命百岁。的确，这口井的水质很好，冬暖夏凉，香甜爽口、清澈如镜，从不长青苔。周围的群众，甚至上镇的百姓都纷纷前来挑水饮用、沏茶、蒸酒、做豆腐。说也奇怪，这井清泉沏的茶，特别芳香、色泽明亮；蒸的酒，酒质特别醇厚、酒香浓郁芬芳；做出的豆腐格外鲜嫩、洁白可口，人们特别爱吃。岁月沧桑，年复一年。千百年来，这里的人们饮着古井的香泉走过春夏秋冬，传承一代一代，深感安乐吉祥、称心如意！正因为这样，这里90岁以上的寿星也出了不少。

这口古井的水含氧量特别丰富。据祖先说，方圆十几里的人都知道这里有口好井。古时候，上江西买鱼苗的鱼商，南来北往、纷至沓来。因为没有汽车，他们是用鱼篓（用竹编织成的篓子，内壁用桐油灰布粘贴而成，不会漏水）挑着鱼苗赶路的，所以，走了一段路程，又要换水，以免鱼苗翻白而死。鱼商说，用这口井的水挑鱼苗，比其他井的至少能多走二十里。据说有一次两个中山的鱼商到江西九江挑鱼苗，回来时路过万安，一个从“送子桥”转到下镇这口古井去换水，另一个就在五里塅换水，结果，在古井换水的人一直挑到中山还没有问题，而另一个在五里塅换水的鱼苗还没挑到南通村就翻鱼肚白了，只好在南通村再次换水前行。

正因为背树岭下祖先挖的这口水井名扬县城内外，甘甜的清泉养育着成千上万一代一代的谢氏儿女，千百年来，他们在这一方土地上繁衍生息，过着和和美美、安安乐乐的生活。所以，这个包括背树岗在内的小小山窝，从上桥子到下桥子，从井下到坎头上，甚至到岗尾岭，不知道什么时候也就统称“井下窝”了。井下窝，安乐窝。清朝岁贡谢伯镕先生撰写的一副名联“井喷香泉食德饮和沾祖惠，窝名安乐读书种谷享天功”，深情赞颂了祖先挖的一口好井、一股香泉，孕育和演绎了这里一个又一个神奇；赞美这里生活的人们得天独厚、享尽甘泉，养育了一代又一代身心健康的儿孙，走出家门，在全国乃至世界各地建功立业。

谢笠樵先生与武平万安送子桥

谢观光

昔时，从武平县城入东留、上江西，必经万安五里村、鹅颈湾，翻越一千多级石阶的“石径云梯”古隘口，再过黄坊村便到东留。这是武平向西通行的一条重要官道，石径岭隘口的“登云亭”也成了重要驿站。文官的轿、武官的马及平民客商、挑夫都会在这隘口的“登云亭”歇息片刻、喝喝凉茶后再往前赶路。

从石径岭壑谷、溪涧流出来的清泉形成了一条小溪，淙淙流水在五里村汇成一条小河向东流去，与平川河上游汇合。这条官道在五里鹅颈湾口要跨越溪涧才能前行。虽然溪水不深，但没有桥行人十分不便，来往客商都必须卷起裤腿过河，格外艰辛，尤其是下雨天十分危险。

清朝道光年间，有一县城朱姓官人去东留走亲戚，路过这小溪时，正下着滂沱大雨，这时溪水猛涨，有一老太太急着过河，不小心脚一滑被大水冲走了，惨不忍睹。朱姓官人无力施救，只得看在眼里，痛在心中。心想，如果这里有座桥该多好！来往客人既安全又方便！想来想去，马上叫轿夫掉头回家，轿夫问：“老爷为何要掉头回家?”他对轿夫说：“我年过花甲，先后娶了四个老婆都未生孩子，再娶就害人了，现在我想在这里建座石桥，方便大家过往，积点功德。”回去后，朱姓官人马上请了石匠师傅在这河上动工兴建了一座石拱桥，并在桥头建了一座亭子，以便来往客人歇息！第二年，朱姓官人的第四个老婆生了一个白白胖胖的男娃。朱姓官人格外高兴，当即把这座石拱桥命名为“送子桥”，并专程来武平万安，请下镇村闻名县内外的谢笠樵先生写下了“送子桥”“赋月亭”几个苍劲有力的大字，分别镌刻在石拱桥、亭子上。镏金黑字，光彩夺目，漆光闪耀，桥亭增辉，过路人无不啧啧称赞！

谢笠樵，名茂谟，讳沐霖，笠樵是他的号，清廪生。相传他品学兼优，屡试冠军，闽中岁科，俱拔第一。文章韵流风发，书法婀娜矫健。万安魏公庙中“元朝遗爱”匾牌为他所书，此匾用笔清腴温润，流丽婉畅，显得飘然飞动，活泼可爱，为时人仰慕不已。今书“送子桥”“赋月亭”更是笔力劲键，刚柔相济，犹如莲花出水、玉兰临风。一天，一位江西的翰林学士路过“送子桥”，看到“赋月亭”三个字遒劲潇洒、气势磅礴，马上下轿认真观赏。观赏间又在桥上看到“送子桥”三个字大气秀丽，更是反复琢磨，爱不释手，久久不愿离开。回江西后还久久不能忘怀，心想，一定要弄到笠樵先生的墨宝。

第二年，这位翰林学士为寻求墨宝带着一百块大洋，千里迢迢又来到武平万安送子桥，按匾上署名寻找谢笠樵先生。得知笠樵先生是万安下镇人后，便从五里村疾步走到下镇村，入村后又叫人带到井下窝谢笠樵先生的寓所。笠樵先生见客人到来，马上沏茶，热情待客。翰林学士说明来意：“我慕名前来寻求墨宝，恭请您为我书写‘××居’和对联一副（内容我走访多人都无法考证）。”笠樵先生乐意接受，马上拿出广东端砚和徽墨，加上清泉，细细研磨起来。待墨汁漆黑时，铺开宣纸，手执湖笔，思考片刻，便运用灵活的中锋用笔，利用手腕力量，点画沉着，行笔流畅，一气呵成了潇洒飘逸的对联书法。江西翰林学士羡慕不已，从来没有看过这样一蹴而就的好书法。他看呆了，不断在旁拍手叫好！由于墨迹未干，笠樵先生劝留远道而来的贵客用午餐。席间，两人研讨书法，谈得非常投机。临别时翰林学士拿出一筒花边（银元）答谢谢先生，先生再三推让，最后盛情难却只拿了银元的一半，其余返还客人。学士带着墨宝心满意足，十分高兴地回江西去了。

岁月流逝，光阴荏苒，数百年过去了，但朱姓官人施桥建亭和谢先生书写洒脱墨宝的故事，至今还在民间流传，成为佳话。

石径岭

罗汉钦

万安镇附近有一座高山叫石径岭。此地山高林密，山路崎岖。从山脚下到山顶要踏过近千个石阶，故此山又名云梯山，当地人说，“云梯山，接天三尺三”。由此可知此山之高而险了。

在武平至江西会昌的公路未开通之前，石径岭是武平人往东留、江西一带必经之路。从前逢到东留圩天，此处来往客商络绎不绝。旧社会时，这山上经常发生土匪拦路抢劫、强奸妇女之事，有时还有老虎突然出来吃人。人们经过此地，个个提心吊胆，所以当地人说：“惊唔惊，石径岭。”

听说有一年秋天，东留黄坊自然村有农民往县城赶集，他在县城买了一条草席扛在肩上。此时已月光明亮，他一个人走到石径岭半山腰时，感到后面有人抓他的草席，他以为后面有人跟来了，和他开玩笑，就没去理睬。后来草席一次又一次地被抓，他生气了，想回头责骂一顿，回头一看，不是人，而是一只老虎！他被吓得魂飞魄散，把草席一丢，草席散了开来，成了一大片。老虎以为是什么大家伙向它袭来，吓得往山下窜去。这人跌跌撞撞急忙跑回家里，对家里人上气不接下气地说："虎！虎！虎！……"他在家里躺了好几天才清醒过来。

老一辈革命家朱德在20世纪二三十年代曾在这里率红军与国民党军激战。

20世纪50年代初期，我在东留中心小学任教，每年寒假暑假回家探亲或往县城参加会议，都要从石径岭经过，一年之间至少有五六次，异常艰辛。此时，通过土改、镇反、清匪等一系列工作，土匪绝迹，地方上已太平无事，石径岭山顶上也没发生过抢劫之事了，因此我每次经过此山均安然无恙。

自从武会公路开通以后，武平人可以坐车往东留、江西一带了，石径岭那条崎岖的山路，只有旅游观光的人光顾了。

渔溪河岸鲤鱼石的传说

池友昌

很久很久以前，渔溪村的百姓为了改变当地的风水，请长老在开春之际去外地请了一位高明的风水先生。风水先生来后察看了当地的山头、河水流向，然后对长老说："此河路要改到水口东边的牛肠坑出水到万安，把现在的出水口堵起来才能有更好的风水。"风水先生又说："要改变河道，必须在春季做大水时从源头的牛古潭施行法术。"有一天，发大水，风水先生一大早就骑着他的马，扬着鞭子赶路去了牛古潭，并当即施展了他的法术。他奏念偈语、施展法术后，两个大石头就变成了两条鲤鱼，前后紧跟地游出了牛古潭。风水先生骑马扬鞭紧跟着两条鲤鱼。途中在新屋自然村就屋路段遇到了一妊妇，此时先生就问妊妇道："先生娘你有看到一伙猪嬷带仔在河里吗?"妊妇说没有看到，只看到两个石头在滚动。此时，两个鲤鱼石就停止不动了，改变风水的河道也就没戏了。先生很遗憾地到了水口，站在水口河道上，把马鞭甩到了十几米高的石壁中央的石缝里。按着马鞭又说："村子里没七尺高的人别想给我拿走。"因此，现在两个鲤鱼石，一个坐落在新屋自然村水口公皇旁边岸上，另一个坐落在营子上自然村的营子岗下旁边河岸。岁月沧桑，但两个鲤鱼石依然屹立在那里。

月泉学校——万安小学的前身

谢观光

月泉学校是清代、民国时期万安井下窝谢氏私立学校，它位于当时月泉公祠左侧，教室是一幢平房，粉刷得雪白明亮。前边有一口池塘，为了学生安全，塘沿砌了一道高高的围墙。学校右侧叫背树岗，草绿如茵，好似绿色地毯；岗上的高园子里，丝丝杨柳，随风摆动，圆圆石榴逗人可爱。春天莺歌燕舞，夏日蝉鸣枝头，伴着学子的琅琅书声。学校左前方有一条石砌大路。往左行至二十米左右，有座通往田心里的小桥，名叫上桥子。桥下小溪蜿蜒曲折，涓涓流水从五虎下山流经井下窝，环绕坑下，折入平川河上游。学校环境的确优美，可谓是花园式学校，山清水秀，景色宜人，是学子读书的好地方。

月泉小学前身叫笠樵学校，是本邑笠樵先生个人办的私立学堂。笠樵是茂谟公的号，讳沐霖。清弱冠游庠岁贡。他从小勤奋好学，才华出众，在学时成绩优异，屡试冠军。宗室相传岗督学中岁科俱拔第一，乡试考官得公奇文尝阅，深感文笔与众不同，韵流风发，结构严谨，而且书法婀娜矫健，无不啧啧称赞。他爱好书法，常以王羲之“临池学书，池水尽黑”的故事鞭策自己，经勤学苦练，能书写出一手苍劲有力、精妙脱俗的好字。魏公庙内“元朝遗爱”牌匾、五里塅送子桥茶亭上石雕“赋月亭”字样即公所书。由于他乐善好施，热心教育，崇尚耕读传家、学而优则仕的理念，用自己的资金创办私立笠樵学校，校址设在园子里。他布置教室购桌凳，亲自登门请老师，一心培养谢家子弟，祈望栋梁之材。从此，高园子里书声琅琅，谢家学子喜气洋洋。相传，这里广育英才，培养了不少秀才，还有廪生、贡生，为提高国家文化素质起了极其重要的作用。北伐时期，笠樵学校因资金不足，面临停办，这时清廪贡浙江富阳县伯镕先生返乡，知道此事后，便与清监生培宗弟建议由万安谢氏来承办，以解决资金短缺问题，这倡议得到谢氏家族拥护，长者决定办学资金由月泉公祠（今惟达公祠前身）尝田支付，并改校名为“谢氏私立月泉学校”。这样，学校不但没有停办，还扩大了规模，校址也就从高园子里迁到月泉公祠旁的新建校舍。到民国时期，学子不断增多，老师也在原来的基础上增加了肃雍、胡熙、任珂、应槐等人，他们师勤于教，精心传道解惑，耐心教育子弟；生勉于学，个个专心致志，人人勤学苦练，十年树木，百年树人。客家人的千百年传统，在这里薪火相传，代代不断，为谢家培养了不少文人，造就了谢氏一代又一代文明。这也是万安谢氏历代人才辈出的一个原因。

1911 年，十方熊大镕先生在福建省优级师范学校毕业后，返县与我县新学界共同组织“共和实进会”，意在废旧学、兴新学。于县城南门外的谢家祠创办我县废科举后的第一所新型学校——武平县国民学校。首任校长熊大镕，教务谢可玖（中山人）。知名人士谢秉琼、谢鸣珂等曾在此任教。民国 23 年，把私立月泉学校与五里私立育民学校、上镇魏公庙内的侃夫学校（校长谢鼎臣，董事长谢培宗），合并为区立万安小学，校址设在城子里南门岗上，建筑了两幢约 800 平方米的新楼房作教室，还有近十几亩宽的操场，操场两旁种有桉树等花草树木，招收全万安学龄儿童入学，学校规模扩大为十几个班。谢顺华为首任校长，以后还有谢家兴等人任过校长。新中国成立后，由于生源剧增，为满足形势的需要，万安镇中心小学又分为上镇、下镇两所完全小学。这是万安人民获取知识的场所，精神文明建设的摇篮。愿万安的教育事业如雨后春笋，蓬勃发展；谢家的子弟似百花齐放，桃李满园。

万安镇里的“岗”和“寨”

灵　梓

万安镇是武平继唐朝设南安镇（今平川镇）、武平镇（今中山镇）后，在明朝所设的第三个镇，历史悠久，底蕴厚重。万安镇虽然三面环山，腹地平川，但也有许多小山岗。如背树岗、朱屋岗、李湖岗、石榴子岗及大馒头岗等。这些小山岗大都聚居各姓先民。客家先民大部分在南宋时期迁来万安（当时称刘坊）开基的。在万安的钟、王、李、谢、曾、朱、刘诸姓中，据上镇九十多岁的王广招介绍，刘姓最先来到万安下镇井下窝，后迁上镇晏塘尾。井下窝祠堂前的一大片田地至今还称“刘坎塅”。各姓先民依岗建房，在这小山岗上安居乐业，繁衍生息。如背树岗是谢姓的住地、朱屋岗住朱姓人氏、李湖岗起初姓李是也。还有当时没有建房的山岗，如上镇石壁下诸山堂旁的石榴子岗，以盛产石榴子（又称当莲子）著称而定名，这里没有人居住。上镇的大馒头岗，因形状酷似大馒头而命名，当时也无人居住，现在才有许多上镇村民在此建房定居，建设美好家园。

昔时，为抵御外来盗寇骚扰，万安镇还建有许多山寨（即指山顶上建有防守用的栅栏、围墙的地方）。盗寇来时，村民聚集山寨避难，以保安全。万安有东安寨、回龙寨、茭子壁寨、刁子（鸟）寨。东安寨在上镇和尚陂旁，此山寨不高，但水环四周，西、北、东坚石峭壁，只有南边茂林修竹，形成了易守难攻地势，东边河岸对面还有五谷庙，村民在菩萨的庇佑下，安然无恙。故这里的抗敌防御工事坚如磐石，故称“东安寨”。回龙寨在下镇背树岗前的岗尾岭上，古时，岗尾岭山峦起伏，树木阴森，是典型的丘陵地，岗尾岭尾部建有社公庙，供奉福主公王庇佑村民，由于山势弯曲像一条回首之龙，栩栩如生，故称此山寨为“回龙寨”。其时，这里距有人居住的背树岗足足两华里，东边遥对萝卜头崇，三面环水，形势险要，易守难攻。若有匪贼骚扰，由于山寨回龙，瞭望台看得一清二楚，村民便有组织地爬上萝卜头崇，匪贼无法进取。茭子壁寨在上镇东边石壁下背后，山高林茂，四面环山，东西山峦起伏，连绵不断，背后梁野主峰，形成屏障。茭子壁寨是在崇上筑的石砌围墙山寨，峭壁悬崖、地势险峻。俯览群山，犹如碧海波涛，气象万千。如有匪盗骚扰，那崎岖坡陡的羊肠小道，敌见生畏，不敢侵犯。刁子（鸟）寨位于上镇兰坑内的刁子寨崇上，通往江西除石径岭古驿道外，这里可谓是贯通闽赣的交通咽喉，同石径岭一样，历来为兵家瞩目之地。这里山势陡峭、风光绮丽，对面古有狮子脑背，一只绒狮、一个沙和尚及精灵的孙悟空，栩栩如生、惟妙惟肖。长长的山峡出口处，有一道山泉，传说是孙悟空碰破观音菩萨净瓶而渗透出来的净水，清凉甘甜，谓称菩萨水。若有匪寇从东留或当风岭方向来袭，站在刁子寨崇上居高临下，可观察匪贼一切动向，同时，可用烽火向万安土堡的炮楼传递信息。所以，这是保卫万安的北方前哨，也是重兵扼守的要塞，有“一夫当关，万夫莫开”的优越地理位置。

历尽沧桑，物换星移。随着时间的推移，万安的“岗”和“寨”发生了巨大的变化。岗上幢幢琼楼拔地而起，人们在这里过着安祥而幸福的生活；寨上的墙垣只留下残迹，早已失去了当年寨的功能，而现在到处山花烂漫、树木葱茏，呈现一派生机勃勃、欣欣向荣的景象。

井下窝“赐万户”的传说

谢映兴

下镇井下窝谢氏惟达公祠北面上桥子旁，至今保存一道民任公裔豪宅墙基，据说这是清朝康熙年间所建的屋基。它是用石灰、红糖、沙、石按一定比例混合构筑的窖子墙。高约 1.5 米，宽 40 厘米。原先豪宅中间有一宗祠，后边和两侧有两排围屋，计有住宅 40 余间，全是青砖造就，檐坎是花岗岩条石砌成，地板和一千多平方米的前坪用鹅卵石铺就。大院内磨坊、水井、厕所，及风车砻碓等各种生活设施一应俱全，占地面积约计三千多平方米。大院宽广、建筑豪华、恢宏壮观，就像红楼梦中的大观园一样，是当时万安首屈一指的大户人家。娶来的媳妇，除回娘家外，过着足不出户、安逸自在的幸福生活。这就是万安传说中的“赐万户”。

为何叫“赐万户”？没有确切的文字记载。民间众说纷纭。

一说是祖公得到一尊金观音，在家设有佛堂，主人虔诚供奉，顶礼膜拜，主人的虔诚之心感动了观音菩萨，是观音菩萨“赐”给主人的“万元户”，使其财丁兴旺、家道昌隆。

另一说是祖公在对门山上挖了一窖宝藏，得到了许多金砖。一下成了暴发户。勤俭的祖公有了钱不乱花，而择地建房做事业。所以这是天“赐”给主人的“万元户”。

我是祖公的后裔，我认为上述的传说不靠谱，根据家里的说法，祖公可能是习武之人，武林高手。因为遗址中还留下红紫石做成的“练武石”一块，体积0.56厘米×0.46厘米×0.23厘米，重200余斤。另外，1958年，政府动员所有的人要把铁器捐出来，我清楚地记得，当年母亲在捐出锅头等铁器中，有两把一长一短锈迹斑斑的宝剑，长的三尺余长，短的不过一尺半，面宽五厘米左右。这是习武的有力佐证。由此可以想象，祖公从小习武，经常演练，据说用“练武石”练武，一要手提“练武石”过膝，二要提上肩，三要举过头，四要旋转。由于坚持训练，祖公武功超群，结识的朋友很多，甚至深得官府的青睐。另外，家里兄弟众多，经商顺利、运气亨通、财源广进。不几年就成为名震四方的富裕人家。有了钱，为解决众多兄弟居住需要，就建造了开头所说如此宏大规模的豪宅。在豪宅落成之际，官府、朋友前来祝贺，是官府要员赐予祖公的“万户”名号，这就是“赐万户”的由来。

清军功六品衔授予者谢振高

谢观光

谢振高，号平章。生于清朝乾隆壬子年（1793 年），卒于同治十一年（1873 年）十月，享年 81 岁。葬兰坑内磜阳树下，坐西向东。本县万安镇下镇村人。他出生在历代书香人家。父乾弼，祖父芳龄（号偶生），以及儿孙国松（号秀岭）、茂谟（号笠樵）、培鋈（号伯镕）等，皆清代名儒。个个勤学好问，品学兼优。文韬武略，官宦相系。有的文章韵流风发，有的书法婀娜矫健，有的精通医术，有的武艺高强。多代英才，名声显赫，使乡中人羡慕不已，人人称颂，个个崇敬。

振高先生德高望重，他宽厚豪爽、秉性刚直、谦和勤俭、办事公正。在乡族中威望很高，凡有纠纷之事，经他出面调解，众人无不允服；他又精通医术，尤以伤科，平易近人、善解人意，他为人治病，随叫随到，不收分文，深受民众欢迎。另外，他从小拜师习武，精通十八般武艺。相传同治初年，有一江西舞狮班来万安井下窝舞狮，观看的人群中有一小孩好奇地用竹子戏弄不断摆动的狮尾。狮班的师傅见了很生气，不但喝骂，还欲打小孩。群众赶快告知振高先生。耄耋之年的振高老人闻之赶到现场，大喝一声：“谁敢欺侮小孩的？跟我来比试比试！”

接着他稳步矫健地走到场中，蹲着马步，娴熟地舞起拳术套路，他出拳稳健有力，动作敏捷，有时腾空而起，有时俯伏猫腰，真是生龙活虎。众人拍手叫好，个个喝彩。狮班的人见振高先生虎背熊腰、武艺高强，惊讶不已，马上停锣息鼓，收摊溜走了。正因为振高先生武艺高人一筹，民众推举他为乡里孝经团乡勇头领。何谓孝经团?《武平县志》主纂丘复所著的《南武赘谭》中曰："所谓孝经，非曾子孝经，乃文昌孝经。借神道设教，使人心有所系属，不入于邪。全县设中、左、右、前、后五局。中局设城内文昌阁，左局设左田，右则黄坑，前则中赤、后则桃溪。各村则设分局，少者数十人，多则数百人。朝夕相聚，讲教以宗身、体亲、睦邻、爱国之道，以其余闲，肆司武艺而训练之。无事则安耕作，有事共卫乡闾。"这是一种维持地方秩序的民间组织，负责治安。

咸丰八年，会党刘四妹聚众于武所（今中山）企图谋袭县署，县令陈汝枚闻之，急报于振高先生，要求他组织乡勇，保卫县署。《南武赘谭》中说："前一夜，万安镇谢绅平章（即振高）接汝枚书，嘱召集北乡团勇。遂星夜专人驰往桃溪。中途则北乡团勇皆执械而来，云神降言县中有急，宜速赴援。各局传言神降，不期而会数千人。"连夜赶到武所麻姑墩。刘匪措手不及，会党闻风而逃。乡勇一鼓作气，直捣贼窝，擒其匪首刘四妹送县诛之，保卫了县署，使县城免遭一劫。民众欢声雷动，拍手称快。由于平章（振高）先生保卫县城有功，县令陈汝枚申报上宪。不久回函表彰授予平章（振高）先生为军功六品衔。

为弘扬祖德丰功，使其风范长存留后世，精神永在励后人。振高先生后裔特请著名风水先生为他选择坟墓吉地，把他安葬在山坑尾祖山的金骨迁葬在兰坑内礤阳树下，坐西向东，寓意庇佑子孙如旭日东升，蒸蒸日上；似大树底下好乘凉，泽被万代。

牛肠坑上天子坟地的传说

池友昌

昔时，有一风水先生在春季给东家看风水，落葬那天一大早，东家按先生吩咐准备了下葬时祭用的三牲、酒杯、香纸、蜡烛、纸钱、草纸、鞭炮，还有给先生的红包、到场人吃的点心等，足足装了两担两栈，前往风水坟地。下葬时辰已到，开始祭典，坟前摆起了三牲米酒，燃起香纸、蜡烛，还烧纸钱。子孙们三叩九拜，然后放起了鞭炮。仪式结束，东家怀着激动的心情收拾祭品，乘着凉快的春风，迈着轻快的步伐走在回家的路上，走了一段路后，突然发现有一栈盖没有收拾到，于是东家当即返回坟地。此时东家看到了栈盖上爬满了许多蚂蚁，便拾起栈盖重重地拍打了三下，把蚂蚁全拍在地上，结果这一拍惊动了京城，京城的大鼓也重重地响了三声。此时京城的官吏觉得很是奇怪，不知因何而响，于是官吏们就请了堪舆师，堪舆师经一宿思算推测，说在武平万安鱼溪东南片的牛肠坑崇上有人做了天子坟地。此事惊动了京城的官吏，京城官吏为了巩固他们的地位，请了一位高明的风水法师去制裁天子坟地，法师来到此地后，跟着龙脉走向来到了梁野山的龙脉源。法师经察看之后说："要在龙脉的中段蛤蟆湖上行克制法术，但此地不怕刀，也不怕斧，只有用锯子才能制裁。"因此，而后法师择日用锯子在中段蛤蟆湖把龙脉锯断，当即在坟地连续三天不断地流血，天子坟地也就遭受破坏，不能出天子了。

“米子石角”的传说

钟荣生　谢明生

在万安上镇村与贤溪村的交界处有一座山很特别，山顶上很平整，西面略高稍短些，东面略低稍长些，中央一块小山凹，从南面看似一头盘腿伏睡的黄牛，所以人们都叫它牛形山。牛形山的西面是风吹帽，东北面有一处悬崖石壁，悬崖下原来有一座庙，一条小河自北向南经过小庙前，并与从风吹帽经牛形山南面流向东面的小河汇成一处。

传说很久以前，庙里住着一个老和尚和一个小和尚。庙虽小，但是两个和尚每天都按时诵读经文，并把庙里和房前屋后打扫得干干净净，对菩萨服侍得非常周到，只是，这座庙前不着村、后不着店，小和尚人还小，老和尚每天都要到很远的地方化缘，才能填饱肚子。如果遇到下雨天，河水涨起来，和尚没法出去化缘，两个人只能饿肚子。庙里的神明菩萨看在眼里，记在心里，就向天神为他们求情，天神听了很同情，就在佛像后面的石壁上凿开个小洞。夜里，菩萨托给和尚一个梦，把神明送米的事告诉他，老和尚听了半信半疑。第二天早上，老和尚按照菩萨的话，先在庙门口敬香，并当天跪磕两个响头，祈求天神保佑，后又回到洞口前，双手张开布袋，果然大米就从洞口流出来，但是洞口很小，每天只出一次大米，每次只流出一角（量米用的器皿）来，正好够两个和尚吃一天。从此，老和尚每天都能从那个石洞里领到一天的米，再也不要出去化缘了，师徒两个全心全意攻研经文，服侍菩萨。

邻近的村民好久没有见到老和尚出来化缘，以为老和尚出了什么意外，有几个村民到庙里看他。他们来到庙里一看，两个和尚好好的，大家觉得十分奇怪，可无论怎么问，老和尚就不愿意说出原因来。

有一天，老和尚的母亲病逝了，他要回去为母亲守灵一个月才能回来。小和尚听师傅要回去，就放声大哭。老和尚问他哭什么，小和尚说：“你一走一个月才回来，我不会化缘，会饿死的。”老和尚见他平日里还算老实厚道，就把石洞出米的事告诉他，并再三叮嘱每天只能求来一次，千万不能告诉任何人，小和尚一再表示会遵命保密。

老和尚走后，第一天早上，小和尚按照老和尚的话去做，果然看见洞口流出米来。小和尚心中十分高兴。后来，小和尚觉得每天这样做，实在太麻烦了。心想，何不趁师博不在家，把那个洞口凿成一个大洞。让它流出更多的米，吃不完的，还可把米拿到圩上去卖，换点零花钱。于是，小和尚拿起钢钎、铁锤，把洞口凿成一个大洞。正当快要凿完的时候，忽然从洞口流出血来，小和尚吓坏了，赶忙跪在菩萨像前求饶，可是晚矣，那个洞口再也流不出米来。

后来，这事被人们知道了，大家都骂小和尚贪得无厌。小和尚无脸见他的师傅和信众，只好离开了这座小庙。

话说五里墩

陈文荣

从县城坐车沿武会公路行驶几分钟，就到了万安乡最靠近县城的行政村五里村。五里村有一个最大的自然村叫五里墩，在距县城大约 4 公里的省道 309 线的东西两边。你可不要小看这个五里墩，它可是远近闻名的地方。以前，有一句流传很广的民谣“有女莫嫁五里墩，不是捶麻就打秆（稻草）”，说的就是五里墩人遇严寒时节或是下雨天，无法出门或下田，就在家里打草鞋。不会打草鞋的小孩、媳妇等，就要帮忙做些准备工作，如把稻草晒干褪去稻衣后，绑成一小把一小把，拿到比较平的大石头上用木槌捶打，使其柔软，以备编草鞋时用。黄麻也是如此。笔者小时候，就没少干这活儿。

改革开放前，即大集体时代，农民天天出工，可一年到头累死累活，到年终结算，往往还要欠生产队口粮钱。群众生活困难，养些鸡鸭，搞些副业，叫“资本主义尾巴”，随时都有被割掉的危险。可油盐钱从哪里来？只好利用早上、中午或下雨天，打些草鞋，逢圩天拿到市场上卖。一双草鞋一二角钱，一天打三四双，也收入不到一元钱。

有一个笑话。五里墩有一个弱智青年，曾读过几年书，因其父母双亡，又未结婚，只好与其叔叔、婶婶一起吃住。一个圩天，其婶婶拎着家人打的十多双草鞋，叫他拿到县城去卖，嘱咐他“要卖1角5分钱一双”。他在县城卖时，有一个顾客问他：“草鞋多少钱一双？二角钱一双买得到吗？”他摇了摇头说：“买不到，要1角5分钱一双。”那顾客在忍俊不禁之余，一下子买了两双。还是那个傻得可爱的小伙子，在卖了几次草鞋后，偷偷积攒了两三元钱，没地方存放，他就用草纸包好，写上“这里没有钱”，塞进当时住的泥墙屋墙壁洞里，后被他婶婶发现，留下“此地无银三百两”的笑话。

五里墩人勤奋。大集体时代，即使要出工，他们也常常还要到县城卖菜：头天傍晚，把菜摘来洗净，晚饭后捆成把，装进粪箕或箩筐，第二天天未亮挑到县城去卖，再赶回去出工。由于家贫，不少人家没有时钟，没法掌握时间，又怕太迟赶不上出工，因此往往下半夜两三点钟就起床出发，结果到了县城天还未亮，只好坐等。遇到天气突变，下雨什么的，没人出来买菜，菜卖不出去，不知还要遭受多少罪。

昔日的五里墩，不要说没有电冰箱、热水器、油烟机、微波炉、消毒柜、手机、彩电、空调、摩托车等现在看起来再普通不过的家用电器、通信工具和交通工具，就连时钟、单车这些物件也少人有，更不要说三四层的大洋房、几十万元的小汽车了。试想，连最基本的生活开支，也要靠风霜雨雪天打草鞋、天还未亮出门卖蔬菜来维持，生活如何就可见一斑，难怪“有女莫嫁五里墩”啊。

改革开放后，特别是近几年，五里墩变了，彻底变了！现在你到五里墩，在公路上放眼一望，一幢幢三四层高的民房，鳞次栉比。一丘丘稻田，或金浪翻滚，或绿叶摇曳。黄的金黄，绿的碧绿，真的叫人赏心悦目。村道上、民房前，一辆辆摩托车、小汽车，鸣着喇叭，来往穿梭。他们吃的是自己种的绿色蔬菜，自家养的鸡鸭兔鱼；穿的是时髦衣服，不少还是名牌；住的是高楼大厦，三四层的楼房别墅；出门则骑摩托，开小车。这些钱从何而来？绝大部分是靠种烟种菜！例如，上墩的李富昌、李桂昌、李禄昌三兄弟家，他们各有两个孩子。这六个孩子中，高中毕业了的都考上大学并毕业找到了工作，到了婚龄的男孩子都已结婚生子。而且他们三家早在前几年就都建起了三四层的砖混结构的洋房。他们家的这些费用以及日常生活开支，基本上是靠种烟种菜挣来的。现在他们卖菜，也不必像以前的人那样，天未亮就起床挑到县城去，而是天亮后用摩托车载到县城，批发给菜贩，十几分钟就可搞定。有时摩托车一趟载下去的菜就可卖好几百元。他们夫妻恩爱，子女孝顺，家庭和睦，生活富足。平时他们除干活外，就在家含饴弄孙，享受天伦之乐。有朋友来，鱼在塘里打，鸡在家里抓，菜在园里采，都是现成的、新鲜的、绿色的，包你吃得高兴，玩得开心。尤其值得一提的是，他们的父母虽然都七八十岁了，但都还健在，而且身体健康，精神矍铄。逢年过节或者办什么喜事，一大家人聚在一起，四代同堂，热热闹闹、团团圆圆，其乐融融。这就是五里塅人现在生活的写照。正因为五里塅人有这样的生活，所以前几年建捷文水库，捷文、小密村要移民的，绝大部分都选择在五里塅落户。

朋友，你说五里塅好不好呢？除了上面说的，还有土地平坦、交通方便、鸡鸭成群、瓜果飘香……漫步五里塅，蝶舞园中含画意，鱼游塘里漾诗情。

乡愁·古镇留痕

“南海国”王城遗址极可能是在万安刘屋背

谢观光

汉朝初年，汉高祖所封的南海国在哪里？史载，西汉王划出南越国东部南海郡的潮梅等地和闽越国西部的闽西等地，建立南海国，封南武侯织为南海王。据《汉书·高帝纪》：“十二年，诏曰：南武侯织亦粤之世，立以为南海王。”清人全祖望《经史问答》云：“诏语人织为无绪之族，知南武近于今之汀；以其新封为南海，知其近于今之潮；以其迁于庐江之上淦，知其近于今之赣。”全氏断言，南武侯封地当在古代汀、潮、赣之间，即处在当时闽越国与南越国之间。又据《漳州府志》记载：秦始皇时代已列入秦中央版图，属闽中郡的漳州，汉初以梁山之界，北属闽越国，南属南海国。地域十分明确。再据《长汀县志》记载更为明确：“……今武平县地在汀、潮、赣之间，盖即当日有南武侯地，而汉封之曰南海者也。”所以，居于汀、潮、赣三地中间的武平县属南海国无疑。

2005年，为探寻历史上的南海国，我国组织广大文史工作者努力挖掘，深入寻找，并请上级“南海国”考古调查组多次来武平进行考察，分析研究。福建省考古队专家们从武平境内目前发现的10处秦汉遗址，9处疑似与“南海国”有关的地名和其他有关资料分析后说：“南海国”王城遗址很可能就在武平境内。

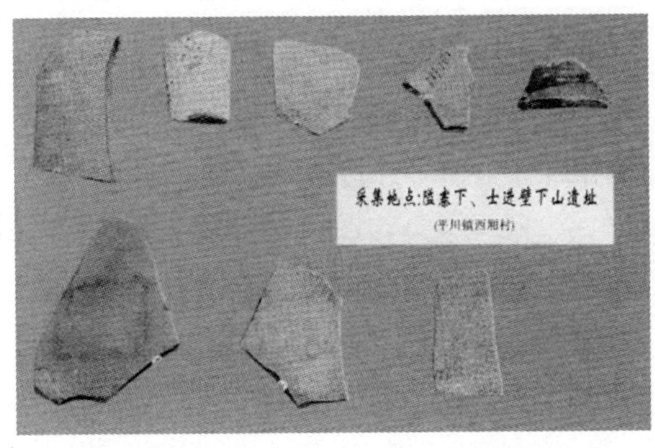

那么，南海国王城所在地究竟在武平何处？有的人认为在东留背寨，因为背寨古时有过一座城，现仍有遗址。但据康熙三十八年《武平县志》记载，该城可能是明代设立背寨巡检司时所筑。又有人认为在东留的封侯村，因为“封侯”为“封侯隘”改名而得，而“封侯隘”传说是汉时南武侯受封的，而且古时无论有多大的文官、武官，经过“封侯隘”时，文官要下轿，武官要下马，可见封侯有一位很大的官，应是南武侯吧！我认为万安刘屋背的可能性最大，理由是：

第一，这里是出土汉代文物最多的地方。县博物馆现存汉代文物11件，陶片实物资料近千件，相当部分是万安刘屋背出土的。据著名人类学家、厦门大学教授林惠祥在民国26年（1937年）6月来武平考古调查时，在县城周围小径背（万安五里刘屋背三号遗址）、狮形山等处发掘采集大量石器、陶器、印纹陶片等，经鉴定，这些石锛为6000多年前古越族遗物。武平成为我国东南亚地区最先发现新石器时代文化遗址的地方。

第二，2004年7月14日，武平县博物馆收到省博物馆专家杨琼和梅华全两位研究员对明片、拓片认定的信函，初步认定万安刘屋背的三号遗址为战国至西汉时期的遗存。专家根据上送的“弦纹”“水波与方格纹复合纹饰”“蕉叶纹”“细格纹”“弦纹和席纹”和“弦纹”等几种陶片的特征，认定是典型的战国至西汉时期的文物。这一认定为“南海国”王城遗址的确定提供了有力的证据。

第三，在平川河里出土的编钟，是古时宫廷舞女轻歌曼舞中的打击乐器，作为秦汉时期就闻名于世的南武侯封地——南海国王城所在地，使用这种乐器是很正常的，而非王城的一般城市是很难见到的。这也说明当时南中国的武平有比较深厚的文化积淀。光阴荏苒，斗转星移，几千年来，历经秦、汉、三国、晋朝、南北朝、隋、唐、五代、宋、元、明、清、民国，深埋在平川河沙土中的编钟，慢慢移动，滚到离万安刘屋背不到两公里的南门大桥下，被做房子的农民取沙时挖起出土。这是顺理成章、理所当然的事，所以，万安刘屋背极有可能是王城遗址。

第四，据万安刘屋背的群众说，在20世纪50年代，有人在这村子里看过一段石雕龙柱，后来大家做房时，不知埋到何处了。试想，不是宫廷或祠庙建筑，哪里会出现此种石雕龙柱？而且从来未听说过这里曾有华丽的庙宇。可见，此处曾有过繁华建筑，联系宫廷陶片及编钟，这里极有可能是“南海国”王城遗址。

第五，从堪舆学角度看，五里刘屋背是一藏风聚水之吉地，是一个山环水抱、山明水秀、环境优美的地方。先看看后山，一层高一层，共有三层，最高的是梁野山（风水学称太祖山，是龙脉），龙脉山高挺拔而雄伟，巍峨壮观。第二层是茭子壁岽（风水学称少祖山），树木葱茏，生气充盈。刘屋背后面是萝卜头岽（风水学称父母山），秀丽饱满，神态气足。根据风水，“一山更比一山高，这里代代出英豪”此处可以藏风，可出天子，加上左环天马寨，右环石径岭，平川河（古称化龙溪）在右边蜿蜒而过。正符合山环水抱、藏风聚水之吉地，是建筑王城的理想场所。所以，“南海国”王城遗址极有可能就在万安五里刘屋背自然村。

武平万安谢氏惟达公祠

谢观光

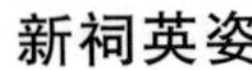

新祠英姿

相传，武平的各姓宗祠，就风水中的山头坐向地形而言，属人杰地灵的胜境者，只有一座半。一座是指湘店湘坑湖的刘氏宗祠，还有半座就是万安下镇井下窝的谢氏惟达公祠。

平川西门沿宽广的公路北上十里，便是万安下镇村，在镇政府右侧，跨越公路，沿着往东走的水泥村道前进百余米，一座建筑恢宏、雄伟壮观的谢氏惟达公祠便映入眼帘，成了一道亮丽的风景。

惟达公祠虎踞龙盘、庄严肃穆。重建于1994年，这与清顺治年间建的旧祠同山头。坐西向东，辛山兼酉。但位置后移20米，地盘升高1.5米。屋宽15.93米、深16.02米、高6.5米，宗祠建筑面积为

251.22平方米。连同前坪和后背总共有3000余平方米。祠宇系砖木结构、古今结合，那巍峨的门楼、雄伟的造型，气宇轩昂，富有清代建筑艺术特色。祠面用瓷板装饰，灰蓝庄重；深蓝的阁檐，美丽光亮；花岗岩条石大门，雕刻宗联“宝树家声远，东山气象新”、“淝水家风”以及“惟达公祠”等几个大字，红光灿灿，气派非凡。

祠内分上、下两厅，厅旁各有厢房。红楹绿桷，硫瓦盖顶，大红木柱，仿古壮观，柱联“东山济美千秋盛，宝树流芳万代昌”“池塘生春草、檐宇长芝兰”，联联使人追根溯源、怀念宗功；壁联“井喷香泉食德饮和沾祖惠，窝名安乐读书种谷享天功”“才继灵运惠莲方为竞秀，德衍封胡羯末乃可称佳”，促人奋发向上，遵族家训；上祖谆谆教导“承祖宗一脉真传克勤克俭，教子孙两条正路惟读惟耕”，让后昆铭记心中；上厅正中有神龛一座，黑漆底板金隶字，昭穆分明，庄严肃穆；横额牌匾“东山堂”，黑底金字，金光灿灿；龛眉画有双龙戏珠、栩栩如生；龛前祖炉方整，奉祀列祖先灵，烛光耀映厅堂，香烟绕结祥云；神牌两旁大红圆柱上张贴丽滨公撰联“泽沛闽东当年教化传长乐，基开武北奕世孙支衍万安”，赞誉惟达公任长乐县教谕、泽沛闽东之功绩。上厅两壁一米多高的“忠、孝、廉、节”四个金底黑字，璀璨夺目，熠熠生辉，教诲族人要遵守族规，厚道做人，包含了丰富的文化底蕴。下厅比原来拓宽，整整可容十余桌，左壁嵌有石刻，上刻廿五世孙历史学博士重光撰写的重建祠序；右墙镶有宗亲捐资鸿名，流芳百世；上下厅间，石砌天井，光亮如镜。虾公梁上高挂一对大红灯笼，灯光明亮，满室生辉。

祠前平川上游流福水，祠后高园书院育栋材。门前正进行二期工程施工。竣工后，祠前有一“月泉花园”，园内花卉凉亭、交相辉映，姹紫嫣红，鸟语花香；池塘生春草，鲤鱼跃龙门；怪石嶙峋的假山，喷出一股五光十彩的清泉；两排翠柏，好似座座绿色宝塔立在两旁；中间大理石阶，十一级缓缓而上；祠前石鼓、石狮屹立两边，犹如北京“大观园”雄姿，使人流连忘返。祠后，神龟背宽阔无比，古榕翠柏，绿树成荫；还建老年阅览室，重现当年“高园书院”雄风。这时，惟达公祠更是英姿潇洒、令人神往。明清以来，这座祠出了不少文人学士、宦官武将，可谓是文韬武略，人才济济。希望后辈：长江后浪推前浪，青出于蓝胜于蓝；喜看贤才登甲第，笑迎紫气福临门。

古祠演变

以前的古祠何时兴建？又为何要重建新祠？据我清朝贡生民国浙江富阳县知事培鋆（字伯镕，号丽滨）大伯公记载：“井下窝祖祠建于清顺治七年（1650年），原祀十三世祖月泉公香火。咸丰末年（1861年），祖祠被毁，同治年间（1868年左右），两房嗣裔捐资重建，惟神主则追上二代，改祀惟达公，而以廷秀公为昭，月泉公为穆，分配二房，以本追王太王、王秀之意，以尽子孙之孝、思意至善矣！元政不纲，我祖宗避元不仕，历代服农，入明我族始显：茂清公辅明太祖以定天下，与胡大海等败方国珍于清风山，身立大功。自后文士武将皆有名，于世尤以书香济美，历世不衰。自伯传以下，青衿代传，惟达公则以明经任长乐县教谕，为万安乡谢氏文士入仕之始，但性好恬淡不汲汲于仕宦，买山坑尾天水流落，山则周围数里，涧谷萦回，田则三百余坪，阡陌纵横，筑精舍于山内，时与其子廷秀公读书其中，又另建佛堂，言曰‘古梅庵’。招僧奉祀，即后人称为‘长乐别墅’者是也。夫以井下窝为宗祠，山环水绕，以山坑尾为别墅，幽趣丛生。子孙保之历十余世，可谓盛矣！清季土匪蜂起，入民国后，军阀专横，地方不宁，稍有积蓄之山农佃户不敢居是山，纷纷迁避，遂致山田荒芜，不惟长乐别墅随而倒废，即井下窝祖祠缺款修理，且左堤冲决，水失其防；右砂崩溃，山失其美，此不惟祖宗所不及料，亦子孙所伤心者也！夫盛衰时也，兴废势也，时势所趋、智者亦难为力，然岂可抱残守缺，坐失机宜乎，急谋补救，亦子孙之责任。近来对日抗战，气象一新，则时局清平，指日可待我辈所急需经营者，栽桐杉、保竹笋，禁盗砍，招佃户，垦禾田，如能诸废毕举，则数年之后必有新发展，岂仅恢复旧业已耶，尝业已充，则津贴升学，奖励优秀，设立义庄、给养孤寒种种善举，皆可于尝内支给……”抗战胜利后，山坑尾已开始垦荒栽种，专人管理。新中国成立后，山权归属下镇大队（村），1973 年肃雍公建议下镇党支部在山坑尾育林创收，因此，下镇党支部特组织耕山队进驻山坑尾，还办起“林业大学”，进行有组织、有规划的垦山造林活动——全面栽杉。十五年后，杉木成林，郁郁葱葱，加上 1966 年白莲塘已建成库容量 398 万立方米水库，从堤坝到山坑尾，十里高峡出平湖，碧波荡漾，偶尔见到竹排、木船在湖中游动；沿山开了蜿蜒的山林公路，可通汽车、摩托车；路旁建了不少亭榭，“古梅庵”也集资重建。因此，山坑尾成了武平游览风景区之一，在双休日，游览观光的人络绎不绝。80 年代，杉木开始砍伐出售，为下镇村增加了不少村财。但这资金不再用来修祠、奖学。所以，惟达公祠由于缺乏资金，年久未修，破烂不堪，不久，厢房因雨倒塌。致使宗亲伤心至极！后来，在任珂公建议下，组织由善良、仲兴、禄昌、锦兴、芬青、桐兴、德林等人组成的建祠常务理事会。在常务理事会的领导下，宗祠进行全面集资重建。在广大宗亲（包括港、澳、台及旅美海外宗亲）的大力支持下，特别是谢月华宗亲热情捐资 7 万多元，侨居美国的谢李淑馨赞助 600 美元，旅台

宗亲谢化成捐资300美元，一座雄伟壮观的新祠，经本宗师傅仰贞、仲生等精心修建，历时一年，胜利竣工。遗憾的是，落成庆典，盛况空前，这时公已长眠，无法观光。

建祠传说

万安井下窝惟达公祠前身——月泉公祠，系清顺治年间兴建。这里流传着神奇的故事、美好的传说：

四世祖念一郎，与万安吴屋巷（现在的曾门口）的吴氏成婚后，便从山区捷坑内迁来平原万安镇，所以念一郎公为万安谢氏开基鼻祖。后来，吴姓逐渐外迁，谢姓在吴屋巷的人数占绝对优势，因此，吴屋巷又改名“大谢屋”。

一年，有一位名叫廖炳的地理先生来到大谢屋，由于廖炳先生看风水出名，便得到谢氏祖公的盛情款待。住了数日，先生发现井下窝的“背树岗”为伏虎形，岗尾岭犹如一只虎爪向前伸去，十分威武，虎尾（位于现在的万安中学）旁边又有五只乳虎，名曰“五虎下山”。这是一个人杰地灵的胜境，建祠的宝地！

消息传开后，住在井下窝的刘姓和蔡氏，都想在此地建祠，好似鹬蚌相争，互不让步。后来廖炳先生说：“此地不宜刘、蔡两姓建祠，建了也没有发展。只有谢氏才能得此宝地！”结果刘、蔡两姓纷纷外迁，不剩一家，大谢屋的我祖公肖泉、思泉兄弟俩也就决定在此兴建月泉公祠。

为看好山头、坐向。廖炳先生每天在背树岗山坡下坐着竹椅子认真观察。旋转罗盘对山头，定好方向绘祠图，天天构思、日日冥想。一日复一日，一月又一月，连续画了几个月，终于把宗祠的建筑图绘好。他复制了两张，一张放在他坐的竹椅子的竹筒里，一张带在身边。

却说我谢氏祖公十分热情好客，对廖炳先生如待上宾，餐餐都是酒肉相待，从不怠慢，每天还宰杀一只鸡鸾子款待。廖炳先生双脚患疮疤，又烂又臭，祖婆每天要为先生洗烂疤一次，敷好药膏，包扎伤口，服侍得十分周全。可是日子一长，祖婆流露了厌烦情绪，先生听了不高兴。一天，廖炳先生不辞而别。中午，祖公回来，见廖炳先生不在家，便问："先生到哪儿去了？"祖婆说："不知何故，吃过早饭就背着行装走了！"这时祖公马上叫个后生追赶，这后生根据祖公指点的方向，带着包包三步并作两步走，累得气喘吁吁，大汗淋漓。追到江西赣州，就在廖炳先生即将下船的一刹那，后生大叫一声"廖炳先生，等等！"廖炳先生回头一看，只见谢氏后生急忙赶来说："先生是否回来，怠慢之处请你原谅！我们的宗祠还没建呀！"俗话说，"好马不吃回头草"，先生任凭怎么劝说也不肯回来，于是后生拿出一筒花边（银圆）、一袋鸡内金说："我房长叔公吩咐，这银圆给你路上买点茶水喝，这袋鸡内金给先生下酒，请笑纳！"先生十分感激！原来先生嗜好鸡内金下酒，但每天吃饭时见鸡不见鸡内金，好生纳闷，现在一见，格外高兴。于是先生主动说："宗祠建筑图放在我坐的竹椅子竹筒里，在竹椅下我埋了合缝砖，建祠时就按此方向——辛山兼酉兴建，我会叫徒弟来施工。"说完，先生便上船去了。

后生回来后，据先生指点，找到了宗祠建筑图。图绘得十分精致。不久，来了不少廖炳的"徒弟"，但是他们没有一个对上号。大约又过了半年，来了个泥工，说是廖炳先生徒弟来承建谢氏宗祠的，并拿出了一张与竹筒里一模一样的建筑图，正是廖炳徒弟来了。月泉公祠从此开始动工兴建。

经过一个春秋，一座具有明代建筑风格的月泉公祠屹立在背树岗前，整座祠犹如华南虎头，虎虎生威，大门好像虎口，嘴含洪福，两个小圆窗酷似老虎的眼睛，炯炯有神，十分威武雄壮，格外壮观。从此以后，月泉公祠里烛光灿灿照新祠，香烟缕缕绕祥云；惟达裔孙枝繁叶茂，承前继后百世其昌。但愿我族之裔孙，弘扬东山正气，培养科学英才，大振江左雄风，永葆玉树家声。

万安朱氏宗祠简介

朱洪先

万安朱氏宗祠大门右侧斜距50米处建有外门楼。其宗祠与外门楼建于清顺治年间（1654年），迄今达360余年。

朱氏宗祠外门楼：门楼正中有“沛国郡”牌号（沛国郡：郡属古代行政区域，秦以前比县小，秦以后比县大，在今安徽省濉溪县一带，春秋时期，楚国进攻“邾”这个地方，当时朱姓子孙为避战乱，其中最大的一支徙居沛国县，开基始祖为朱宅，他曾在齐国做过大夫级的官。后来齐国又发生田氏之乱，为了避难，再迁居到安徽濉溪县西北定居，直至汉魏时期，沛国相邑朱氏后裔大兴旺。因此，朱氏后裔便把沛国当作朱姓的发源地，而称为“沛国郡”）。

在“沛国郡”牌下有“道学家门”牌号。（中国有三家：儒家为孔子；道家为老子、庄子；释家为墨子。当时朱熹的理学与道学密切相联，道学即理学，所以朱氏门楼为“道学家门”）。门楼的对联是“沛国家声远，考亭世泽长”。（沛国郡是朱氏兴旺发达的发源地，含义是朱氏名扬四海，世代兴旺发达；考亭是指朱熹，考亭学派，现武夷山市有考亭书院，其含义是指朱姓子孙的读书人代代相传。）

由于朱氏门楼建于清代，年久失修，难以保存。为了保护祖业历史遗产，以及广大宗亲的要求，必须进行重建。遂于1994年成立朱氏门楼重建理事会，进行筹建工作。（1）门楼保持原有山头和基地，只有加宽、加高，并按原门楼模式进行施工。建成后比原来的门楼要高大雄伟。（2）经费：除向朱氏后裔收取人丁钱外，还向广大宗亲集资，并决定将捐款30元以上者，在门楼内墙上竖立捐资弘扬碑，并在编写朱氏简谱时，把捐资鸿名附上。（1997年春由朱氏宗祠理事会编写武平万安朱氏简谱，已出版）。（3）朱氏门楼重建理事会成员花工操劳，不计报酬，为落实具体负责人，将他们的鸿名也载入朱氏简谱。

朱氏宗祠：由于历史原因，宗祠内的神龛、神牌等被废，宗祠内堆放农家肥、杂物、稻草等，加上多年失修。为此，为了维护祖国历史遗产和方便朱氏后裔祭祖及已故老人入香火之便，经广大朱氏后裔建议，必须进行修缮。遂于1996年成立朱氏宗祠修缮理事会，筹建修缮事宜。

（1）经费：由宗亲捐资，凡捐款30元以上者，在宗祠下厅内墙上，竖立弘扬碑，并将鸿名载入朱氏简谱中。（2）原土改时，分给私人管业的上厅

正栋及下厅厢房，经由理事会与管业人协商解决并签订合同，做到无偿归还，给予弘扬表彰。将管业人的继承人姓名在宗祠下厅内墙上竖立弘扬碑。(3) 重建神龛及一脉宗系神牌（沛国郡开基一世祖念五郎公妣钟氏夫人一脉宗亲神主位）。(4) 缮后举行进香火、树神牌庆典仪式，择于 1996 年 12 月 23 日举行，是时鞭炮齐鸣，鼓乐喧天，族长、各房代表及念五郎公的子孙进行拜祭。(5) 宗祠修缮理事会成员，不辞劳苦，不取分文，将他们的鸿名刻在捐资弘扬碑上。(6) 朱氏宗祠大门对联：汉代名臣第，宋朝理学家。（“汉代名臣”指汉代宰相朱买臣，“宋朝理学家”指朱熹，这是歌颂祖宗功德，继承祖宗精神）横批：明径世第（“明径”指明朝皇帝朱元璋）。

但由于原宗祠系土木结构，达 300 余年之久，虽经维修，却不能全面加固，因此造成前檐倒塌，并多处漏水，成为危房。此时广大宗亲为了保护宗祠完整，积极建议重建。遂于 2008 年成立朱氏宗祠重建理事会。(1) 宗祠基地升高，按原宗祠模式进行施工，做到砖混结构，瓷砖贴面，大理石铺地面，建成后保持原貌，加上屋顶有双龙抢珠，具有现代气派。(2) 经费：除收朱氏后裔人丁钱外，靠广大宗系捐资，其中朱伟平宗亲一人捐款 8 万元；并将捐资者的鸿名在宗祠下厅内墙上竖立弘扬碑。同时在弘扬碑上刻上朱氏宗祠重建理事会成员的鸿名，以留后考。(3) 在宗祠上厅，左墙挂上朱文公家训（全文）横幅，右墙挂上朱熹格言横幅，以供学习。(4) 新建神龛，中树祖宗神碑，神龛两侧对联是：“重振鸿图发扬祖德宗功千秋颂；建成伟业后裔繁荣昌盛万代传。”(5) 当年建成后，举行隆重的开光庆典。附祭文如下：

维公元 2008 年农历十二月四日之良辰，愚世嗣孙培光等以备淡酌之仪，致祭于念五郎公一脉宗亲之灵位前。

曰

念我始祖　开基万安　艰苦创业　抚育后代　博学多才　满腹经纶

为国为民	作出贡献	教育子孙	耕读为本	为国报效	人才辈出
列祖列宗	功业千秋	长留史册	庇荫后代	我公祖祠	建于清代
时至今日	三百余年	在此期间	历尽创伤	虽经修缮	难保安全
祖宗遗产	重在保存	在世后裔	为报祖德	经众商议	宗祠重建
成立机构	领导拆建	团结一致	争相捐款	当年之内	伟业建成
金碧辉煌	雄伟壮观	今日庆典	盛况空前	礼炮齐鸣	鼓乐喧天
嗣孙拜祭	颂祖功德	让我祖宗	安座神位	护佑裔孙	繁荣昌盛

武平万安朱氏源流世系表

一世——	二世——	三世——	四世——	五世——	六世——	七世
朱熹	埜	诠	沼	梁	熠	型
		八世		九世		十世

锡（小四郎公）武平开基始祖　泗　　念五郎公（万安开基始祖）

尊祖敬宗：万安朱氏宗祠理事会定于每年春分前五日为祭祖日，当日上午参祭的众裔孙会集宗祠，分片领取三牲、香烛火炮，赴各地扫祖墓；返回宗祠后举行团拜，然后全体祭祖人员在宗祠内集体学习朱文公家训，学习完后，大家在欢乐声中进行消三牲餐饮。

武平罕见三栋大厅的谢氏芬龄公祠

谢观光

芬龄公祠，又称偶生公祠。偶生，系芬龄公号，是因他与芳龄公双胞胎而取名。该祠堂是芬龄公孙侄辈为祭祀芬龄公而建，坐落在武平万安镇下镇村田心里。所谓田心里，是因为该祠当时建在广阔的田野之中，后来大部分芬龄公裔孙从井下窝迁至祠堂周围发展，所以，他们称井下窝为“老屋下”，此新居叫“田心里”。祠堂约始建于清朝嘉庆年间（1796～1820年），迄今经历近两百年历史沧桑。后因咸丰兵乱，祖祠部分被焚，因此裔孙首次集资修复；1947年又因前厅右侧房屋倒塌，再次集资重修。1978年，因祖祠多年风雨侵蚀，外墙严重剥落，墙身多处开裂，甚至倾斜，岌岌可危，亟须修葺。因此各房宗亲再度集资进行全面修缮，从而使这清代古建筑较好地保存下来。宗祠占地面积341.55平方米，共有上、中、下三栋大厅，上厅、中厅左右各有厢房一间。门前有一416.64平方米鹅卵石砌成的大坪（2004年改铺成水泥坪）和一弯月形池塘，池塘对岸空地比大坪略高，据说寓官府玉案；旁边还有一口水井，寓衙门墨砚。祠后也用鹅卵石砌一圆形龟背，约350多平方米；沿着圆形龟背及祠堂两侧建成典型的客家围屋，宛如众星伴月。该祠规模宏大，古朴风姿，厅堂硕大，气势恢宏，造型别致，古色古香，是武平目前罕见的清朝古建筑、别具一格的大宗祠。

宗祠坐西北朝东南，为当时著名堪舆师廖炳的徒弟所勘测。相传，这祠堂呈龟形，能庇佑裔孙健康长寿似神龟，发达代代出紫衣。从对门山上高处俯视，形象逼真的神龟惟妙惟肖，栩栩如生。看！左环东安寨（位于和尚陂的山寨），树木葱茏，绿水青山；右绕回龙寨（指今岗尾岭的社公尾头），伯公神位、景致幽雅。酷似神龟的两只前脚，环抱在祠堂两边。背靠社公树（当时树身要四人合抱五百多年的伯公大树，今已废），面对平川河（上游），可谓是前后山水拥翠，左右山寨朝拱，祠堂就在藏风聚水、龙真结穴的中央（神龟头位）。

祠堂前低后高、前方后圆。脊梁高耸，飞檐翘角（“文革”时被废），红桁缘桷，斗拱穹隆，显得巍峨壮观。正大门系花岗岩条石所建。门上刻“皇恩荣北阙，祖德衍东山”楹联，赞颂谢家名门望族，东山人才辈出。横批为“偶生公祠”，大门正上方还镶嵌“思安居”字样的石刻，耀眼夺目。跨进大门是下厅，约80平方米。头顶天花板正中央，有一木制大型八卦图案。左右两边有两口青砖砌成的天井，接着就是中厅及两侧厢房，厢房两边墙上悬挂一副木制用隶书写就“池塘生春草，檐宇长芝兰”的对联，非常醒目、格外壮观，显示谢家人才济济，祈望能多出像谢灵运一样才思敏捷的文人墨客。中厅正中可见雕有花孔的大屏风，五米多宽，两边是通往上厅的侧门，所以中厅有七米多宽、八余米深，可放十几张桌，若逢大祭或文艺演出，可拆除屏风，形成大礼堂，正厅搭台，中厅和下厅，可容几千观众。屏风上方悬挂着刻有民国时期省政府要员大学生谢明章撰写的“世承天宠”阴刻牌匾，黑底金字，显耀精美典雅。（“文革”时说是四旧被废，今只剩悬挂牌匾的铁链和大铁钉）；屏风两旁的木柱上写着“孝悌忠信、礼义廉耻”字样，重修时改用“用俭一生裕，家和万事兴”对联，祈望宗亲，敦亲睦族，忠孝廉节。从两侧门绕过屏风，只见一口花岗岩条石砌成的大天井和两边的回廊小厅，小厅是以前祭祖时供鼓手、十番、吹班演奏之地，三口天井形成品字形，寓示该祠堂能出一品官宦。然后通过石阶缓缓而上（含步步高升之意），便是上厅（又称正厅）及两侧厢房，正厅两边圆柱上是清贡谢伯镕先生撰写的对联“承祖宗一脉真传克勤克俭，教子孙两行正路惟读惟耕”。教育裔孙要发扬祖宗光荣传统、勤俭持家、读书上进、本分耕田。正中神龛上放着神牌，庄严肃穆。神牌上书“陈留郡东山堂十八世祖谢公芬龄、谢母修氏暨一脉宗亲神位；左昭书十九世祖乾宗、继来公，二十世祖振福、振禄公；右穆书十九世祖三来公、乾弼公，二十世祖振寿公及振全、振化、振高、振发公”等先祖。看到这一代代先祖的名字，不由得以虔诚之心，想起采访时 90 多岁的伯婆讲述不祧之祖芬龄公的故事。

芬龄公，号偶生。清康熙己亥年八月初八亥时生，享寿八十四岁。他一生清贫节俭、艰苦谋生，禀性温和、孝友诚笃、急公好义、乐善好施，是当时一名有识之士。相传，他每次赶集回家都要买点油粿、薯包子之类的东西给母亲吃，非常孝顺；看见路边有猪粪狗屎都要用树叶包回投入厕所。他是私塾老师，收入低微，无法给儿子讨老婆，眼看最小的儿子都已长大成人，却没有一个娶了媳妇，忧心如焚。因此，他焚膏继晷，将点点薪俸集腋成裘。清乾隆四十六年，他物色一钟姓良家女子愿作他的儿媳妇，便选良辰吉日，吹吹打打，将其用大轿抬进家门。轿停，通知众儿子从田园立刻回家，众兄弟来至厅堂，他说，今天叫你们来是我找了个闺女，究竟谁来拜堂？请你们商定。众兄弟面面相觑，然后互相推让。最后，小儿子乾弼说：“照例应该大哥先成婚。既然各兄长都不愿拜堂，那就我来成婚吧，我会把出生的第一个儿子过继给大哥做儿子!”第二年（乾隆四十七年十二月初二）乾弼喜得贵子，命名振禄。他并无食言，把振禄过继给大哥继来。

芬龄公裔孙枝繁叶茂，现繁衍十余代共有600多人，分布在海内外，他们文官武将，代不乏人。有叱咤风云的知府、国民政府劳工部秘书、农林部技正及在职的厅局级领导干部；有博学多才的廪生、贡生、国学生、留学生和博导、博士、硕士；有老一辈无产阶级革命家；有做出杰出贡献的教育家、农林专家、建筑专家、医学双博士，还有武勇绝人，在江、广、福有千人子弟及获清功六品衔的武将。他们以客家人传统的顽强拼搏、艰苦奋斗的开拓精神，活跃在振兴中华的历史大潮中，为祖国的繁荣昌盛、构建社会主义和谐社会做出了应有的贡献。可谓政坛、学界、军界及企业界均名流辈出。

芬龄公“勤劳美德传佳话，道德风范世长存”。裔孙众多，影响颇大。他逝世300多年来，为众裔孙所供奉。每年清明节为祭祖大典日，数以百计的裔孙饮水思源，纷纷从各地来到偶生公祠，拜谒老祖宗。旅美的谢李淑馨、旅台的谢化成及北京、上海、广州、福州、龙岩工作的寿光、晋光等经常带着家人千里迢迢回来祭祖。他们以三牲果品，虔诚祭拜。燃烛焚香，三叩九拜，放爆竹、烧纸钱。表达了后裔的思念之情。也吸引了众多的参观者前来瞻仰。中国社会科学院学者多人曾在社会科学文献出版社社长谢寿光先生带领下来到祠堂参观；省党校史学研究室主任刘大可也在史学博士生导师谢重光先生陪同下前来参观考察。县、乡等各级领导干部也纷纷前来瞻仰祠堂的古朴雄姿。他们说“这样三栋大厅的祠堂在武平保存得那么完好的实在罕见，一定要向县博物馆申报，当作文物保护起来”。现在，年轻的裔孙们已动员起来，他们正在集资、搞好每年的祭祀活动，并打算到资金雄厚时，把古朴祖祠装修一新，既保持原有古色古香的建筑特点，又新增设施，具有现代气派，使它以崭新的面貌展现在世人面前，让老祖先们筚路蓝缕、生生不息的精神通过这古老的建筑熠熠生辉!

贤溪池氏宗祠落成庆典

池友昌

池氏宗祠系江西赣州赣县桂五公房千七郎位下第十二世福溪公，由永梁山黄陂移居万安贤溪开基创业建祠，迄今历时300多年，原祠早已破烂不堪，濒临倒塌。为拯救祖宗基业，重建维系同宗血亲的精神纽带——池氏宗祠，于2012年2月25日成立宗祠重建理事会，得到了族人的热心支持，此时有人口439人，共收取鸿丁款63900元。能人贤达慷慨解囊，捐款、捐物、献工，共计132680元，同时也得到姑郎姐丈外甥们及热心人士的鼎力帮助，捐款共计47190元。经过多方支持，多道筹资，宗祠上侧建造了厨房膳厅，还有男、女卫生间，正面建有池塘、花圃，占地面积约2.5亩。重建宗祠及附属设施共耗资329888元（包括征地），于2012年12月15日竣工。竣工后在当月27日举办了隆重的庆典仪式。庆典得到了多地宗族的参与，省外有江西会昌、瑞金，赣州赣县的宗亲，他们还带了乐队、鞭炮等。省内有长汀、连城、上杭的宗亲，也带了乐队、鞭炮等。本县的有中山人、东留的宗亲。来此外地的宗亲共有100多人，加之本地自家宗亲与姑郎姐夫们、亲朋好友们共有200多人参典。门前红旗招展，锣鼓喧天。歌声、乐器声响彻云霄，宗祠四周热闹非凡，场面壮观。池氏祠开建理事长首先在庆典大会上作了前后重建宗祠重建工作的讲话，池氏修谱理事会会长池春晖（原会昌县政协副主席）在庆典仪式上也作了热情洋溢的贺词，青岛医学院的宗长池肇春教授发来了贺信，镇领导修福星副书记、村两委干部也参加了庆典。

渔溪孔子文庙

谢观光　池友昌

昔时，在今万安镇贤溪村大板上的贤溪小学址，有一古老的孔子文庙。孔子文庙是纪念孔子的祠庙。孔子，名丘，字仲尼。祖籍宋国夏邑，出生于鲁国陬邑。他是中国伟大的思想家、政治家、教育家。据说这座文庙是明朝嘉靖年间所建，迄今有500多年历史。该庙有上、下两厅，侧旁有厢房，中间有天井。红墙绿瓦、雕梁画栋、巍峨壮观。旁边就是渔溪小学。庙宇上厅神龛，雕有孔子塑像，供众人奉祭。由于客家人“耕读传家、崇尚文化”，对孔子圣人格外崇敬，所以，文庙里香火十分旺盛。

渔溪小学，由于孔子文庙在旁，营造了一个“只读圣贤书”的读书氛围，所以这里的学生在老师的教导下，“好好学习、天天向上”。说也奇怪，孔子文庙所在地是一个只有110多人的自然村落，近20年来，从这里读书出去工作的人特别多。据统计，在这弹丸之地出了16人，他们中间除一个中专和一个大专学历外，其余全部上了本科和重点大学，如陈美香读了8年医科大学后，还研读博士。可谓是“人杰地灵，人才辈出”之地也！基于这种情况，虽然古时的孔子文庙在“文革”时被废除，但老年朋友们出于对孔子的怀念和尊敬，自发集资重建“孔子文庙”于猴古石。此庙一竣工，前来祭祀的人们络绎不绝，香火十分旺盛。四周的群众，甚至县城的人们都闻风而来。中远上城商家送来写着“祭拜孔子，高考包中”的绶带。可见，孔子先师不是贤溪人的，也不是万安人的，而是全县、全市、全省、全国乃至全世界人的精神财富，他永远铭刻在人们心中。现在，外国人创办了两千多所“孔子学院”，在国内他的儒家思想对人们的精神生活、思维方式产生了深刻的影响。让我们共同怀念、虔诚祭拜孔子至圣先师吧！把孔子文化做大做强，努力建设一个和谐美丽的幸福家园！

万安五谷大帝庙

曾宪成　汤玉香

五谷大帝是神农氏，神农氏出生在农历八月初一。神农氏繁育了九谷，哺育了人类，人们为怀念他的功绩，称他为“五谷大帝”，每年农历五月廿五和八月初一，善男信女都到五谷大帝庙里烧香，祈佑国泰民安，风调雨顺。万安镇五谷大帝庙依山傍水，坐东朝西。建于清朝时期。据说有几次河里发大水，河水淹到了庙里，庙却安然无恙，人们说，可能是大帝的神威在起作用吧。

弥勒寺与诸山堂

灵　梓

昔时，在万安上镇安塘尾的山冈下，有一座历史悠久的弥勒寺。庙宇巍峨，红墙绿瓦，金碧辉煌，雄伟壮观。建寺年代今无考，据说是在明清时期所建。走进寺庙，前殿坐着一个最潇洒、最开心的大菩萨，他袒胸露腹，箕踞而坐，大肚子滚圆凸出，是一位光着头的胖大和尚。只见他手掐穿珠，喜眉乐目，笑口常开。大家都叫他“笑佛”“弥勒菩萨”。据说，这是天神派遣下凡“能容天下难容之事”“凡事付之一笑”的“大度”弥勒佛。正是弥勒佛的显赫，这寺庙才命名为“弥勒寺”。其实，这寺庙真正的大菩萨是上厅神坛供奉的客家人的保护神——定光古佛。

弥勒寺的定光古佛相传是狮岩定光古佛分身，金身黄袍，慈眉秀目。万安人称岩前定光古佛为古佛爷爷，叫弥勒寺的定光古佛为古佛菩萨。古时，不论是弥勒菩萨，还是古佛爷爷，香火都十分旺盛。特别是正月初六日及每月初一、十五日，进香的善男信女络绎不绝。有的进香、祈福、许愿，有的磕头、圆福、还愿。个个虔诚膜拜，希望得到菩萨的保佑。更有甚者，还经常住在寺庙里请和尚念经、求签、祈祷。

在弥勒寺住持的方丈很多，民间传说中最有名的高僧号称“崇子师父”，广东人。他住持时香火特别旺盛，因为他和蔼可亲，很有人缘，又很会念经。相传他来万安前游遍各地，广参圣迹，学习梵文，精通经藏，诵读佛经多年，念起来朗朗上口，格外动听，而且声音洪亮，韵调圆润，众生很喜欢听。所以，当时万安人红白喜事都请他念经超度。崇子师父在万安有两件事广为人知。其一，潜心研法，行善积德，感动古佛。著名社会活动家赵朴初先生说：“两千年佛法是座宝藏，到这座深山中探宝，一定会有难以想象的收获。”崇子师父在弥勒寺住持几十年中，不断研究佛法，钻研禅经，天天率弟子在菩萨面前燃烛烧香，虔诚磕拜。诵读《金刚经》等从不间断，并遵照佛“以善为本，慈悲为怀”的意志，时时事事行善积德，经常为群众做好事、做善事。建寺初，为维护寺院的日常生活，他每天早晨进村入户去化缘，群众的红白喜事他都不辞劳苦去超度。后来善男信女越来越多，香火越来越旺盛，寺庙里连信众吃的斋饭都有一定困难了。定光古佛看在眼里，急在心里，非常感动，格外同情。一天，定光古佛为普度众生，突然“显灵”，并施展佛法，喷射出一道闪电般的佛光，降服了一头水牛精，定制在离弥勒寺不到一华里的“风车口”旁，变成酷似水牛的一座山，栩栩如生，非常逼真。现在人们叫此山为“牛形山”。定光古佛还命令水牛精每天屙大米供应弥勒寺。崇子师父得到定光古佛托梦后，马上叫弟子到“牛形山”上去看个究竟。小和尚看了十分诧异，一头大水牛的头伸向“风车口”小溪边喝水，尾部石壁缝中在出大米。为什么在峭壁石缝中会不断流出大米？小和尚把大米用袋装回，刚好足够寺庙里的人们就餐。传说寺庙里有多少人朝拜就会出多少大米，多人进香多出米，少人进香少出米，一点不浪费，演绎了一段定光古佛佛法无边的千古传奇。其二，化缘筑陂，灌溉农田，惠及百姓。据《武平县志》载，平川河发源于当风岭石缝中的两股清泉，它汇聚壑谷中的淙淙溪水，流经鱼溪、鸡嫲窝及弥勒寺前，再转东安寨、土楼坝、兔子潭、回龙寨，直插平川。由于古时山峦耸翠，树木葱茏，青山蓄水功能好，河水大而急，漩涡较多。在东安寨转弯处多次发生和尚或群众被溺事故。崇子师父心系弟子，情系群众，决定天天坚持化缘发动群众，积蓄资金。在东安寨转弯处筑一座水陂。这样，既可减缓流速，减少溺水事故，又可灌溉农田，为民造福。经他多年努力，在东安寨率众筑了一座雄伟的水陂。传说水陂合龙时，“定光古佛桥上过，草鞋一扔便合龙”。因陂是和尚化缘而筑，便命名为“和尚陂”。据《武平县志》载，这陂可灌溉农田万亩。万安人民无不拍手赞颂。这样，水流变缓，溺水事故也就从此灭迹。

解放初，说是破除迷信，到处废庙烧菩萨。弥勒寺也不例外，不知是哪个缺德鬼放火焚庙，使弥勒寺变成一片废墟。但真奇怪，定光古佛却安然无事，人们说这是古佛爷爷佛法无边，“显身”“显灵”，防火烧身。善男信女马上把定光古佛抬到上镇的人家里藏起来供奉。几年后，形势较为平静，人们请了一个地理先生，在上镇石壁下崇山峻岭、茂林修竹之中择了个聚水藏风宝地（这地基原是上镇城下曾先生的屋基，听地理先生说这里好建庵庙，他就二话没说，奉献出来）集资建庙。

竣工后，人们把古佛爷爷请到新寺中供奉起来。由于这里山清水秀，峰峦叠嶂，便将此寺命名为“诸山堂”。

诸山堂在20世纪五六十年代是江西兴国人住持。那时寺庙周围杂草丛生，经常有蟒蛇入屋。为什么？是蛇精作怪，还是神明派遣？兴国高僧好像丈二金刚——摸不着头脑。后来来了一个姓连的小伙子，中堡人，17岁。他十分信神，勤奋好学，经常住在庵庙里与兴国高僧一起研习禅经，帮助解签。他又十分勤快，天天一起床就打扫卫生，铲除杂草，整理庙坪，把诸山堂打扫得干干净净。这样，杂草没有了，蟒蛇不见了。诸山堂成了一块净土。从此，朝拜的人又纷至沓来。据现在80岁的连师傅介绍：有一天，上镇城子脚下有个叫曾师傅的狩猎人前来在古佛爷爷面前求签，看看能否发财。解签人格外高兴地告诉曾师傅，你求了个上上签，明天就可发血财。结果，第二天他真的打中了一只野猪，发了大财。消息传开后，人们都说定光古佛十分灵验。消息传到东云猪膏岭，猎户朱先生也马上去诸山堂拜佛，第二天他也打中一只野猪，他十分高兴，到处都说诸山堂的古佛爷爷特别灵验。正如信众赠的牌匾所说：林深烟香远，幽径佛光灵。一位东留的信众听到后，他想，自己的老婆患神经病，又无钱医治，不如到诸山堂住下来，希望得到定光古佛保佑，解救难民，以早日康复。也许是诸山堂山清水秀、空气新鲜，抑或是女人家得到了精神安慰、心情愉快，她在诸山堂只住了二十多天就痊愈回家了。东留火烧窝人朱某知道后，为儿读书前往诸山堂求签，看看能否高中。回家路上，突然下大雨，母子俩赶紧到石燎阁路旁的石岩底下躲雨。忽然，一辆大卡车倒翻在他俩躲雨的地方，说时迟那时快，仿佛有个老人把他们一托，及时躲开，毫无损伤，免遭一死。母亲吓得魂不附体，赶快双手合十，感谢菩萨扶佑、上天保佑。事情一经传开人们感到神乎其神，都说诸山堂的古佛爷爷的确灵验，庇佑黎民高升发财。这真是：诸山堂风景幽美青松伴，众大神灵光普照保万民。这样，前来求神拜佛的善男信女越来越多，上至江西，下至广东，本县范围内的群众更是络绎不绝。还愿时，有的为诸山堂添置桌椅，有的为诸山堂捐献佛帏，更多的人在功德箱中捐款。于是，诸山堂有了一定资金，条件得到很大改善，还建了寺庙门楼。“文化大革命”开始，说庵庙中的住持是“迷信头子”，要揪出来批斗，连先生他们赶紧逃往江西躲避，整整逃了11年，在20世纪70年代末才返回诸山堂当住持。于2011年在诸山堂内圆寂。现诸山堂已恢复原貌，香火依旧鼎盛。

社公树

谢大生

社公树曾是家乡武平万安的一景。它生长在上、下镇交界处的城子头上。社公树多大，谁也没有认真量过，小时候曾邀过十个小朋友去合抱还不能牵手，听说是要八个大人才能合抱。社公树有多大年龄，谁也说不准，听我爷爷说，他小时候社公树就已经那么大了。

社公树是枫树，它有三支主干，高二十多丈，春夏时节，浓荫五亩，远远看去，状如华盖，所以，一位路过的风水先生看到一马平川的万安盆地有如此巨大的“凉伞”，便言万安有帝王之气。此话一出，使得家乡的老者们一个个都乐颠颠的，有的甚至变得不太安分起来，我猜想，当年的“剥皮公爹”被诬为私筑王城，大概是跟社公树有牵连的。到了秋天，满树的红叶，十里八里都十分显目，从树下经过，红叶准会偷偷钻到你的口袋里。秋风一起，红叶飘飘，散落在千家万户的屋顶庭院，那是社公树送来的深秋的消息。

社公树是小鸟的乐园，那里的常住户是喜鹊家族，社公树每年都自然生长着许许多多的柞蚕，这种食物链为喜鹊提供了极好的生存和发展条件，所以喜鹊家庭十分兴旺，日子大概是过得十分惬意的，它们总是占着高枝，叫个不休，趾高气扬，真可谓“社公树上的喜鹊——高喳”。丰富的食物，还招来一批又一批的食客，那食量大的胡溜子是每天都会来的，有时一来就一个连，它们一边吃一边“侬好、侬好”地赞叹不已，这情景很像“文革”期间的“解放餐”。社公树上的气氛是欢乐祥和的，鸟儿无论大小，各取所需，相安无事，吃饱喝足后，都亮着歌喉唱着“同一首歌”。

社公树是家乡的标志，外出的家乡人，老远看到社公树，到家的感觉便油然而生。到过万安的外乡人，大都记得社公树，所以他问你家在哪里时，肯定会问离社公树多远，是社公树的哪一个方向。社公树还引起了部队测绘人员的注意，我小时候就见过一位解放军叔叔把社公树的位置准确地标在地图上，并注明是独立树，当时我们着实高兴了好几天。

社公树充满了神奇的色彩，它从一棵小枫树成长为一棵参天大树，傲视万安，征服了家乡的一代又一代人。社公本是土地神，把一棵树看成是土地神的化身，确是一项殊荣，也可见家乡父老对社公树的崇敬之情。所以在社公树下曾有过漂亮的社公庙，逢年过节或生儿育女，乡亲们都提着公鸡、带着香纸蜡烛去社公庙祭拜。很多小孩也就取名为“枫树生”“枫树妹”，可见家乡人是把社公树神化了。我小时候，母亲也总嘱我不能在社公老大面前屙尿以免肚子痛。晚上小孩哭闹，大人总是说：“不敢那么大声，社公老大会听见。”每每这样，总能奏效，小孩哭声便戛然而止。大约我七八岁时，一天早上上学的路上，我堂哥偷偷跟我说，他昨天晚上听到社公老大打喷嚏。那天上午我一直没有很好听课，以至老师叫我上黑板做算术只得了1分，被同学们戏称为是“扛棍”，使我十分难堪。一下课，我便叫了五六个大胆的小伙伴，偷偷地去看社公老大，我们趴在远远的城墙上往树洞里一看，原来是一个叫花子在树洞里安营扎寨，看见我们，还给了一个悠然自得的微笑。有一度，家乡人不知从哪里听说“社公树旁，兰花钵下，一百步脚，有银一坛”。消息传出，乡亲们闻风而动，凡家中有兰者，都从各个方向用标准的步子丈量、挖掘，一时间搞得社公树周围到处坑坑洼洼，但银子终未挖到。后来听说一个聪明的后生破译了这个谜，“兰花钵”是指社公庙的香炉钵，因香炉里插了许多未烧尽的香杆，状如兰花；“一百步”就是指一趴步脚。因此那位后生挪开香炉掘下，果然有银圆一坛。这大概就是人们玩的智力游戏吧。

社公树也是多灾多难的。20 世纪 60 年代中期，一次台风中其中的一枝轰然倒下，所幸它就好像长了眼睛一样，倒在一片空地里，既没有伤人，也没有碰到周围的房子。我家就在社公树旁，倒下的树枝离我的楼房不到二米，我的房子竟然连一片瓦都未损失，确也是怪事，用我的老伯的话说，是我家设有观音的牌位，社公老大不敢得罪观音太太。大约在 1967 年，一位顽童在树洞里烧火烤番薯，吃了番薯便一走了之，残火引燃了十分干燥的树洞，火在树洞里悄悄烧了一夜，第二天，乡亲们看到不知所措，后来还是顽童的家长迅速地做出了反应，带领全家十几口人奋力将火扑灭。树是保住了，但社公树的内伤是十分严重的。到了 70 年代初，“深挖洞”的热潮席卷大江南北，公社有个单位便在社公树下挖了一个防空洞，这虽然是一个跟地瓜窖差不多的人防工事，但它对社公树的伤害是致命的。所以在 1976 年的罕见的大雪之后，社公树终于倒下了，它那庞大的躯体躺在地上，就像一个特大的惊叹号。那时，我还在部队，来信说：“毛主席不在了，社公树也就倒了。”字里行间，一种惆怅跃然纸上。

山水·美丽万安

梁野山赋

谢观光

峻美梁野山，雄踞武北，眺望紫金。集天地之精华，天开胜境；聚日月之灵气，地辟奇景。千山朝鼓石，云蒸霞蔚，万峰竞葱茏，神奇陶醉。一颗璀璨明珠，一块晶莹翡翠。

梁山之美，山魂水韵，神奇瑰丽。自然风光万卷图，旅游胜境千秋美。看！山兮，雄奇峻秀，岫黛林蘙，危崖绝壁，姿态各异，险峰壑谷，巍峨靓丽；听！水兮，飞瀑三叠，风姿娇美，流泉洒玉，彩虹绚丽，仙女弹琴，古韵妩媚。仰望兮，鼓石独耸，顶天立地；俯瞰兮，玉带盘山，飞霭叠翠。登幽径而清风拂襟，穿烟岚而心旷神怡。观珍稀树种红豆杉，眺阔叶枫林丹墨挥，拜唐代庙宇白云寺，读定光古佛法偈诗。庙前白莲池，仙人沐浴水涟漪；庙后出米石，佛光永照传福地。赏精华，览胜迹，美不胜收，千娇百媚，五彩缤纷，充满诗意。

梁山之韵，飞泉叠瀑，天籁之声。撒珠洒玉，美景壮观。大小瀑布，三十余处，云寨瀑布，迷醉流连。天然妙曲，恰似嫦娥奏乐章；美韵之声，犹如仙女拨琴弦。远观之，“飞流直下三千尺，疑是银河落九天”；近看之，百万珠玑凌空泻，水晶锦帘烟雾腾。春天兮，匹练悬空，珠花四溅，彩虹艳丽，千姿百变；夏天兮，银帘滚浪，五彩缤纷，碧玉连环，诗意盎然；秋天兮，潺潺细流，水光斑斓，少女婀娜，影照幽潭；冬天兮，银装素裹，浮光璀璨，宛如神女，抖练摛缎。天籁之音，靓丽之颜，百听不厌，千览不倦。

梁山之魂，历史厚重，文化璀璨。山韫神奇，水映霞翩，蕴今古传奇，展魅力无限。远古先祖，源溯三万年前，百越故地，武封南海王城。山巅古母石，定光施法而立，梁山仙人洞，狮岩一脉相承。南宋中原南迁，跨黄河，过长江，入武平，与越人融合激荡；创造灿烂文化，读楚辞，攻汉赋，觅鸿文，写武邑壮丽诗篇。孕育客家文化，铸就梁野灵魂。刑部尚书刘光第，李灿丹青画传神，空军司令刘亚楼，文坛宿将林默涵，走出大山闯世界，操着客话铸鸿篇。人才代代不乏，大山世世永恒。

吁嘻！巍巍梁野山，鸾翔凤集，虎踞龙盘。当今盛世，胜景频开发，妆世外桃源；展望未来，山水舞春潮，绽新花烂漫！

灵洞西山赋

谢观光

西山峥嵘，巍巍壮观。聚日月星辰之灵气，天开仙境；蕴古今仙佛之文明，八闽流传。怪石嶙峋，瑞木甘泉，峰峦叠翠，险秀雄浑。旅游胜境昭虎魄，风光旖旎展龙魂。以奇绝称魁，以峻美声宣。

西山峻美，山之精魂。云蒸霞蔚，绿水生烟。鬼斧神工，历史流传。远望兮，岫黛栖霞，层峦耸天，奇峰落雁，赋今古诗篇；近观兮，奇岩怪石，三十六洞，千姿百态，醉天然画卷。看观音洞，犹如撩纱掀帐梦飞烟；瞭石棋盘，好像仙翁对弈彩云间；睹三龟石，恰似神松传故事；品石禾仓，仿佛定光话丰年。壮哉！阳光之石赏奇崛，一线天高翠含烟；美哉！绝壁深崖云缥缈，戏水观音隐藏身。吁嘻！览不尽西山画卷，赋不尽灵洞诗篇。如此佳境，百游不厌，千览不倦。

西山秀雅，水之潋滟。群峰叠翠，壑涧泉声，静听西山天籁曲，恰似仙人拨琴弦；丛林鸟语，莺歌欢腾，欣闻灵洞和鸣乐，犹如玉女吹箫笙。赏龙湫海螺仙人井，姿胜玉莲，瞻巨鳄含珠燕岩石，龙水清纯。聆玉瀑飞花声沥沥，听清泉踏浪语绵绵。吁嘻！碧水迂回荡涟漪，翠玉飞旋景壮观。穿迷雾，过石桥，绕水榭，弄水烟，灵山秀水如仙境；闻奇花，抚青藤，驰芳苑，涌彩鸾，荟萃芳姿胜桃源。美哉！水之灵秀，泉之甘甜，令人陶醉，使人销魂。

西山盛誉，佛道情缘。灵洞神奇乃道家圣地，西山奥妙系禅佛仙坛。集山水之福佑，藉道佛之成名。忆葛洪祖师，创炼丹经典，开设道场，智慧超凡；拜观音佛母，设净土法门，香火弥漫，庇佑平安。于是乎！西山古韵织锦绣，道含玄机，磅礴伟岸；灵洞新姿魅游人，佛魂神韵，仙姿弄影。更有丞相李纲，遐迩闻名。建院兴学，传儒精魂。学子高升冠武邑，先生铭史誉人间。吁嘻！西山，蕴远史文明之积淀；灵洞，展武邑千秋之娇颜。

壮哉！景在灵洞，情系西山，触景生情，填词数篇：

西山媚，媚嶂吐岚烟。旖旎风光舒望眼，丹霞地貌石流泉，松韵奏妙弦。

西山秀，秀壁耸云天。飞瀑泉鸣天籁曲，松涛竹韵语绵绵，陶醉此山间。

西山峻，峻石洞娇妍。戏水观音裸影显，千姿百态坐红莲，瑰玮醉神仙。

西山美，美洞隐山前，欲觅李纲读书处，幽迷佛境赋诗篇，兴教美名传。

石径岭赋

谢观光

石径岭兮，武夷亘南，邑西挺立，奇峰落雁，巍巍绝壁，千峰掩映。连通赣粤，驿道雄关，险隘耸翠，云海驰岚，风光旖旎，缤纷璀璨。天工巧琢自然造，石径云梯展斑斓。险奇铸史写华章，传奇故事红烂漫。

石径岭兮，山巍峨，景绝伦。情怡眉开，眺石径云梯山染绿；心醉眼馋，望青山紫峦翡翠涵。登云亭，燕呢喃，莺啼花卉醉，枫叶衬花繁；听梵音，吻烟岚，钟鼓声飘逸，山寺香客满。观茫茫林海，听涛声鸣蝉，犹如玉女拨琴弦；瞻潺潺流水，赏玉瀑飞帘，恰似神仙洒珠丸；看千峰翠黛，品壑谷幽兰，诱人兰香沁心田。美哉！览不尽雄姿挺秀，看不够壮美雄关。

石径岭兮，史沧桑，誉千年。古道凌空，“石径有尘风自扫”；奇峰踏雾，“云梯无路月恒升”。峭壁危崖，险峻犹如华山路；崎岖山岳，攀登要比蜀道难。红旗招展，朱德率部上井冈，恶雨凶风，石径岭隘遭阻拦。山有灵犀，朱德伪装打头阵，歼灭民团夺雄关；山有圣明，红军铁流勇突围，英雄智取美名传。壮哉！军民团结，众志成城，朱德传奇，光耀人寰。

石径岭兮，名古道，梯永恒。人间仙境，巧展妙颜，世外桃源，意境幽远。当今盛世，勇攀云梯励其志，心踏石径路亦宽。吾愿游客，聆听山川天籁曲，尽览风光美无限。靓哉！登临险隘豁远目，斜阳焕彩映岚烟，水抱山环铺画卷，花香鸟语润心田，姹紫嫣红花烂漫，欢声笑语伴山泉。

吁嘻！阅尽沧桑山不朽，石径云梯名永恒。

巍巍石径岭

刘永泰

石径岭，又名云梯山，武平八景之“石径云梯”。地处武平县西20里，以其雄峻险奇享誉闽粤赣三省。

石径岭，雄峻奇伟，气势磅礴。气接武夷山南麓，似天马由吊云寨横奔而至，浩浩荡荡，奇峰屹立。俗云：“云梯山，离天三尺三。”背倚崎岖厚实的挡风岭，“至凹落脉，高耸入云”(民国《武平县志·山川志》)。四野悬崖壁立，巨树参天，藤蔓攀附。曙色岚光，青翠欲滴。引得太守刘焘赋《石径云梯》：“迭嶂连冈断复连，岩峣鬼际出层巅。遥闻猿啸苍烟里，仰见人行白日边。岂必东山能小鲁？来临华岳若登天。游人仰望知何处，目极阑干路八千。”沿千级石阶盘旋登高，极目远眺，闽西周边武平、长汀、上杭，广东蕉城、梅州，江西寻邬、会昌，三省边陲高楼林立，车流高速，无限风光尽收眼底。雄伟壮丽的云梯山，左挽梁野山、天马寨，右拽望天顶、中麒塘，青龙白虎侍立拱卫。龙脊向南颠连逶迤起伏，经西山屏嶂、麻姑墩，直奔武所三城，成就武邑福山。好一个客家奇男伟丈夫。

石径岭险象环生，险峻可扼。“惊吾惊，石径岭。”昔时为三省通衢的必由之路，民国《武平县志》载：“石路千余级，为通江西要道，险峻可扼。杭、永、蕉之货入赣者，多取道于此。”知县赵良生诗云：“穿云仗支筇，怯雨防窘步。一线入青帘，蜀道叹行路。”千百年来，“盐上米下”挑油掮纸，南来北往的人，踩出了盘旋攀缘的石径云梯，直通山巅隘口。隘口处有一登云亭，亭联云：“石径有尘风自拂，云梯无级月恒升。”两峰夹峙，地势险要，时有虎蟒伤人，豪强拦路抢劫。相传，武平城关一夫妇携稚童往东留走亲戚，路经石径岭，累得满头大汗，便坐在一根大树筒上歇息。老汉拔出长烟杆吸烟，将烟屎叩之于树，不料树筒蠕动翻滚，把三人滚翻于地，定睛一看，吓出一身冷汗，原来是一条黑色大蟒。

1927年10月，南昌起义军主力在潮汕失利后，朱德率余部2500多人向西北转移，一路急行军，激战青云山后，向江西转移。途经石径岭时，这“一夫当关，万夫莫开”的军事咽喉却被当地股匪何四妹子盘踞，股匪据险伏击，妄图阻击起义军前进。这时，身经百战、英勇果敢的朱德军长突然出现在队伍前，一面镇定地指挥部队疏散隐蔽，一面亲自带领警卫排，从悬崖峭壁处后抄攀藤而上，出其不意地从敌人侧后发起进攻，当场击毙匪首何四妹，余匪四溃亡命而逃。起义军通过朱德亲自杀开的这条血路时，他威武地站立在一块石壁前，手里掂着驳壳枪，指挥后续部队胜利通过隘口，迅速经东留进入赣南山区，终于摆脱了国军和民团的追剿，挽救了红军，播下了火种。

石径岭有三奇三珍：一曰树奇花珍，二曰兽奇鸟珍，三曰水奇泉珍。国级云梯山是珍稀植物的世界，动物的乐园，律动的天籁音符。走进石径岭，犹如走进天然宝藏，原始的密匝匝的松、杉、榉、樟、枫、桐、楠等古木参天，遮天蔽日，覆盖着每一寸山岭。更有那成片聚居的银杏、南方红豆杉、钟萼木、天竺桂等国宝珍稀。值得一书的是国家二级保护的“半枫吊”，当地人称为半枫荷、片荷枫。需三人合抱的同一棵树上，一半是荷叶，一半是枫叶，枝杆丫开，壮如兄弟，紧密团结，宛若情侣，如胶似漆，亲密相连的枫叶荷叶，随风飘拂，窃窃私语。林下是动物的乐园。野猪、豪猪、山羊、獭、黄麂、狸、土轮、喷田狗、鼠、边瓜子，遇游人则欢呼雀跃。山鸡、竹鸡、雉鸡、鸽、斑鸠、喜鹊、画眉、胡溜子、禾毕子、白头翁、鹧鸪、啄木鸟、鹰、杜鹃、黄莺等鸟雀占山竞唱。涧边，梅、桂、兰、夹竹桃、芙蓉、山茶、山栀子、月季、茉莉、瑞香、玉簪、紫薇、鸡冠花、菊花、凤仙、夜来香、百合、牵牛花……奇花异草，争相竞放。东留乡荣获“中国富贵籽第一乡”后，村民奇思妙想，规划构建“十二品”工程，做到月月奇花异放，日日芳香争辉。

山因水而美，水因山而秀。山水交融，天地和谐也。石径岭以山脊为中轴，形成分界线，所以，东留乡历来被称为“石径岭背”。云梯山脉天成分水岭，成线状四散。自北而南，鱼贯而下，直抵浩浩武溪源。东坡的水，汩汩流入平川河，在鹅颈弯，送子桥形成狭长沟谷。目前，当地政府在万安五里拦壑筑坝，建成自来水厂，将清澈甘甜的清泉送往千家万户，惠及城乡百姓。西坡的水，浩浩荡荡经捷文、黄坊、小溪、新中，在永福村口筑起现代化中型水库，发电灌溉养殖，造福于民。如今，库区内碧波荡漾，鱼肥虾美，郁郁葱葱的两岸青山倒映水中，分外妖娆。东留水库成了当地休闲旅游的一大亮点。

深锁深山无人识，掀起盖头是美娘。随着改革开放的全面深入，不久的将来，世人将会撩开石径岭神秘的面纱，展现出云梯山生态和谐之大美。

挡风岭记

刘永泰

仁者爱山。

万安多山。四环如屏。挡风岭为之北屏，险峻、厚重。

挡风岭，又名挡峰岭、风吹帽，位于武平县万安镇。《武平县志》载“凿石为路，山谷崎岖”。从县城出发，沿省道309线至风吹口，经贤溪，越白莲塘，便来到了挡风岭下。抬头仰望，这莽莽苍苍，巍峨险峻的天然屏障蜿蜒矗立在天际，壁立横卧的巨蟒成了南北的分水岭。山的这头叫武南，下接平川、万安诸镇；山的那头叫武北，上通武北四乡，逶迤蜿蜒至汀州。

山因名人而名。这挡风岭，曾留下了清光绪九年（1883 年）癸未科进士、刑部主事，史称“戊戌六君子”之一的刘光第的光辉足迹。刘光第祖籍武平湘湖，光绪二十一年（1895 年）四月二十三日，他得武平族中人信，应邀返祖乡祭祖省亲，曾作《七律 · 过当风岭》一首，弥足珍贵：

“神京已隔海漫漫，荒岭云生作瘴看。

北地妻儿应忆远，南木草中不知寒。

壮游蜀客无难路，僻处清时有盗官。

虎豹天阊况狐鼠，何时一着逐邪冠?”

挡风岭，险矣！崎岖山谷，悬崖峭壁挺立千仞的天堑，勤劳勇敢的客家汉子，硬是凿石为路，上州下府。昔时如蚁的肩挑货运者，年复一年、日复一日地在这“官道”上不停地攀爬，步步留痕，梯梯留血。“一夫当关，万夫莫开”的隘口，时有虎豹出没，盗官横行。挡风岭，折射出悠悠厚重的历史沧桑。

20 世纪 60 年代，挡风岭开通了简易的沙子公路，而后又改成了柏油路。曲曲折折，蜿蜒盘旋，扶摇直上，打通了僻壤山村连接山外大世界的“天路”。然而，汽车行走在这 58 个急剧转弯、无数个陡坡沟谷的险路上，委实令人望而生畏。它演绎着一桩桩、一幕幕车翻人亡的惨剧，呻吟声、啼哭声、抢救声相互交织在一起，深深地烙印在挡风岭这座凶险的大山里。2007 年，

205线成功改道，一条平坦笔直的水泥大道绕挡风岭而行，真是天堑变通途啊！当地丰富的天然资源得到了有效利用，有意到山里投资兴业的外商再也不用望山兴叹了。而巍巍磅礴的山川秀色将永远留存在山里人的心头。

挡风岭，厚重矣！巍巍群山宛若客家母亲宽阔的胸脯为山里人遮风挡雨，高耸的山峰犹如客家汉子坚硬的脊梁为山里人担当责任。挡风岭下，那是一圆盆地，曰万安镇，环盆皆山也。万安盆地，却不闭塞，205线、309线直通山外的世界，坐圆盆古镇中，仰首望天，天亦一圆盆，蔚然的可爱，天盆把山风自顶灌下，凉丝丝的舒爽哇。盆沿的贤溪村，紧挨着挡风岭，满山满岭的阔叶森林下，随着太阳雨的轮习，生长着天然的红菇、灵芝、香菇、木耳、鸡爪菌，品质特优，那鲜、那清、那甜美，尝一口都叫你终生难忘。天然的红菇，身价可高哩，一朵值16元呢！半山腰上笔直挺立的杉树，密匝匝地冲天疯长，直插云霄，腰围尺多2尺者满山皆是，千年杉树王需4人合抱呢！身处云雾缭绕的山谷，面对满山遍野的“碎金散银”，忍不住学着山里人，圈着手打个“欧嗬”，山鸣、谷应，这粗犷的“欧嗬”绕岭转着呼啦圈，在挡风岭间不断回环、上升，有几分天的旷远，更有几分山的阳刚。雄浑、嘹亮的“欧嗬”啊，湮没了冬夏春秋，湮灭了四时八节，敲响了挡风岭的胸膛，塞满了挡风岭的肺腑，满山、满谷，满世界地回旋。隔山，客家妹的山歌响起，迎旭日，在云山林海间回荡，和着百灵鸟的欢唱，协奏着天蓝气清、水秀山明的和谐曲……

风车口与风吹帽

谢观光

万安石燎阁崇山峻岭，层峦叠嶂，山脉蜿蜒，林木葱茏、峰岩峥嵘、步步藏秀，古时万安风景名山狮子脑就在这里。狮子脑怪石嶙峋，凹陷处好似狮子的两只眼睛，下边凸出的一块三角石犹如雄师的鼻子，岩顶的苍松、山崖的紫藤全像狮头上的绒须，非常逼真；绝壁对面小路还有酷似孙猴子、沙和尚的神奇怪石，栩栩如生。人们经过这里时都喜欢在孙猴子的额上摸摸或轻轻磕碰。相传这样可以增长自己的睿智，还可有孙悟空护航，确保出行平安。由于两边山高陡峭、绝壁深崖，从捷文崇上至山脚水口，构成了整整六华里长的壑谷。谷底自然形成一条蜿蜒曲折的小溪，流水淙淙、清澈见底。明末清初，一次山洪暴发，把狮子脑上供奉的观音菩萨冲到壑谷水口，乡人发现后惊为菩萨有意移莲座，于是在水口建了一座小庙供养起来。说也奇怪，建庙后发现庙旁有股清泉从石缝中流出，甜如甘露、凉透心脾，还能治病，眼疾或皮肤病一洗了之；肚子疼喝杯甘泉，水到病除。甚至，结婚后长期不开花结果的妇女喝了这山泉后，竟枯木逢春、开花结子了。人们说这是观音菩萨的净瓶漏的水，故称这山泉为菩萨水。此地也因山泉出名而叫菩萨水了，成为万安另一风景点，供游人游览。如逢北风天，大风经狮子脑背，掠过乌毛坑口、兰坑里，穿越菩萨水，从上到下，从高到低，沿山路（现修成公路）狂飙而来，集中在不到三十米宽的峡谷口奔泻而出。所以这峡谷口的风特别大，犹如风车扬谷时的风车口，故得名。

从风车口左边公路再走十五华里，是武平县城北面三十华里的第一高山，曰当风岭。当风岭一峰飞峙、数峰连绵，挡住了北方来的寒风，使地处低洼的武平县城变得像盆地一样暖和，好似北京城北边的八达岭一样，形成一道屏障。所以，当风岭又称挡风岭。古时当风岭是武平至永平寨等武北地区的必经之路、交通要道。虽然“山谷崎岖”，也“凿石通路”（录《武平县志》），是武平重要驿道之一（县志称正路、官道）。这山道在山高林密、层峦叠嶂之中，曲径盘山、浮云浩瀚，山路间显得非常静谧。古时常有强盗、土匪出没，扰乱治安。清朝刑部主事刘光第（戊戌六君子之一）回乡谒祖路过当风岭时，发出“壮游蜀客无难路，僻处清时有盗官，虎豹天阊况狐鼠，何时一着逐邪冠”的感慨。当风岭的最高山峰叫风吹帽崇。相传，官府客商经过山顶的隘口时，经常把斗笠或帽子吹翻。在这里文官要下轿，执帽而过；武将要下马，牵马而上；凡在此翻山越岭的人们都要手抓斗笠、帽子等物迎风穿越而过。据说清朝时有一读书人赴汀州府参加科举考试，步行路过当风岭，一不小心，手拿的扇子也被风吹走了。就这样，过当风岭的人多了，吹掉的帽子也多，不知何时（无考），也不知何人把这经常风卷彩云飞的山隘叫风吹帽，这山峰叫风吹帽崇。我只知道奶奶说她的奶奶也叫这山为风吹帽。

幽林奇岭金山寨

谢观光　池友昌

万安贤溪村有一座山叫金山寨。听说这里环境优美，风光旖旎。因此，我们采访组一行在连副镇长带领下，驱车前往。从省道入山，有一条蜿蜒曲折的水泥道，足足两公里。据说这是群众自发捐资修建的，崎岖不平，弯曲陡峭，幸好司机是部队的转业军人，技术娴熟平稳前行。一路上密密层层的山林，古木参天；怪石嶙峋的峰峦，岚烟缠绕；潺潺歌唱的流水，如拨琴弦。我们一下车，清风拂面，好不凉爽。一幢古色古香的金山堂（寺）直映眼帘，多好的美景啊！使我们禁不住地仰天吟哦："蓬莱仙境——世外桃源"。

金山堂，原叫朝泰庵，明朝嘉靖三十四年（1555 年）由县城北门坊李弘忠始建。2013 年，十方的信女林珏梅捐资 2 万元，重新装修。洁白庄重的墙体、红色的琉璃盖瓦，使耸立在绿树丛中的寺庙焕然一新，巍峨壮观。庙内供奉定光大佛、观音佛母、华光大帝、妈祖娘娘及五谷菩萨等，香火十分鼎盛。尤其是正月二十九日、九月十九日、十一月二十六日，是金山堂打醮的日子，每次都有 30 多桌善男信女会聚这里，虔诚膜拜。站在金山寨顶远眺，周围大山，一片深邃莫测的原生态树林，苍翠欲滴，简直就是波涛起伏的绿色海洋。据当地干部介绍，这山总面积超过一万多亩，森林覆盖面达 98% 以上，天然生态完好，还有不少原始森林。大山里植物树种齐全，除有松树、杉树、莲子树、构子树、青果树等，还有不少楠木、红豆杉等珍贵树种。20 世纪 70 年代有许多浙江来的香菇客，到大山中放香菇、木耳，经济收入非常可观。改革开放后，他们回家乡去了，但这里天然资源十分丰富，是贤溪人的天然宝库、群众经济收入的摇钱山。近几年，人们看好大山里野生的红菇、灵芝、喇叭菌、梨菌、鸡爪菌、粉干菌、网子菌等，适时进山采摘。当地老百姓一年可增加 50 多万元的收入，2014 年采红菇收入最大的一户已达 2 万多元。村民说："朝泰庵、金银山，满山遍野都是宝。"正因为这样，人们把这寺庙改名为"金山堂"。

寺庙后面没有车道，不能通车，我们只好沿着弯弯曲曲的羊肠小道漫步前行。这里是峡谷沟壑，沟底一条小溪，涓涓流水清澈见底，鱼虾在溪里自由游动，溪中的奇岩怪石，千姿百态。突然，人们看见溪中一块大石头，形似大磨盘，溪水正好从磨盘嘴里流出，在阳光下一闪一闪，就像一汨晶莹的小瀑布，十分奇特好看。走在前面的同志忽然大声惊叫：“喂！大家快来看唷，这里有个大瀑布！”人们赶紧向前走，转个弯，果然看到一个高约60米的大瀑布，水帘悬空，珍珠四溅，倾泻轰鸣，烟雾腾腾，真是“飞流直下三千尺，疑是银河落九天”。人们无不为之惊叹，赶快用手机拍下它的雄姿倩影。这里虽然崎岖不平不好走，但是山峦翠嶂，格外清新、凉爽，简直穿行在天然氧吧中，身感心旷神怡！

突然，“扑”的一声，一只山鸡被人惊吓，从树林中倏忽飞起。“哇！怎么这里有山鸡呀?”一个县城来的同志感到奇怪地说。村干部马上答道：“大山里有丰富的野生动物，不但有山鸡、有野鸽、有野猪、有黄猄，甚至还看过野牛。”真是天然的动植物园！所以，我们当地百姓渴望有人把这大山开发起来，成为一个旅游景点，让大家欣赏大山自然景观，感受大自然的绚丽！说话间，我们来到了约有一公里长的芭蕉林，风吹芭蕉叶，簌簌发响，在阳光下闪烁着绿色的光芒，明秀亮丽，使人深感大山处处是宝、处处是景，十分好看。在返回的路上，我们有点热了，这时我们都弯下腰，伸手在溪流中捧上一口清泉，喝上一口，并抹抹颜面，顿时觉得清心悦目，疲惫消遁。村干部说，这里的清泉可治病除疾，在菩萨的庇佑下，十分灵验，无病的人喝它，好运自来，真是一个求之不得的良好愿望！

在这里，尘嚣的城市不见了，嘈杂的声音没有了，相伴我们的是金山寨的幽林奇峰，怪石流泉。清新、静谧，一个没有污染的世界。

神奇的官材崇

谢观光

万安小密有座山叫“官材崇”。高909米，南北极目远望，山顶平平，两边微翘，酷似一口“棺材”。在阳光下，银光闪烁，更像一锭金银宝。鬼斧神工，造于天地，确是大自然的神来之笔。官材崇东环挡风岭、梁野山，西拱石径岭、西山嶂。山峦叠嶂，群峰起伏，青翠欲滴、妖娆秀美，一座座山峰，就像一个个仙女，相依而立，形成武平县城美丽绿黛屏障。风光旖旎，景色迷人，更传诵着仙人恩赐的神奇传说故事。

古时候天上的神仙常住在梁野山上的仙人洞。一天，仙人吕洞宾和汉钟离，驾着祥云，遍游天下，游至南海国时，发现南海国王城所在地的武平山川锦绣，风景独特，犹如世外桃源、蓬莱仙境。于是，二位仙翁按住祥云，下凡浏览观光。他俩行至灵洞西山，发现仙人井旁有一块大石板平坦宽阔，旁边树藤交织，绿荫如伞，便坐在石板上，摊开棋盘对弈起来。他们下了五个回合，不分胜负。歇息片刻后，又驾起祥云，打算回梁野山的仙人洞。只见一路云光，仙影无踪，飘然而至。

途中，他们来到万安小密村地界，定睛一看，发现小密山势雄浑、环境清幽、峰峦叠嶂、端木甘泉，便按住祥云，打算下来到小密村巡视一番。他们从霞彩绕沿溪而上，只见溪水清澈，深潭见底，游鱼欢戏。青山倒映在潭中，形成一幅美丽的山水彩墨画图。忽然，转个弯，来到小密村水口，发现一口挡道的“棺材”，摆放在路边。吕洞宾见后一怔，然后脱口而出：“棺材，棺材，见到的人个个升官又发财!”为让更多人看到，又不至于害怕，神仙口念偈语，用心作法，只见棺材随一阵清风，飞上天，跟着仙人祥云而去。走到小密与永平交界之处，有一孕妇大叫：“喂！快来看唷！天上有口棺材在飞呀!”吕洞宾发现法术被人看破，马上把棺材放在山顶上，并化成形似棺材的一座山，矗立在那里。他与汉钟离便化作一股青烟到梁山仙人洞去了。这座山就是人们说的“官材崇”。

说来奇怪，神仙把棺材放在山上后，武北人看到，代多英才，文韬武略，名声显赫，如河南道御史刘隆，刑部主事、戊戌六君子刘光第，大行知县方连涧，还有现代的首任空军司令刘亚楼……武南的人见之，历代文风蔚起，名儒踵至，涌现了不少风云人物，如元代训导锺时忠、明代宣城知县谢文富、御史大夫练子宁、兵部主事王琼，以及进士刘易简、钟自强、温廷献、林其年、王启图……难道，见到官材崇，真的能让人升官发财吗?

梦想升官发财之心人人有之，话说万安下镇田心里，有个人叫“老四菩萨”。听说仙人恩赐的“官材崇”能使人升官发财，便叫堪舆师在渔溪村的东坑子里选了一座面对“官材崇”的坟地，然后选择良辰吉日葬下一祖婆，希望她的后裔都能升官发财、飞黄腾达，结果，她的后代真的人才辈出、灿若群星。这些神奇的传说故事，至今还在民间广泛流传。

泉水叮咚

刘永泰

智者爱水。

万安之水，既无黄河长江那浊浪排空、气吞山河的磅礴，亦无湖泊海洋般波澜壮阔、宏纳百川的大容。比之于地球大动脉，它只是毛细血管，显得渺小，难吸世人眼球。

万安之水，源自客家的深山密林。她是从苍茫梁野山、巍巍石径岭、雄浑挡风岭的脊梁上、山峰巅喷涌而出的天水；她是从葱郁的松、杉、榉、桐，尤其是从红豆杉、半枫荷、银杏等名贵珍稀的树根中渗出来的圣水；她是从古母石、送子崖、云梯岩的石缝中迸出来的琼浆玉液；她是从红色热土的地蕴中喷涌而出的客家乳汁。万安之水，是富含大氧、富含多种矿物质维生素，丝毫没有污染的清泉水。万安之水，晶莹、洁白、透亮、清甜，叮叮咚咚地流淌着，伴随着大地星辰，和合着乾坤日月，走过了春，越过了夏，穿过了秋，流过了冬。

万安之水，为梅江、韩江之源。民国《武平县志·山川志》云："若中支之水，一发源挡风岭，位于治北三十里，经山坑尾、白莲塘、鱼溪尾、万安镇，汇石径岭水于螃蟹垅，入邑东田心、古山、汇牛轭岭，云礤一溪水，合流至城郭为化龙溪，南流至麻姑墩，而出三江口""中二支之水，则发源于小密、捷文，西流至乌泥坑、岭背、黄坊至小溪与东留水合。"越雷公灶、上坑，至武所，出三江口，流始宽大宏壮。由此而南下，经悬绳峰、石灰洲、村头坝，汇中赤河，入平远，浩浩荡荡，直冲梅江、韩江、奔腾入海。可以毫不夸张地说，涓涓万安水，是生生不息客家山民"上州下府"的神圣使者，是"盐上米下"，通舟络楫的不朽功臣，为客家的文明进化做出过巨大的贡献。

山岭丛峭而分趋，万安水流四布。集清泉而鼎万安溪，经九曲十八弯后，至万安镇天成"腰带水"。四季恒流，不息地灌溉着良田，滋润着当地客民，乃苍天赐予的客家乳汁。除溪河外，万安古村镇，还蕴藏着星罗棋布的客家古井。它是客家人艰苦创业、繁衍生息、历史沧桑的见证，展示着万安古镇的久远渊源和千古变迁。这古井犹如泉眼，井井清澈，泉泉晶莹。不管水瀑水枯，它都不溢不竭，四季恒流，无论溪浑河浊，它都一井乾坤，清澈晶莹。当地客家人把井水称为经定光佛、南海观音点化的菩萨水，天长地久，受益无穷。时至今日，自来水虽早已通入千家万户，但当地人仍去古井挑水，取井中清泉沏茗、蒸酒、做豆腐……益满万安，寿星荟萃。据不完全统计，万安镇80岁以上的寿星共有20多位，高寿率大大高于其他乡镇。

万安清泉，唱着幸福的歌儿，和着时代的琴弦，叮叮咚咚地跳下了山冈，走过了梯岭，来到了幽谷，被当地政府拦腰截流，筑起了白莲塘水库、捷文水库，并且正在兴建石径岭水库。《武平县志》载：白莲塘水库，坐落在万安贤溪村。龙岩地区水电局设计。1959 年冬施工，1966 年 4 月竣工。水库集雨面积 10.5 平方公里。坎高 33.4 米，坝宽 7.9 米、长 72 米。库容 398 万立方米，有效灌溉面积 6730 亩。现为城区备用水源。

捷文水库位于万安捷文村霞彩绕自然村，2007 年建成，总库容量 1234 万立方米。为城区饮用水策源地，同时兼具发电、灌溉、防洪等多项功能。

目前正在兴建的石径岭水库，坐落于万安五里村，是纯天然无污染富含大氧的城区第二饮用水资源。建成后，将通过自来水管，送入千家万户，惠及城乡百姓，创造美好未来。

“高峡出平湖”的壮景，给寂静的山村平添了一道亮丽的风景线，给当地方兴未艾的旅游业无疑增加了一针催化剂。热情的游客，伫立于清风习习的库堤大坝，举目眺望，浩瀚渺渺的水面上，清波荡漾，碧水微澜，倒映着蓝天白云，丛林红叶，如茵芳草。翠竹的拔节声、鸟儿的歌唱声、游人的欢笑声，和着游艇的划桨声，此起彼伏，演奏着时代的和谐曲，人们在山水一色、天地共和的仙境中蜕变，回归人性的本真，不亦乐乎？

万安泉水叮叮咚咚，生生不息的山之灵、山之魂。

武平万安的“菩萨水”

谢观光

武平万安兰坑内有一泓清泉从岩缝中沁出，清澈凉爽，甘甜如蜜。盛夏掬饮，沁人心肺。相传，这是观音菩萨的净瓶被急着前来请菩萨降妖的孙悟空碰撞了一下，使净瓶有了一条裂缝，这清泉是从净瓶的裂缝里渗透出来的，故称“菩萨水”。乡人都视为圣水。

菩萨水神奇。神在春夏秋季，泉水不断，而冬天却流泉终止；奇在人们有眼疾或皮肤病之类，用菩萨水一洗便治愈，若是肚子痛，一饮菩萨水就水到病除。

菩萨水甘甜、凉爽。特别是夏日炎炎的天气，你若喝口菩萨水，就会感到像吃了蜂蜜一样甘甜，像吃了冰棒一样凉快，既解渴，又充饥。

菩萨水灵秀，有着它特殊的作用。下镇清朝岁贡谢伯镕老先生，酷爱书法，擅长隶书，是万安人人皆知的书法名儒。他每天都去菩萨水，取水磨墨、沏茶。他对人们说："用菩萨水磨的墨汁写字，俊逸洒脱，光亮如泽；泡的茶，清心香醇，可益寿延年；若常饮此泉，能文思敏捷，聪颖过人。"

菩萨水有座小庙，供奉的就是观音菩萨。相传，明清时期一次山洪暴发，山洪把石燎阁狮子脑寺庙里的观音菩萨冲到水口边，乡人发现后以为菩萨有意移莲座，便在这里建庙供奉起来。后来烧香拜佛的善男信女，发现庙旁的山崖石缝里流出涓涓山泉，清纯凉爽，便在山崖下用小石围起一个水穴，把泉水积蓄起来，旁边还放着竹筒做的饮用工具，让人们方便饮水。当初只有烧香拜佛的人在此饮用，后来人们把水取回家中煮饭、炒菜、沏茶、煲汤，觉得口感就是不一样，味道好极了，便一传十、十传百地很快传开，特别是发现饮用了这里的山泉后出现了很多传奇故事之后，取水的人们便纷至沓来，络绎不绝。岁月沧桑，年复一年，现在几百年过去了，人们对菩萨水还是恋恋不舍，依然如故，经常到菩萨水去饮水、取水。当今我们看到，人们都特备一只 50 斤装矿泉水的塑料桶，骑着摩托或驱车前去取水，享受大自然的恩赐。

白莲塘水库美如画

谢观光

白莲塘水库坐落在万安贤溪村，位于韩江水系中山河支流贤溪上游地段。右边与县城北屏障挡风岭接壤，左边是梅林茂密的梅子坑，绿竹林蓊的丹竹篙，深进尾端的山坑尾、牛牯潭，紧接山青岫黛的官材岽（高909米），峰峦叠翠，群山环抱，形成一条狭长而宽阔的壑谷（整整十华里），山涧小溪，从源头官材岽蜿蜒而来，涓涓流水，泉水叮

咚，水质清澄，清澈见底，保存着较好的自然生态环境。故昔时在这桃源仙境般的山沟里，居住着不少人家，有姓蓝的、姓朱的、姓谢的，还有姓石的。他们在这里开水圳、筑山塘，灌溉田园，耕耘劳作。谢姓的惟达老先生还在梅子坑买了三百多担山田，建了一座“古梅庵”，带子挺秀在这幽静的庵庙里攻读圣贤书。为什么这山沟叫白莲塘？这里有一个美丽的传说：宋代某日，定光佛到梁山脚下的箩斗坑自然村里化缘，欲借财主的锅煮饭充饥，财主不肯给柴，定光佛说：“吾以脚为柴，可乎?”于是定光佛双脚伸进灶膛煮饭，不一会儿饭熟吃饱，不辞而别。财主发现家中桌脚、板凳烧得精光，便拿起木棍追赶出来，定光佛健步如飞，并在水口用雨伞背起巨石就走，财主一路追赶，定光佛怒把巨石放在梁山顶上，摇摇欲坠，财主惊吓止步，定光佛继续云游天下。他从箩斗坑走到永平寨，翻过挡风岭，走进万安山坑尾的人家里继续化缘，一进村，看到人们修筑的山塘，水碧清澈，鱼儿畅游，蜻蜓点水，荷叶田田，便感慨万千地说：“这山塘真漂亮，可与梁山顶上的白莲池媲美!”人们听古佛一说，感到这山塘很有佛缘，就把它命名为“白莲塘”，这称谓一直沿用至今。现在这里建成白莲塘水库，“高峡出平湖”，十几里的湖面，如同一块明镜，映衬着周边墨绿的青山、蔚蓝的天空。轻风徐拂，波光粼粼，泛起一片片涟漪；鱼儿在湖水中畅游，悠闲自在；偶尔可看见木筏像轻舟一样游荡，还可看见野鸭浮游在水面拍水飞翔。真是一幅美丽而恬淡的山水画。

白莲塘水库为何建设得如此美丽？且看它的建设经过：

20 世纪 50 年代，刘亚楼空军司令曾回家乡武平。后来就传说万安公社要建飞机场一事。为保证飞机场用水和万安乡的农田灌溉需要，于 1959 年 2 月由龙岩地区水电局设计，决定兴建白莲塘水库，并马上成立白莲塘水库指挥部，负责全面施工。工程由县政府统一安排。先后抽调动用了 10 个公社（现乡镇）农民工 2200 多人，进行“大兵团作战”。当时已走上合作化道路的农民热情很高，早出工、晚收工，甚至晚上点着松光火加班，兴高采烈地参加水库建设。他们清基的清基，筑坝的筑坝，挖渠的挖渠，挑土的挑土，人山人海，人来人往，车水马龙，场面壮观。用土喇叭指挥的呐喊声，筑坝打夯的号子声，用炸药炮石的轰隆声，在山谷中汇成了一曲雄壮而高昂的劳动交响曲。1960 年 5 月，因经济困难被迫停建，建飞机场一事也因刘亚楼将军的去世而不了了之。经过 3 年国民经济调整，1963 年又继续兴建。又经过 3 年的努力奋战，终于在 1966 年 4 月，一座以灌溉为主的小型水库胜利竣工。竣工后的白莲塘水库，泥质土坝高 33. 4 米、宽 7. 9 米、长 72 米，水库集雨面积 10. 5 平方公里，库容量 398 万立方米。有效灌溉面积 6730 亩，其中保灌面积 6700 亩。水库的水渠有两条：左干渠 7. 4 公里，经鱼溪、贤溪至上镇石壁下；右干渠较长，有 21 公里，弯弯曲曲经鱼溪、贤溪、上镇、下镇到五里，其间在上镇建有长 50 米、高 13 米的钢筋水泥土槽 1 座；长 25 米、高近 4 米石拱渡槽 1 座；长 61 米、高 12 米的钢筋混凝土渡槽 1 座。整个工程完成石方 2. 52 万立方米，土方 47. 18 万立方米。当时总造价 198. 93 万元，其中国家补助 124. 28 万元。这样，贤溪村、上镇村、下镇村，特别是当时称为重旱区的五里村，旱情得到很大改善，许多农田成了旱涝保收田。

水库建成后，由于白莲塘至山坑尾的山权归属下镇村，所以管理工作由下镇村承担。当时下镇村抽调了副大队长谢映兴负责水库管理工作。由他组织人员巡查堤坝和水渠，如有损坏，及时抢修，保证了水库的正常通水。为保持水土，防止流失，充分发挥林业在水土流失治理中的主体作用，增强白莲塘水库的蓄水能力，从 1974 年开始，实行封山育林，并组织 20 多人的耕山队，由朱国雄任队长、何德龙任副队长、谢芬清为政治队长，进驻山坑尾，进行耕山和种植杉木，把水土流失治理和绿化美化与增加大队财政收入结合起来。耕山队每年补充高考落第的知识青年，不断壮大，增强活力，过了两年办成了林场，还创办了“林业大学”。他们一边学习、一边实践，就像种植的杉木一样，不断成长。十多年过去了，种植的杉木已经成林，郁郁葱葱，较好地保持了水土，山场蓄水能力也大大增强。20 世纪 80 年代杉木林开始砍伐，大大增加了村的财政收入。为治理水土流失，加强青山保水能力，下镇村在县林业局指导下，采取砍一批种一批的方法，较好地保持了水土。2000～2005 年，白莲塘水库在县的统一部署下进行了除险加固、节水改造工程建设，保障了水库安全运行。同时开展群众性治理水土流失工作，在库区营造水保林几百公顷，改造防渗渠道，渠水利用率大大提高，农田灌溉率大为改善。2009 年，白莲塘水库列入《东部地区小型病险水库除险加固规划》，工程于 2011 年 6 月开工，12 月底完成了除险加固中的坝体防渗灌浆、溢洪道改造加固、输水涵洞全段内套钢管并砼回填加固及防汛工路水泥硬化工程和新建水库管理房。水库除险加固后，以全新的面貌展现在世人面前，解决了水库长期渗水和带病运行问题，水库灌溉及供水能力得到较大提高，恢复改善灌溉面积 6730 亩，新增年供水量 126 万立方米，保证水库下游万安和城区 4 区万人生命财产安全，保护下游农田 2.4 万亩，同时改善水库的管理设施和库区生态环境，为水库良性运行夯实了基础。现在水库还放了十几万尾鱼苗，使水库既蓄水又养鱼，一本万利。目前，水库清澈如镜，一碧千顷，山道通幽，山花烂漫，路上还建了许多亭榭，重建了“古梅庵”，供游人观光游览。白莲塘水库更加美丽了，既是农田灌溉的蓄水湖，又是人们恬静休闲的好去处。节假日或双休日都有许多人自驾汽车前往观光旅游。

西水东调　功德千秋

谢广福

金秋十月，丹桂飘香。2014 年 10 月 13 日，天高云淡，秋风凉爽。我们采访组一行，在连副乡长及练委员的带领下，来到万安捷文村，不愧为全国林权改革试点第一村，一下车，我们就看到了 319 省道两旁草木葱郁，树林参天，周围山上简直是绿的海洋。远山近岭，层峦叠翠，举目远眺，云绕山头，怎一个美字了得。早听说捷文山奇林美水更美，这天我们并不是去游览森林的景观，更不是来感受回归自然的美好，醉翁之意不在酒，在于捷文水库也！

由村部北进3公里，即到达水库管理房和大坝地址。一到那里，我们便迫不及待地走上大坝，拾级而上站在写有四个巨大字标“捷文水库”的坝顶，极目远眺，一望无际，青山绿水，波光粼粼，尽管时值深秋，天空久未赐雨，水库水位明显下降，但不失迷人景观，诸景荟萃，美不胜收，心旷神怡，更是赏心悦目，流连忘返！

2004年，武平县委县府为解决城区人民生活饮用水问题，制定了各项政策措施，为民办实事，决定在捷文霞彩绕建一捷文水库，并开凿霞彩绕至蓝坑内隧洞，把小密、捷文流经黄坊、小溪的西流碧水，通过捷文水库引水隧洞，流向东边的蓝坑内，当时称“西水东调”工程。这样，一方面在蓝坑内建立发电站，与全省并网，以增加武平电量；另一方面，通过大水管把清泉引至城区，解决市民饮水问题。它是一座以供水为主，兼有灌溉和发电等综合利用功能的水利枢纽工程。水库于2005年9月开工建设，2007年5月正式投入使用，投资约为4000多万元。该水库坝址以上集合雨面积29.2平方千米，总库容1234万立方米，正常储水位高程520米，水库大坝为浆砌石双曲拱坝，最大坝高36.8米，属多年调节的中型水库，是县城区目前唯一的饮用水源水库，塔式进水口建在大坝对岸，进水口高程495.2米，引水隧洞总长3907米。

水库可充分利用坝址以上库容防洪，新增装机2500千瓦，通过调节新增保证灌溉面积11840亩，向城区日供水2.01万吨，通过跨流域调水增加城区平川河径流，改善城区水质，可新创产值500多万元。

此项“西水东调”战略性工程的实施，大大缓解了武平县城区饮用水难的困境，有效解决了城区饮用水质较差的实际问题，进一步促进了武平县经济、社会与人口、资源、环境的协调发展。

捷文水库的工程建设如期完工并投入使用，完全是县委县府高度重视、果断决策和全县人民共同努力的结果，其功劳建立于当代，而其所产生的利益将惠及千秋万代。

石径岭水库深秋行

谢观光

深秋时节，天高云淡，阳光明媚。我与广福、龙生等从万安镇政府出发，驱车前往石径岭水库。车行驶到五里村，映入眼帘的是农业转型后的沃野上搭的许多棚架，里面种满了反季节蔬菜，娇嫩无比、秀色可餐，还有一片草莓畦地，绿里衬红，格外耀眼。棚架外花木育苗基地里，树苗苍翠，有的落叶嫩黄，有的黄中透绿，从车窗望去，若浓若淡，如梦如烟，形成一幅流动的水墨画，怪不得说五里村是县城的后花园。车转个弯向西而去，走过送子桥、赋月亭遗址（据说古时这里奉祀送子观音），便驶入翠绿的山谷，快到鹅颈弯（弯字读去声）时，车开始上坡，走到半山腰上的石径岭水库指挥部。

石径岭水库建设总指挥是县水利局副局长饶英豪同志。他是我武平一中的学生。见老师来了，他非常高兴，马上沏茶、让坐，问寒问暖，十分热情。我说明来意，想来看看社会主义建设的巨大工程，了解一下石径岭水库建设情况。他不愧是一个总指挥，对工程情况了如指掌，接着他侃侃而谈，详细介绍。他说：石径岭水库是国家烟草局的援建项目，是省、市重大水利工程，也是我县委、县府重点民生工程项目之一，建成后可为城区市民提供较为优质的生活用水，还可以提供7800亩的农田灌溉水，它将充分利用万安镇山美、水美的丰富水利资源，发挥良好的社会效益。

接着，我们来到正在兴建的石径岭水库堤坝上，高大雄伟的堤坝巍峨壮观。工人们正在紧张而又繁忙地施工。饶局长介绍：现在建好的拦河坝高只有20多米，建成后，最大坝高44.5米，相应黄海高程304.5～349米，坝顶宽4米、长242.25米。水库总库容466万立方米，正常蓄水位347米，库容452万立方米，兴利库容431.6万立方米。“啊，这比白莲塘水库更大!”我惊叹地插话说。然后我问：“那堤坝中间的是什么?”局长手指着堤坝耐心地说：“那是溢洪道。它设在河中间，溢洪堰顶高程344米，设两扇3米×4米平板钢闸门。溢洪堰为实用堰。末端为跳流消能。以上说的就是拦河坝部分。另一部分引水系统，我们采用直径为1米的钢管，进口高程319米穿坝，与灌溉、供水主钢管连接。”说实话，这么大的工程，而且全是用钢筋水泥，条石砌成的，我现在七十多岁了，第一次见过。20世纪60年代在建筑白莲塘水库时，我看到的坝基是四人拉着绳索，一人撑夯，进行打夯用黄土兴建的，与现在完全不同。现在造价肯定要比以前高，因此我问：“建这样大的水库大约要用多少钢筋水泥，要花多少钱?”饶总胸有成竹、滔滔不绝地向我们介绍：这工程明挖土方27.94万立方米，混凝土砌毛料石9.07

万立方米，混凝土及钢筋混凝土1.43万立方米，使用水泥1.8万吨，钢材344吨，各种管材总长13.575千米。工程总投资约1.24亿元，现在已到位8000多

万元。预计明年春夏之间竣工。“竣工后鹅颈弯以上会被水淹掉吗?”我问。“是啊，建成后堤坝到石径岭脚下，有5.16公里全部变成水库，集水面积9.54平方公里，真是高峡出平湖，美丽极了!”饶局长富有想象地说。

是啊，建成后十几里的峡谷将变成碧玉一样的水库湖泊，镶嵌在林荫翠谷之中。水清如镜，在阳光照射下，出现紫色、白色的烟雾，缥缈在青翠的峡谷与蓝天之间；在微风吹拂下，湖水波光粼粼，霞飘虹起，在夕阳映衬下，更加艳丽、妖娆。如果这时你再来水库观赏，更有一番风情，令人品赏，令人遐想，富有诗意，令人神往。传说，鹅颈弯是天鹅聚集的地方，建成水库后，天鹅一定会被这里的景色所陶醉，它将更加留恋，更加迷醉。碧水青山相映成趣，水库也将更加绚丽。饶局长介绍说，水库竣工后，在水库上面，会沿着峡谷开一条公路，弯弯曲曲，蜿蜒而去石径岭隘口。那时我们走在公路上，远眺石径岭，一定会感到群山绕水而立，青翠欲滴，水映衬青山，五彩斑斓。对这样一幅巨大的画屏，你一定会大饱眼福，心旷神怡。漫步走到石径岭隘口，你仿佛走进历史的圣地，一定会浮想联翩，思绪万千。昔时的关隘，是一个军事要塞，充满着许多传奇故事，朱德在关隘指挥红军打胜仗的故事，演绎了红军的一个个传奇……

一路走来，我深深感到石径岭的秀美，养育了甘甜的清泉。大自然与水库的和谐共融，形成了翡翠般的饮用水，真是美妙之极。这里处处是景，处处神奇，演绎了许多建设者的动人故事，天恩地赐的青山、绿水必将无私奉献于社会，造福于人民!

民俗·中原遗风

花轿迎亲

岁时民俗

谢观光

客家祖先来自中原。所以，语言保留了许多中原古音韵，称为“客家话”，武平是纯客家县，大都在南宋时期迁徙而来。民情风俗也是中原祖先流传下来的。民情风俗很多，多姿多彩，如传统节日、婚丧喜庆、饮食、服饰等古今习俗，盛行至今。本节着重阐述万安地区岁时民俗。

一、春节

春节就是农历新年，万安都叫“过年”，这是我国最热闹的民间传统节日。这个节日大约有三千多年的历史。

在夏商时期，人们把木星称为岁星，木星走完一周称为一岁。每岁开始的岁首，就广泛地开展各种欢庆活动，称为过岁。到了周代，我国社会由游牧为主转农业为主，人们都盼望一年中能五谷丰登、六畜兴旺。丰收了，称“有年”，人们把“有年”当作盛大的节日来庆贺，后来，便形成了过年的习俗。

把过年改为春节，是近代的事情。数千年来，我国一直采用阴阳历，现在称为农历。辛亥革命后，开始采用公元纪年，改用阳历。这时候，我们说“过年”，就要说“过阳历年”或过“阴历年”。为了区别这两个“年”，又因一年二十四个节气中“立春”恰在农历年前后，所以近几十年来把农历正月初一改为春节。

“过年”，是我们万安一年中送旧迎新最重视、最隆重的节日。外出工作的亲人一般要在“人年阶”（农历十二月二十五日）前后回家过年。过年这一天，大清早要将大公鸡送到当地“伯公”神庙前或“当天”祭刈，并“打花纸”。回来后，在大门前或厅堂口摆上香案，用果品、三牲、清茶，烧香燃烛敬天神，而后向上祖遗像敬香、祈祷，以求新岁吉祥、万事如意。上午，还要在大门、厅堂贴上吉祥的大红对联和门神。傍晚，全家老少围坐在一起，吃一顿丰盛的晚餐，名曰“团圆饭”。倘若哪一位亲人缺席，要留个位置并摆上碗筷酒杯，以示思念。“过年”，全家都要理发、洗澡、穿新衣。向老人及小孩送“压岁钱”。除夕夜，要灯火通明，通宵达旦，人们叙旧话新，以待天明。这叫“照岁”。现在“照岁”，大都用电灯，家人也大部分围坐电视机前看中央电视台的“春节联欢晚会”文艺节目，等待新的一年第一天的到来，子时过后人们纷纷放爆竹进行“开门”。

入年阶后，如遇上死人，则认为不吉利，死者将到阴间做牛、做猪，所以不敢声张，必须挨到年初二以后才能对外宣扬。

春节，它是古老而又最隆重的节日，节日气氛最浓，延续时间最长，也最为丰富多彩，主要的习俗有：

贴春联：春联，又叫对联，门对，古时有“桃符”“门贴”之称。清代《燕京岁时记》对春联作了注释：“春联者，即桃符也”。自入腊以后，即有文人墨客为人写春联，以图润笔。我们万安习惯于过年这天上午贴春联，这时千门万户焕然一新。

年画：起源于远古，多为神话传说中人物，用以驱邪避害，如唐代的秦叔宝、尉迟恭，宋代的四美图。也有反映一般民众理想、心愿和生活情趣的年画，如“年年有余”“迎春接福”“五谷丰登”“风调雨顺”

“荣华富贵”等，还有在大门上贴“福”字的习俗。现在，有人喜欢把“福”字倒贴，表示福到。

开门：元初一，早开门，以祈求一年好运的到来。所以，酣家十分重视，必须慎重进行。按习俗，开门要家中老诚者主持。按每年“通书”（皇历）所标明的时辰、方位进行。近年来，有采用“零”时“开门”的，也有采用天亮后“开门”的，更有采用听到鞭炮声“开门”的。“开门”时要备好清茶、果品，打开正门口当天烧香敬天神，然后祈祷，说上“开门大吉、恭贺新禧、合家平安、万事如意”等吉语，而后燃放鞭炮。鞭炮，古时称“爆竹”，原意是驱逐恶鬼，喜迎新“财神”，并以此表示吉利。所以，近年来，随着人民生活的提高，人们开门的鞭炮越来越长、越来越响。还有二响三响或多响的“高升炮”、“大闹天宫”以及五光十彩的礼花等等，造成巨大浪费，又影响人们休息。如果开门的鞭炮中断，则认为不吉利，所以很多人双饼鞭炮齐放或鞭炮两头同时点燃。以防不测，谋求吉利。

元初一：早上，大人、小孩穿戴一新，向长辈拜年，互道恭喜。这一天，有很多禁忌：逢人只讲吉利话，决不可口出污言或骂人；整天不动帚，确实要扫，也要把垃圾扫入屋里，以示金银财宝扫进来，也不得向人讨债。旧时，元初一，厅堂悬挂祖宗像要燃香点烛上供，以示纪念，还要祭祀天地神明，祈求赐福。近年来，挂祖宗像的习俗已渐消退。元初一早餐，大都素食或将除夕剩余食物热后吃，以表示“年年有余”。这天，旧俗一般不走亲戚，只在家族中拜年、饮宴。乡村干部此日组织群众，敲锣打鼓并携带慰问品向烈军属拜年。机关单位举行春节团拜会。村部一般召开回乡过年的“外出乡贤座谈会”。初二开始走亲戚。走亲戚时，均须携带糖果、蛋、甘蔗等礼品，到上辈家还须带鸡鸾子或鸡腿等，以示敬长辈。主人以酒肉相待，十分热情。首次来家的小孩还要赏给红包，就这样，亲戚朋友间你来我往，一直延续到初十左右。所以，人们也希望新年天气好，以便走亲戚、加强联系、增进友谊。万安还有这样一个说法：一鸡、二犬、三猪、四羊、五牛、六马、七人、八谷、九豆、十麦。意思是说初一到初十，如果哪天的天气好，哪天相应的五谷、六畜或人就能五谷丰登、六畜兴旺或人寿年丰。

新年期间，有很多娱乐活动，龙灯、狮灯、船灯到处可见。所以新年锣鼓声声、热闹非凡。龙是中华民族的象征，在中华文化中占有极其重要的地位。古人把龙、凤、麒麟和龟称为四灵，作为吉祥物加以崇敬。昔时，下镇村的龙灯，贤溪村的船灯，上镇城下的狮灯都是很有名的。舞龙时十分好看，用锣鼓作伴，作走圆、掀浪、追火球、跳龙门、穿太极圈等舞蹈动作，并以龙织字（一般织“天下太平”四字）。20世纪70年代，象洞把单龙表演改为“双龙抢珠”，很有创意，曾数次赴省、地演出并获奖。2014年，武平县举行“武平民间文艺汇演”，首先是龙灯向观众拜年。武平船灯始于清代，灯架约七尺、高约五尺，表演者一般为三人：船艄公、船艄婆及船心（船灯中驭船者），有“十般”伴奏。新中国成立后，文化部门为船灯配上新词，宣传党的方针政策，深受群众欢迎。多次参加省、地会演，先后九次获奖。其他灯，如狮灯、马灯、牛灯，万安下镇还有“孔明灯”已逐渐消退，不一一赘述。

二、元宵节

农历正月十五为元宵节，万安称“过月半”。它始于汉初，盛于唐宋，一直传到现在。这个节日的来历，与汉初讨平诸吕之乱有关。汉高祖刘邦的皇后吕后，是一个居心狠毒而淫荡的女人。刘邦一死，她就大杀跟刘邦打天下的功臣们，起用吕氏兄弟叔侄辈，霸占朝廷权位。后来，诸吕被刘氏旧臣所诛灭。汉文帝登位后，觉得天下重享太平，便决定每年在平定诸吕之乱的日子——正月十五日，出宫游玩，与民同乐，因为汉文帝是正月十五日晚上出游的，所以名为“元宵节”。现在，元宵节活动以闹花灯、放烟花为主。“灯”与“丁”谐音，取“送丁”“添丁”之意。凡家中讨媳妇或新添男孩都要上灯，并将新丁名字，用红纸抄写贴在祠堂里，以庆人丁兴旺。上的花灯各式各样，品种繁多，造型奇特，巧夺天工，有嫦娥奔月灯、天女散花灯、武松打虎灯及会转动的走马灯等等。万安上灯自正月十三日开始，元宵夜达到高潮。闹灯时，主人将花灯挂在厅堂或祠堂里花灯下设酒宴招待亲朋，宾客各携鞭炮，在入门时燃放，十分热闹。席间猜拳行令，尽醉方休。许多村民还放焰火，有“架花”“竹筒花”等，近年来，随着生活水平的提高，不但集体放焰火，家家户户燃放“大闹天宫”、“魔术弹”及五光十彩的“礼花”，火树银花不夜天，十分壮观。

三、清明节

我国秦汉时代，二十四个节气已完全确定，从此有了清明这个节令。清明节，亦称“插柳节”“踏青节”，是民间缅怀先人、祭扫坟墓的日子。

我国的清明节在每年四月五日前后，其有两层含义，既指节气，又指节日。在较长的历史期间，逐渐形成了一些独特的清明习俗。俗话说“春分后祭祖先，清明后祭野鬼”。所以，春分至清明是人们扫墓祭祖的日子。万安大都在清明祭祖。近年来，都以清明前的双休日扫墓为多，因为星期天，家中小孩可一起去扫墓，接受敬祖敬宗教育。杜牧《清明》诗云：“清明时节雨纷纷，路上行人欲断魂。借问酒家何处有，牧童遥指杏花村。”此诗形象地记述了人们上坟归来时的心情。为鼓励小孩扫墓，旧时对去扫墓者会发“铜板”“毫子”，现在改发纸币。扫墓回来后，都到祠堂烧香，祭祀祖宗。中午，扫墓人会餐，叙我祖德宗功。此日，农家要做“苎叶粄”“艾粄”“煎粄”或“印粄”吃，干部、群众、机关、部队、学校师生于清明节向烈士陵园敬献花圈，以缅怀先烈，激励斗志。

四、端午节

农历五月初五日为端午节，又称端阳，万安地区都称“五月节”。它的起源，据说是纪念大文学家、爱国诗人屈原。近代以来，端午节还有纪念革命女诗人“鉴湖女侠”秋瑾之意。历史文献记载，端午节有喝雄黄酒、挂香袋、门上悬艾叶和菖蒲、吃粽子、划龙船等民间习俗。有些习俗已经消除，现在一直沿袭的有门上悬艾叶、菖蒲、桃树叶等，以驱瘴疫、辟邪气。这天，民间还会采集各种草药，晒干备用，以除百病。该节主要特点为吃粽子。粽子，古代称角黍，是指棱子形状有角而言。周处昕撰的《风土记》中记载："仲夏端午，烹鹜角黍。"据考古资料载是"楚大夫屈原遭谗不用，是日（农历五月初五）投汨罗江死，楚人衷之乃以舟楫拯救"，并在江中散粽，以防鱼吃屈原。时至今日，家家户户都吃粽子，粽子花样越来越多，有糯米中夹绿豆、花生、蜜枣甚至猪肉。所以花样不一，风味各异。

五、中元节

七月十五日为中元节，又称"盂兰节""鬼节"，万安人称"七月半"。此节为宗教节日，一说始于道教，道教以七月十五日为中天，系"地官"生日，又为地官赦罪之辰，故是日多作斋醮等会；一说始于佛教，此日为佛家僧民举行盂兰盆会之日，故称"盂兰节"。古时，七月十四日办家宴，十五日夜焚冥纸祭祀祖先。现在，此俗已除，但是，万安人仍在七月十四日以酒肉佳肴欢庆"七月半"，因为这个时节，已经打禾，鸭子也养得很肥，俗话说"春羊夏狗，秋鸭冬鸡"，正是吃鸭的好时节，所以现在又有人说是"丰收节"。

六、中秋节

八月十五日为中秋节，俗称"八月节""团圆节"，万安人都称"八月半"。此节起源于我国古代秋祀、拜月之俗，亲友间互赠月饼。相传，月饼在唐朝就已出现，至宋代更盛。北宋诗人苏东坡曾有"小饼如嚼月，中有酥和饴"的诗句。南宋奂自牲《梦粱录》中也有"月饼"的记载。明代《西湖游览志余》记载："八月十五日谓之中秋，民间以月饼相赠，取团圆之义。"近年来，月饼包装得十分华丽，有纸盒、铁盒、塑料盒等，盒面印有甚至雕有花卉及各种图案。如"嫦娥奔月""苏武牧羊"等。是夜，家人团聚在餐桌前尽情饮吃，欢乐无比。餐毕，全家围坐在月光下，饮茶吃月饼。小孩还含着月饼，高兴地唱着“月光光、走四方”等儿歌，叫“吴刚、嫦娥”下来吃饼，这叫“逗月光”。人们享受着天伦之乐，直至深夜才散。

七、重阳节

九月九日，叫重阳节，又称重九。万安人叫“九月节”。它和端午、中秋一样，是汉族民间的传统节日。由来已久。据史载，重阳节起源于汉代。民间素有登高、插茱萸、赏菊、饮菊花酒和吃重阳糕的习俗，历代相沿。毛泽东《采桑子 · 重阳》词：“人生易老天难老，岁岁重阳，今又重阳，战地黄花分外香。一年一度秋风劲，不似春光，胜似春光，寥廓江天万里霜。”此为脍炙人口的咏重阳的光辉篇章，但万安今无此俗。只设家宴庆贺罢了。由于这是秋收后经济较宽松时的一个节，所以个个家宴都十分丰盛。1988 年，国家把重阳节定为“老人节”（寓意为登高长寿），届时，机关厂矿多组织离退休人员举行各类老年活动，以示对老年人的尊敬。在外工作的年轻夫妇也都“回家看看”，孝敬老人，使节日增添了新的气氛。

八、入年阶

十二月二十五日为“入年阶”，意思是旧的一年即将过去，新的一年即将来临，从这天开始进入隆重的过年气氛。在这之前，家家户户都忙于洗晒被褥。洒扫庭院、洗刷家具，谓之“扫屋”，还蒸酒（冬至日添水最好，酒味香醇、久藏不坏），做豆腐，做灰水粄，忙得不可开交，当家人要为全家做新衣、添家具、办年料。二十五日这天早上，要在厅堂挂上祖遗像，摆上香案，放上果盘，果盘中大都放橘子、苹果、花边（银元，现用硬币）和糖果，意示来年平平安安、大吉大利、发大财，生活蒸蒸日上如蜜甜。

万安瑞狮大联欢

灵　梓

1926年农历正月初二，万安农民协会为渲染节日气氛、加强家族团结、增进农民友谊，在下镇镇门口的盐子岗上（今万安粮站）举行瑞狮大联欢。

是日，风和日丽，春意盎然。盐子岗上人声鼎沸，彩旗飘扬。入口处横挂一幅大红布帘，上面写着“万安乡瑞狮联欢大会”九个金光大字，熠熠生辉。主席台很简单，前面放了一张四方桌，旁边有十多条长凳。主席台就坐的是万安农民协会委员，县党部、县政府派来的代表，还有各村来万安参加瑞狮大会的代表。七点钟开始，各路狮灯班子就锣鼓喧天，陆续到来，云集会场。九点钟左右，观看的人们如潮水般涌来，整个会场挤得水泄不通。

大约九点半，主持人见各路狮灯班到齐，就宣布开会。这时锣鼓喧天，鞭炮齐鸣，呈现出庄严而热烈的气氛。炮声停，锣鼓息。首先由闽西政治监察署专员谢惠珍（即谢秉琼）先生讲话，他登上方桌，左手叉腰，挥动着右手大声说：“各位父老兄弟姐妹们，今天是年初二，传统的新春佳节，我首先向各位拜个年，祝福大家新年快乐、万事如意！

舞狮是一个很好的民间娱乐活动，狮灯的武术班应从强身健体的宗旨去发展，听说过去有个别武术班之间产生矛盾，不够和睦，这不但偏离了武术宗旨，失去新年娱乐的本质，而且出现民间团体之间的不团结现象。今天叫大家来大联欢，就是要各路狮灯团结一致，消除隔阂，欢欢喜喜过新年，高高兴兴看表演……”他的话博得了群众一阵阵热烈的掌声。接着，本乡新学界人士朱兴周先生讲话，他赞同惠珍先生的说法，也希望各姓父老兄弟姐妹和睦相处，共度新春！然后县城的来宾代表钟子康先生说：“各位亲戚朋友、先生女士及狮灯的武术师傅们，我很高兴参加这大会，刚才惠珍及兴周先生说得好，我们过新年、舞狮灯，要团结一致，欢欢喜喜地把舞狮娱乐活动搞好……最后祝各位新年快乐、身体健康!”说完又响起一阵热烈的掌声。最后，谢成珂先生代表万安农民协会向前来参加联欢大会的先生女士们致以新年的祝贺，还代表全乡人民向各位表示崇高的敬意!

大会结束，舞狮开始。由于场地小，会场留下谢、朱两姓的狮灯，其余狮灯安排到其他场地表演。这两班狮灯表演得十分精彩，狮子随着锣鼓的节奏，有时跃起，有时俯伏，生龙活虎。还有圣猴子抓虱子、沙和尚牵狮头等，表演得十分生动，经常令人捧腹大笑。舞狮完毕，表演武术。先是打拳、舞棒，然后刀枪矛棍，使人看得眼花缭乱，进而双人对打，情节惊险动人。武术表演完毕，表演绝技。谢姓狮班表演的是“猴子攀架”，由顺英扮演猕猴，他双手握住木棍，迅速爬到棍顶，单脚登棍在空中飞旋；一会儿又双脚勾住木棍，头部垂地，活像孙悟空倒吊在树梢，十分精彩。忽然，他一跃而起，升空盘坐在木棍顶尖上，作敬礼状，动作十分灵活，博得全场热烈的掌声。朱姓狮班表演的叫“跳桌角”，表演的师傅走到四方桌前，先是双手按住桌角，双脚跃过桌心，然后像体操运动员跳鞍马一样，双手点按在桌上，两脚叉开跨过方桌，十分好看。还有一种是在小小的方桌上不断原地翻筋斗。最精彩的是钟牛古头（城厢丰顺人）师傅表演的“钻铁圈”。表演时两人把带有利刀的铁圈按在方桌中心，那铁圈中的利刀，刀尖突起，闪闪发光，十分惊险，赤腊的钟师傅毫不畏惧，上场向观众打揖后，像鲤鱼跳龙门似的从方桌的一边飞跃而起，穿过铁圈，飞过刀尖，人们为他捏了一把汗，但他却安然无恙地在对面的桌边平稳着地。这时全场观众不断喝彩，大声高喊："好！好！"顿时响起了雷鸣般的掌声……狮灯武术表演顺利结束，全场沉浸在兴高采烈、无比欢乐的节日气氛中。

瑞狮联欢大会开得非常成功。这是一个欢快的大会、团结的大会、胜利的大会，从此，各姓农民消除了隔阂，加强了团结，增进了友谊。朱、谢两姓还出现了互结秦晋之好的现象。几十年来，人们和睦相处，团结奋斗，共同建设着美好的家园。

（根据谢任珂遗作整理）

万安草鞋：淡淡的乡愁

刘永泰

20 世纪 80 年代以前，武平县万安村民手工编织的草鞋闻名遐迩，尤以五里村为最。随着一声“万安草鞋，一毛五一双”的叫卖，走街串巷，赶集赴墟，万安草鞋物美价廉的良好形象，近至武平周边集市，远至江西周田、筠门岭都留下了难以抹去的风姿倩影，声名鹊起。貌不惊人的万安草鞋，打下了淡淡的历史印记。

“有女莫嫁五里墩，不是捶麻就打秆（稻草）。有女莫嫁五里村，（纳）草鞋熬烂目珠沿。”一则俗语，万般辛酸。是的，曾百度春秋，万安五里村，家家户户都是天然的草鞋厂，男女老少都是编织草鞋的熟练工。出工前、农闲时、晚饭后，勤劳睿智的五里人，就着昏黄的竹针火，乒乒乓乓，不停地在石板上敲打着稻草。男的坐在草鞋凳上，弯躬鞠背手穿梭，灵巧地编织着草鞋；女的则不停地把三根稻草扭为一股的原料迅速地传递；老人和小孩也不闲着，不停地帮着脱稻衣索，做好前期准备。一家人不停不歇，直至鸡啼。一双草鞋一斤盐价哩！

草鞋，是立足于地宠大鞋族中的一朵奇葩。它以取之于农民朋友或弃之于田，或喂之于牛，或垫之于床的稻草为原料，是货真价实的“草根族”。稻草，当地人叫秆，经三浸三晒，石上捶打，柔软劲韧。做草鞋，当地人俗称“打草鞋”。主要工具为草鞋凳。凳头装有弯钩的爪子，打草鞋的人腰间系个腰带，人坐上去，腰带与凳头的爪子挂上麻绳。其主要方法是：取预先精选的干稻草编纳，每股由三根稻草组成，鞋面左右两边编上耳眼，耳眼用来套绳子捆住脚盘。有的草鞋用烂布条编纳，这叫布子草鞋，也该算得上是草鞋之精品了。万安草鞋，优点多多，它穿在脚上踏实、舒适、质地柔软，不打滑，不长脚气，还美观、实用，且价格低廉穿得起，故深受人们喜爱。

万安草鞋应时而生，应势而盛。在那物质极度贫乏的年代，山里人没钱买布更没钱买皮来纳鞋，即使有钱也买不到，所以只好用不花钱的稻草作原料来做鞋了。山里人成年累月要辛勤劳动，日出而作、日落而归，整日里跋山涉水，脚穿其他鞋既奢侈亦不便，而穿草鞋既廉且实又便，草民穿草鞋，天生是绝配。正因如此，客家汉子，山里儿郎脚穿草鞋唱起歌，奔波在崇山峻岭里砍柴烧炭夯大树，攀爬在悬崖绝壁中挖笋采茶捡灵芝，草鞋踏地震山河；正因如此，客家汉子，山里儿郎脚穿草鞋挑担行长路，“盐上米下”，棒棒大军如蚁，辗转于闽粤赣边讨生计；正因如此，客家汉子，山里儿郎脚穿草鞋跟随朱毛红军惩腐恶、打天下，迎来天地红彤彤；正因如此，村中若遇老人仙逝，“八仙”必穿草鞋，送其入土为安。

万安草鞋是客家汉子山里儿郎勤俭持家、艰苦奋斗、英雄气概的写照，是山里人朴实无华的象征。

有首山歌唱道："苏区干部好作风，自带饭包去办公，日着草鞋走千里，夜提灯笼访贫农。"由此观知，草鞋是好党员好干部密切联系群众，与人民同甘苦、共命运，永不变质，共圆美梦的桥梁和纽带。

改革开放后，祖国面貌日新月异，人民生活步入小康，客家汉子，山里儿郎早已穿着透亮的皮鞋，咯咯咯地穿梭于大街小巷，乡村墟市，登堂入室，曾经风靡一时的万安草鞋，只有在历史博物馆里向人们静静地诉说着淡淡的乡愁……

万安米粄一瞥

灵　梓

米粄就是大米做的粄子。客家人为了改变单调的吃大米饭的习惯，把籼米、粳米、糯米等不同的大米，加上不同的配料，做成不同形状、口味各异的粄子，这样可以改变口味，增进食欲，是人们在饮食文化中的一种创造。万安的粄子很多，有煎粄、灰水粄、苎叶粄、芋子粄、簸箕粄、黄粄、糍粑等等，现介绍一二。

1. 煎粄

每逢春节，每家每户都做煎粄。它是馈赠亲友的好食品，是我们客家人的传统美食，深受群众喜欢。

煎粄是用大冬糯米和红糖（也可用白糖）做的。加工时先把糯米浸洗滤干后，用碓子碓成粉状，然后加入红糖水搓揉均匀，再做成乒乓球一样的圆粄子，也可揉成圆条状的粄子，最后用花生油煎炸，当粄丸浮起呈赤黄色时，便可起锅。有的人在粄团中揉进花生、橘皮或芝麻等香料，这样煎出来的粄子，更加香、甜、酥、软，味道好极了。

2. 灰水粄

灰水粄也是人们春节必备的传统美食，由于食味较好，群众个个喜欢，所以是春节馈赠亲友的最好礼物。

做灰水粄，首先要上山采集“粄柴子”树枝，把它烧成灰，然后用干净的布包好，放在桶中用开水淋数遍，流在桶中的草木灰水（含碳酸钾）待用。接着把籼米淘净，放在草木灰水中浸泡数小时后，磨成黄色粄浆。将粄浆放入有文火的大铁锅中，不断搅拌，当粄浆熬制成有韧性而柔软的粄团时，起锅放入笼屉中压平蒸熟即成。

灰水粄吃法很多，可炒可焖，烹调时加些茼蒿菜（或青菜叶）、大蒜叶等配料，的确好吃，回味无穷。

3. 苎叶粄

在清明节前后，雨水较多，农家喜欢做苎叶粄吃，因为这时的苎叶嫩绿葱翠，做的粄子特别好吃。加上苎叶粄可除湿解毒、治腰病，甚至还有消肿止血等功效，人们特别喜爱。

制作苎叶粄时，先摘取新鲜苎叶，放入锅中，用开水焯一下捞起，清水漂洗后，压去水分，放入碓臼中碓烂，然后加入适量糯米粉，放点白糖或食盐碓成粄团，拿起做成条状或耳朵形状，在蒸笼中蒸熟即可食用，有的人喜欢用油煎炸，炸后的苎叶粄金黄娇脆，别有一番风味。

4. 簸箕粄

簸箕粄是客家人的传统小食，昔时用竹制的小簸箕蒸粄皮，故称“簸箕粄”，现在蒸粄皮都用“洋铁皮”做的蒸盘，既平整又快熟，所以簸箕粄成了人们早点的美食之一。

簸箕粄家家会做，人人喜欢。制作步骤为：首先选好优质大米，洗净浸透，磨成粄浆待用。其次准备馅料：用瘦肉、包菜、香菇、冬笋、虾米等捣末混合待用。再次就是用勺子舀起粄浆倒入蒸盘，摇匀，放进装有开水的锅内蒸数分钟。最后，将蒸熟的粄皮划成四块或六块，每块粄皮放上馅料，卷起。吃时涂上油葱，十分可口，香喷喷的，一般的人都能当作快餐吃饱，深受群众欢迎。

5. 糍粑

“十月十六，糍粑配粥”，此节日万安有做糍粑的习俗。糍粑是糯米制品，制作时，首先选好上等糯米，反复洗净，并放在缸里用清水浸泡数小时，然后捞起晾干，放在饭甑里用猛火蒸熟，再趁热倒入粄臼。力气大的男人拿起粄槌，反复捶打粄臼里的糍粑，而蹲在粄臼旁的妇女，用少许温开水反复翻动粄臼里的糍粑，以免粘住，直到打得糍粑呈糊状时，端起糍粑放进钵头里，再分成一颗颗糍粑团，蘸上花生、芝麻粉和白糖，吃起来香甜可口，柔软而有弹性，不亦乐乎！

鸡嫲窝的甜叶醋水豆腐

池友昌

说起鸡嫲窝的甜叶醋水豆腐，确实历史悠久，颇有名气。新中国成立前，村子里有四处豆腐作坊：大路下、畔冈子、池屋、大板上。分布很合理，为当地村民买豆腐或加工豆腐提供了方便。新中国成立后，这些作坊点相对保持，只不过是作坊主已变更了。新中国成立初至“文革”前，因集体化平时几乎没有加工豆腐，一般只有逢年过节或做红白喜事才有加工。过年时，作坊的生意比较好，几乎95%的村民都会去粮店买黄豆做年豆腐，一户人家至少一作，有的做三作、四作。一作的豆量在12斤以上，一作可做5板，每板30块。做豆腐时，我们自己必须挑柴火去，把自己事先浸好的黄豆一道挑去，自己磨好豆浆，还得协助师傅做好放火、挑水等事务。磨豆腐可算是一道最辛苦的活儿，一磨起来就得一身大汗，即使是冬天也叫你汗流浃背。

加工时，将磨成的豆浆，加入约两倍的沸水，焖泡20分钟左右，然后在锅头上的楻桶上放一个竹篓，竹篓上放一只开口布袋进行过滤。布袋里的是豆腐渣，豆浆却流进楻桶里。经煮沸，停火，把事先准备好的“甜树子叶”醋水，慢慢加入豆浆中，并不断搅动，使豆浆形成豆腐花，最后把豆腐花舀进垫了一层布的“豆腐匣”模具中，压去水，形成块状豆腐。

由于鸡嫲窝的甜叶醋水豆腐味道鲜嫩，可口好吃，又营养丰富，能益寿延年，所以现在鸡嫲窝的豆腐不仅出了村，还进了城。凡是县城与万安来的客人，到了鸡嫲窝都得买一些带回家，有的还专程来购买。到了过年，不管是城里的，还是万安的客人，都慕名而来定购，好不热闹，真是生意兴隆。

豆腐在民间确实是一种拿手好菜。它不仅可以白煮、煎炸，还可做成豆腐乳、豆腐干、酿豆腐，吃起来，各有各的风味。另外，豆腐渣可以做豆腐渣饼。豆腐渣饼油炸后不仅是一个很好的下酒料，也是下饭的美味好菜，像牛肉巴一样，别有一番风味。

豆腐的谐音，称之为“头富”。民间迁居请客时，都把豆腐作为头碗菜，表示开头发富、财源广进、家财万贯、吉祥如意。

万安镇里一簇花　民间木屐和草鞋

谢广福

万安镇里指的是下镇村。下镇村历来是政府机构所在地，是万安政治、经济、文化中心。该地居住环境舒适，人口相对集中，以农业为主、林业为辅，百业兴旺，万事平安。从镇门口的大谢屋至上镇的社公树下，有一条长约3000米的路，是通往武北四乡和汀州客家首府的必经之路。通商古道，石砌铺成，石道两旁，民居有序，商铺林立，无论圩天还是平时，客商云集，人来人往，一派繁荣昌盛、欣欣向荣的景象。店铺有经营百货的、农副产品的，有医铺、裁缝店、酒店、剃头店，还有打铁铸锅的、畜牧兽医，等等，不一而足。但是最能引人注目、乐于交易的产品当属木屐和草鞋。最热闹时，整个商市竟有木屐和草鞋店面十五六家。这是一处独特的风景，也是万安镇里的奇葩。

木屐，就是木质的鞋。它起源于春秋时代，盛行于宋朝年间。穿木屐本属中原风俗，但西晋末永嘉之乱后，中原汉人纷纷南迁，因此，这一穿着文化陆续传到客家地区，勤劳的万安谢氏族人深受祖宗谢安公喜穿木屐的影响，钟情于南朝宋著名诗人谢灵运创制的活齿木屐（谢公屐），把木屐的制作方法传承下来，并发扬光大。

旧时，人们为何常穿“木屐”，爱穿“木屐”呢？究其原因，南方地处亚热带季风性湿润气候区，春夏间高温多湿，雨季时间长，夏长冬短，在家时穿着木屐可避湿，又可纳凉；走路时穿木屐不会像穿拖鞋那样把湿沙拖起溅污裤子，同时也不会因潮湿而患“脚气”等病。最主要的是平民百姓，花费无几，节省钱财；还有就是就地取材，制作简单。

无独有偶，草鞋是用稻草纤维编织而成的鞋。它质地轻便，就地取材，编织容易，一学就会，干爽凉快，穿着舒适。俗话说：“草鞋没样，软软爽爽。”当地百姓上山砍柴，采摘野菇，就是穿着草鞋跋山涉水、翻山越岭、生产劳作，乐此不疲。同样，草鞋深受人们所喜爱，尤以五里塅的草鞋最受人们青睐。

木屐和草鞋都是民间手工精制的地方特产，采用民间流传的传统工艺，都具有悠久的历史，其本身具有浓郁的文化底蕴。它们不但透气效果好，穿着舒适，防脚气、防打滑，具有活血健身之功效，还是天然的环保及保健生活用品。

怪不得，在当时的年代，木屐和草鞋是如此的畅销，其制作者、营销人员和经营场所越来越多，销售量最多的时期是1929～1934年，在寻乌、筠门岭、会昌等地成立苏维埃政府的前前后后。武平各乡村苏维埃政府，也像雨后春笋般不断成立。当时苏维埃政府组织群众打草鞋送红军，干得红红火火，所以草鞋销路很好。如今健在的80多岁的老人谢永兴谈起当时的情形会当着众人的面说得眉飞色舞，神情十分自然。

木屐和草鞋是一个历史，也是一种回忆，是万安镇里的一簇绚丽之花，也是民俗文化遗产的物质瑰宝。

木屐遐思

谢葆光

木屐，又称木拖，客家人称广屐子。木屐在20世纪60年代以前是人们生活中不可缺少的生活用品之一。木屐穿着方便，凉爽舒服，晴雨皆用。把布鞋钉在木屐上（木屐前后要断开）就成了屐鞋。古时人们没有水鞋就用屐鞋在雨天出行。南朝宋诗人谢灵运不仅开拓了中国诗史上的山水诗风，而且发明了活齿木屐，上山时去掉前齿，下山时去掉后齿，给旅游活动带来极大方便，人们取名为谢公屐。李白在《梦游天姥吟留别》中写道："谢公宿处今尚在，渌水荡漾清猿啼，脚著谢公屐，身登青云梯。"可见，谢公屐连登山都十分方便。随着时代的变迁、科学的发展，海绵拖鞋、泡沫拖鞋、塑料水鞋等很快就替代了木屐。所以现在年轻人的脑子里都没有木屐的概念，连老年人也渐渐地把木屐淡忘了。

前些时候我在市场偶尔看到木屐上市，因此激起了我对万安木屐的联想和遐思。昔时，万安下镇的谢清盛、谢永慈、谢永辉等老人都是木屐加工制造者。他们心灵手巧，技术高超，制造了一双双轻便而又美观的木屐，方便了广大群众，深受村民欢迎。

木屐制作分三个阶段完成。第一步是选材：工人上山选材要选木质松软的桐木、火柴木（这样的木质轻便可防滑）。在山上砍下来后用木锯把木头按木屐长短的尺寸分段，再把一段段的木头用柴刀和木斧劈成3～4厘米厚的木片，又把木片用柴刀分成7～8厘米宽的粗胚，然后把一块块粗胚用藤捆成把挑回家。第二步是屐胚加工。屐胚加工时首先把粗胚平夹在木床上，用锯子在粗胚的三分之一部位横锯一个断口，胚面留1厘米，这叫作定模，然后进行画模，画模是在屐胚面上把屐模贴上，再用铅笔在四周画一圈，最后是把模外面多余部分用刀劈掉，底部用铚刀（宽面大于4厘米的凿子）凿成凹形，再用一字刨子把屐面及侧面刨光滑即成屐胚。最后钉皮条，即在屐胚约三分之一处钉上三指宽大小的橡胶皮条，便成了木屐成品。

木屐，历史悠久，乡井遐思；木屐，底蕴深厚，昔铸辉煌。今天，它仍然像山花一样散发出淡淡的幽香……

婚嫁习俗话今昔

灵　梓

“男大当婚，女大当嫁”，这是人们生活的必然。但是，昔时和现在人们的婚姻观及其做法有很大的不同。昔时要遵循封建礼教“父母之命，媒妁之言”，而现在的年轻人是提倡婚姻自由的，他们经过亲朋好友介绍后，便互换手机号，通过短信、QQ或微信聊天，谈情说爱，进而确定恋爱关系。

昔时，从讲亲到结婚要经过媒人介绍、过彩、踏人家、小札、大札、送日子、归门等几个环节，现在大致相同。不同的是迎亲那天，昔时选定时辰，用花轿迎亲，轿前举着两个大灯笼，鼓手喇叭吹吹打打，轿后跟随着挑嫁妆的妇女和媒婆，鞭炮声声，锣鼓喧天，风风光光地走到男家。而现在却用结婚彩车，载着化了妆的新娘，一路燃放着鞭炮，欢天喜地来到男家。

到了男家，如果进门的时辰未到，昔时要把花轿放到门前的爬篮上（爬篮象征八卦，寓意为新娘来到男家，百子千孙，白头偕老）。进门时辰一到，即放鞭炮，新郎、新娘烧香，先拜天地，后拜高堂，然后夫妻对拜。礼毕，撒喜糖。媒婆把新娘扶入洞房。这一环节现在大致相同，只是没有花轿而已。

进入洞房后，昔时，新郎先为新娘掀盖头（红头巾）。然后小两口喝交杯酒，称“打交杯”，这时还要吃红蛋。晚上又要“闹房”，即在新郎房里摆上酒席、瓜果、茶烟，邀请亲朋好友一起与新郎团团坐，然后请长辈“打景”，即抓把红枣、莲子、花生掷在床上，同时高呼“早生贵子、连生贵子、五世其昌、白头偕老!”大家一边喝酒，一边猜拳，千方百计使新郎多喝酒，笑语欢声，直至半夜才尽欢而散。而现在也有“闹房”，以戏耍新郎为主，如叫新郎抱着新娘咬到吊在房中的喜糖，或叫新郎、新娘同时咬一块糖果，然后在他们后面一推，让新郎、新娘当众接吻，等等。这样闹得满房笑声不断……

补锅乡愁忆犹新

谢广福

补锅是万安传统的民间手工艺，而且是镇里唯一的一家。话说是“家”，其实没有店铺，只是个走街串巷、赴墟赶市的角色。20世纪60年代初期，这角色师承广东梅县畲坑村来的补锅匠，并慢慢地取而代之，成为周围乡镇的难以替代的补锅师傅。80年代以前，由于百姓生活比较艰苦，物资奇缺，锅是每家每户不可缺少的生活用品，过去的锅又大多是铸铁制成的，摩擦厉害，易于损坏。所以补锅这门工艺倒也生意兴隆，特别是春节前后，农闲时期，墟市当日，生意更是红火得不得了。补锅师傅都有一个助手，帮忙挑担赶墟，生火鼓风，碎铁拌泥，有时还要帮忙吆喝呐喊，招揽生意。

这个补锅师傅是万安下镇村人，姓谢名锦林，已是古稀高龄，一谈起自己的老本行，他两眼放光，精神抖擞，侃侃而谈，如数家珍……

改革开放以来，随着经济条件和生活水平的提高，人们改用电饭锅、电炒锅、高压锅等，锅的成本也增加了很多元素，经久耐用，价格低廉，有谁还拿着破锅去找补锅师傅呢？因此，补锅这个行业逐渐退出历史舞台，消失在人们的视线之中。

二十多年了，自己一直闲居在家，无所事事，毕竟有些黯然神伤，尽管时代在发展，社会正发生日新月异的变化，好日子红红火火地过。但一看到堆在杂物间的火炉、风箱、坩埚、块煤、砧凳、钳子、锤子、钻子和棉布卷等补锅工具，都会勾勒出一段往事的回忆，甚至在夜深人静时浮现出补锅手法的绝妙梦境！

现在我就来说说补锅手工艺的全过程，盘点下补锅方法这一门已将失传的行业。

补锅方法看似简单，其实技术要求很高，工艺较为复杂，火候掌控适当，手法相当娴熟。这就迫使自己学艺时掌握精髓，实习时胆大心细，出师后经验积累，才能磨炼出过硬的补锅本领。

首先，补锅工具要齐全，选材要精致。坩埚耐高温，块煤高热卡，濯田稀土泥，半岭撸箕灰。其次，地面摆工具，火炉接风箱，炉中块煤旺，坩埚熔铁水。再次，破锅架前头，清除锅烟垢，棉布垫火灰，钳匙舀铁水，然后将铁水舀到火灰上，将右手伸进架空的锅底，凭感觉把铁水往破锅口上使劲按，左手将棉布卷使劲往下压，重复这一过程，将锅缝全部弥合。最后，要把较粗糙的锅面磨平，还需要照光过程，如果没有光线透过说明已经补好，随后用抹布蘸上一些稀土泥巴，在补处两面一抹而过，整个补锅过程完成。

老谢师傅越说越有劲头，似乎没有停下的意思。果不其然，他接着说："先前，听师傅说过，中国有一姓李的老先生写过一本《厚黑学》的书，很是出名，他把官场办事妙法中的一种叫'补锅法'，大概是说：做饭的锅漏了，请补锅匠来补，补锅匠故意支开主人，乘一转背工夫，用铁锤在锅上轻轻敲打，那裂痕增长了许多，然后再告诉主人说：'锅裂痕长，工钱较多。'使主人信服，皆大欢喜。官场中办事尤其擅长此法，意欲把他人的利益放在明处，将自己的实惠落在暗处。其实这是对我们补锅匠的污蔑，做人做官做事都应该‘厚道’，而不是‘厚黑’。再说，补锅人并不是以锅面裂痕长短收工钱，这要看锅的利用价值，或者是否是珠子口裂纹。总之，无论出门在外，还是本地补锅，树为民宗旨，立便民之德。锅黑，心不黑；锅烂，心补之。”

酒暖万安

刘永泰

1980年，我第二次大学毕业，被分配在万安中学教书，任初三毕业班政治和语文教学，兼任学校政工组长、校团总支书记。岁月如歌，留在记忆深处的是：万安酒暖。

万安镇里有两个小小的酒铺。一东一西，将上镇、下镇分隔开来。俩掌柜，都五六十岁，干瘦干瘦的，个儿不高，身子骨很硬朗，眼不花、耳不聋，挺健康的作田人。

早饭后，“吱呀”一声，酒铺开张了。当街立门，三尺高的老式柜台，上面放几个大酒缸，一张红纸贴在缸正中，上书大大的“酒”字。酒缸上盖着盖儿，旁边放着个长白瓷盘，里面放着半斤、二两半、一两等不同计量的酒提子。酒盖儿遮不住酒香，只要酒铺开了门，这酒香就迫不及待地窜出来，在村中蔓延。村子不大，风一刮，酒香遍地。

那些好喝酒的老头儿，隔三岔五地就奔了酒铺而来。粗肥的免裆裤上系了腰带，两手交叉着插在衣袖里。嘴里衔着旱烟袋，兜里掖着两毛钱，走到酒铺里，不用说话，掌柜的就知道要什么，都是老顾客了。掌柜的将酒碗在酒缸前一放，把盖儿掀开，酒提子伸进酒缸里，满满地提起来，小心翼翼地倒进酒碗里，满满盈盈的，不多不少，水酒半斤整。爱喝酒的都舍不得喝好酒，就是这种水酒，二毛钱一斤，一毛钱买一提子，这是客家人最好最现成的称量标准。

老头儿也不坐，就站在柜台外，窸窸窣窣地将钱摸出来，交给掌柜的。没带钱也不要紧，可以记账，乡里乡亲的，谁也不会赖账，大家心照不宣。喝酒快慢因人而异。有喜欢喝陡酒的，一呆脸一仰脖咕嘟一声而下，喝完后捋捋胡子，咂咂嘴，一副意犹未尽的样子，然后走人，话都说不了几句。喝咽酒的则恰恰相反，需坐在柜台外面的凳子上，慢慢地咽，细细地品，有时候向掌柜的买一个八分钱的饼，或者提前在家里揣两撮花生米、黄豆子，当酒肴儿。喝口酒，就口肴，边喝边跟掌柜的聊天。东家长、西家短，谁家儿媳孝顺，谁家小孩读书棒，谁家又添了新丁，谁家的老牛生了犊子……酒铺就是新闻发布会。我听到过一个个鲜活的故事，看到一个个日渐衰老的生命，怎样在贫困的生活中制造快乐，寒冬里怎样打发那一个个冰冷的日子。他们是简单而快乐的，一杯米酒，足以抵挡一天的严寒；几个故事，就是他们人生的缩影。世态炎凉，人间百态，尽在万安酒铺。

万安人平常待客，如同小说里的梁山好汉，崇尚大块吃肉大碗喝酒。但凡逢年过节，家家户户必酿美酒数缸，然后每碗敬遍所有宾客，直至一桌人都面红耳赤、东倒西歪，其情其景堪比英豪。

以酒待客，万安人是分档次的。若是老泰山、小舅子、老姑丈等贵客盈门，尊为上席，必用老冬酒迎宾，即头年立冬蒸、冬至日用古井清泉浸的好酒。这老冬酒，酒味醇香，酒色橙黄，轻轻斟满，抿上一口，嘴唇竟有黏稠牵连的感觉。“红泥仨擘绿蚁浮，玉碗才倾黄蜜剖”说的就是它吧。酒是嘉宾心中温暖的记忆，是亲戚久远的路标。

崇文尚武、尊师重教是万安客家人的传统美德。若有幸逢老师“家访”，家长分外喜笑颜开，顿觉吉星高照，必捧上上好酒酬师。记得有一次，我带领几个老师去送“中专录取通知书”。顷刻宗祠里鞭炮震天，长者烧香点烛，家长颤颤地接过“剥谷皮”“穿皮鞋”的捷报，千恩万谢。随即便在祠堂里摆起了谢师宴，主人深情地捧出了“客家红”，即用红曲酿制的红酒，这是迎宾待客的上上好酒。睿智的客家妇女把做酒底的糯米饭蒸好了，然后摊开冷却，再与红曲一同拌入酒瓮，灌上凉好的米汤或者冷开水，瓮口围上厚布加盖木板，密封垫高。待一七，听得瓮中“嗡嗡”有声，缸臂触碰发烫，揭开遮口物即见气泡一眼眼次第鼓起，红酒酿造便成。这红酒健体排湿，尤其女人“坐月子”每餐必啜，因而又被亲昵地唤作“女儿红”。这红酒营养，为免受细菌和蝇虫侵蚀，平时饮用即喝即取，一般都密封在糟瓮中。这蒸出红酒的人家，被当地人认为是“鸿运当头”了。喝红酒不可点破，以祈红红顺顺，长久不衰。上年喝剩的红酒掺入新曲继续发酵，如此反反复复积年累月，某日倒出，竟麦芽糖般黏稠剔透，成了乡村著称的“酒冻”。三巡敬师酒罢，吾心早已醉了。这客家情、学子心，以及那碗浓浓爱意香满了为师的至尊。

倘若有朋自远方来，性格豪爽的万安人便会忙不迭地用米白酒待之。这白酒制作工序较繁杂，酒曲、白米饭、黏米……有时还掺了烂熟的番薯泥，拌好发酵后猛火高温，将酒水蒸馏出来，当地人质朴地叫它“土烧”。这种酒纯净透明，无须过滤，喷香且口感好，乡村人说它能舒筋活血，干活累了抿上两口便可去乏，喝多了也不头痛。开坛倒酒，一股持久的凝香随即冲天而起。那白瓷中春光潋滟，热烈豪爽的琼浆竟如江波映日涤荡胸腔，酒未入胃，心却早已被陶醉了。兄弟一三五七九，朋友个十百千万，在猜拳喝令的豪饮中，在推杯换盏的交筹中倾倒，豪爽的性格糅进了以诚待客的风尚，于不经意间酝酿出了一地纯朴的文化。

万安酒暖，酒暖万安……

万安“半路回甘”的荷包兔

灵 梓

万安上镇“碗子厂”（瓷厂）出口处有一美食店，名曰“半路回甘”。这里因“荷包兔”出名，引来许多食客。连县城的许多年轻人都喜欢驱车前往光顾，品尝“荷包兔”的美味。

其实，“荷包兔”是厨师在民间传统烹制兔子肉的基础上，加以创新，即加添加有特殊香味（含薄荷油、薄荷醇，又名夜息香）的荷包叶，同时利用荷包（薄荷）能缓解头痛、发热，防腐杀菌、消食健胃，以及减肥等药用功效，食后味道清凉，清新口气，提神醒脑而精神焕发，故人人喜爱。

这里吃“荷包兔”还有另一个特点，就是现宰、现剖、现淋。我们只见师傅一边烧开水，一边刈兔子，手脚轻快，动作麻利。一会儿水已烧开，他就用开水去毛，洗净后，剖开肚皮，去内脏，然后将整只兔子放到锅里、大火煮煨，直到筷子捅进兔肉，拔出来不见血时，把兔子出锅放在砧板上，用利刀切成大小均匀的肉块，装入盘中叠放整齐。这时锅中用花生油煎炒姜丝、大蒜，然后放入兔汤，煮开，再加盐巴、味精，把煮开的盐水汤料淋到兔肉上，然后倒出料水于锅中，再煮开、再淋，反复数次，最后将切细的荷包叶放入锅内汤料中稍煮，再淋兔肉一次，这样烹制的兔肉有特殊的荷包味道，香喷喷的，味道好极了！

现在，烹制荷包兔方法已推广开来，使它成为武平饮食文化中的一朵奇葩。

漫话万安丧葬习俗

灵 梓

丧葬文化是中华民族几千年文明史中的一部分。各个民族都有自己的习俗。虽然随着社会的进步，农村丧葬程序不断简化，但是主要内容并没有多大变化，并流传至今。万安人的丧葬习俗大致如下：

1. 穿寿衣。

死者断气后要将尸体全身洗擦干净，然后给他穿寿衣。女的穿5、7、9件，男的穿4、6、8件，不缀纽扣，用布带系着。脚穿棉袜、棉鞋。

2. 移体。

穿好寿衣后要将其移至大厅（男居左、女居右）移体进要刈烧鸡子（雄鸡）、烧落气纸，表示下床。尸体腰间系一根红绳子，以免尸体还魂。

3. 守灵。

亲人断气后，子孙要守护在灵前尽孝道，要做的事都叫亲属去做。

4. 入殓。

昔时，把死人装入棺木内，叫入殓。入殓时，头朝棺木大头，脚在棺木小头，平直仰卧。头枕三块瓦片。左手拿钱，右手拿扇。还可装入其他衣物、宝玉等进行陪葬。现在随着社会的进步，为节约土地，杜绝传染病蔓延，农村中全部以火葬代替土葬。因此，死人不入棺，直接由灵车接去火葬场进行火化。然后骨灰盒运回进行悼念。

5. 报丧。

请礼生写讣告，报外氏和亲人。

6. 择期。

请堪舆师选定时辰进行成服、出葬。

7. 上香。

主人在大厅或祠堂设置“灵堂”。亲戚朋友或邻居闻讯纷纷前来灵堂上香致哀，送上代烛资金，悼念死者、慰问亲属。有人前来上香时，子孙要下跪，表示敬孝和致谢。

8. 做斋。

出殡前要请道士做斋或和尚念经，超度亡魂。

9. 出柩。

在灵堂进行家祭，外氏祭及按亲疏逐一上香后，按风水先生选定的时间，把棺木或骨灰盒抬至坪中，称为“出柩”。

10. 送葬。

吃过午饭后，便进行送葬仪式。这时鸣锣开道，鞭炮先行，接着就是挽联、花圈、棺木和道士先生。鼓手喇叭，吹吹打打。送葬的亲属随后而行。孝子孝孙穿麻戴孝，孝子手拿孝杖骨（男用竹、女用杉），扶着棺木痛哭而行；亲属头戴白布做的狗头帽，女的头系白帕子，啼啼哭哭而去。

行至比较宽阔的地方，还要进行“圈九运”，即亲属在道士的带领下，围着棺木转九圈，与死者作最后的告别仪式。礼毕，棺木送上山去进行埋葬，亲属从另一条路回家。

11. 除灵。

送葬的人回到家门口，要跳过用杉树枝烧着的火堆，以除邪气。回家后，还要把灵屋、挽联、白花、黑纱等全部焚烧掉，并解除孝服，吃红蛋。这叫除灵。

12. 看外家。

送葬后的第二天，孝家要派人去看外家长辈，以示答礼。

丧葬习俗一般如此，有的简化了许多仪式，越办越简单，这是好的，而有的越来越复古，越办越复杂，不应提倡。

守望天使

——万安朱氏三代扎纸人

谢广福

纸扎行业是民间的手工艺术，它起源很早，历史悠久，普及至中华大地，鼎盛于清末至民国初期，原先是与丧葬民俗联系在一起，封建社会以前一般以实物、活人和陶俑殉葬。后来才发展到以纸扎殉葬。用纸人、纸马、纸器、纸物直到纸扎的房子建筑等，进行祭祀焚烧，以示对死者的供奉，富有迷信色彩。它是为满足民众祭祀信仰心理及精神需要的一种形式，这种形式由来已久，在漫长的发展过程中，纸扎则形成了一种行业。

万安纸扎就是在这一情形下发展而成的，下镇村朱屋岗朱熹后裔第二十二世祖沐陞先生，于清朝末年间，通过其姑表亲戚的介绍牵线，结识了城厢东云的纸扎高手王史其老大人，并得到其纸扎工艺的真传。

朱老先生聪明过人，头脑灵活，乐观向上。他经常奇思妙想，把自己对祖宗先人的寄托哀思和对美好生活的憧憬理想，从纸扎工艺上表达得淋漓尽致。他从原先的从事丧葬祭祀的纸扎手艺，发展到制作富有浪漫主义色彩的，与封建迷信没有一点关联的纸扎艺术工艺（如：花灯、龙灯、船灯、金鱼灯，等等）。正是由于他制作技巧高超，构思巧妙，擅长大胆想象、夸张和创新，他的扎纸工艺品深受当地民众的喜爱和认可。

朱老先生有三个儿子，依从大到小的顺序排列为：必桃、必启、必洪。按照他的设想是：大儿子求学，二儿子从商，三儿子守业。于是他把自己的一身本事，手把手地教给三儿子必洪。殊不知，求学的不成，从商的不利，一度闲居在家，做父母的看在眼里、急在心里，常常沉默少言，郁郁寡欢。好在大儿、二儿没有闲悠，却偷偷学起了父亲的手艺，而且貌似都有纸扎天赋，一学就会，融会贯通，有些工艺制作更是精湛，形象逼真，惟妙惟肖。就这样，三个儿子都继承了父业。

新中国成立后，因破除封建迷信的历史原因，万安纸扎也跟全国各地一样一度销声匿迹。20 世纪 70 年代后期，由于宗教政策的逐渐宽松，纸扎业又得以恢复。此后的纸扎文化与时俱进，日新月异，纸扎工艺更是得到传承和发扬。必桃的儿子荣华、必洪的儿子锦华属纸扎第三代传人，也就自然而然地成了守望天使——万安纸扎民间工艺的传承者。随着社会的和谐发展，特别是改革开放以来，“喜丧”习俗的形成更加普及和流行，纸扎工艺生意越来越红火，纸扎艺术也日臻完善。

扎纸人锦华师傅说：纸扎工艺制成品价格较其他行业相对平稳，而且选材容易，一般在城区街市就可买到全部原料，销售方法也比较简单，一般的“喜丧”用品都是买方来人取货。店铺不需门面，不用字号，也不必税费。纸扎工艺制作材料为普通的小木条、细布纸、竹片篾条、泥土和香糊，等等，利用扶骨、包堆、剪贴、框线、画笔等手法，根据制作的产品分属建筑物等大型的造艺和人物、飞禽走兽等小巧的形体而进行“站艺”和“坐艺”操作，扎纸人则充分施展其手艺，常用人们熟悉的寓意谐音手法，扎制成形式各异的制品，表达劳动人民热爱生活的纯真感情。这种民间手工艺术，虽然有着极高的审美价值和民俗研究价值，但随着新时代的飞速发展，到底能传承到何时？我们心中也还是个问号……

守望天使——万安下镇朱氏三代纸扎传承者，用他们的质朴和真诚，固守着纸扎艺术的阵地。

人物·名士辑览

谢秉琼

谢伯镕先生传略

谢肃雍

谢伯镕，字培鋆，号丽滨，武平县万安乡下镇村人，清岁贡生，福建省法政专门学校毕业。民国三年，进北京考取县知事，分发浙江省候补，旋被委该省富阳、龙泉等县承审员和代理县知事等职。在职期内，政绩斐然，浙人称颂。公喜作诗文，工书法，尤擅魏碑，苍劲有力，一如其人。20 世纪 20 年代前后，上杭蓝溪丘复（荷公）、中都丘翊华（懈山）、本县岩前王宗海（汉卿）、城厢林绂庭（系文），同为杭武名宿。民国三十年间，宛方舟主县政时，公与丘荷公、林系文等耆宿，同纂武平县志，历时约一年，纂事始竣。公在七秩寿辰时，刊发有《七秩寿辰唱和集》，上杭两丘老均有唱和诗。晚年，公寓居浙江杭州，抗战事起，始退居家乡。寓浙时，刻有“西湖钓叟”小印；归家后，刻有“高圜叟”小印。公热心教育，为县立第一高等小学创始人之一。学校设立之初，经费支绌，公义务担任教席。万安私立笠樵小学及私立月泉小学，皆由公捐资创立者。公禀性刚直，乡族中有纠纷事，经公出面调解，无不允服。公生于清同治十三年（1874 年）三月初八日，卒于一九五三年十二月十二日，享寿八十岁。

公之祖辈国松公、沐霖公，皆清代名儒，道德文章，为世所崇。公之后代皆英俊有为。长子鸣珂，为本县名士，早年留学日本，回国后历任农林场长、高农校长、大学教授等职，是著名农林教育家，20年代为闽西进步刊物《曙汀》主编，于一九七四年四月不幸因病逝世。次子幼殇。三子成珂，南京中央大学毕业，历任农场场长，中学教师、校长，大学助教、讲师、副教授，大革命时期武北三区农运指导员，现已退休，寓居漳州。四子廷珂（共产党员），上海大厦大学毕业，省立长汀师范教导主任，一九三一年参加革命，被敌杀害，评为烈士。五子玉珂，杭州工业专校毕业，温州化工厂技师，现已退休，寓居杭州。六子祝珂（共产党员），延安抗大毕业，历任上海市地政局、商业局局长等职，一九七二年逝世，骨灰安葬在上海烈士公墓。

公之孙辈，亦皆学有成就，取得硕士、博士学位者有九人。工作方面，任讲师、教授、工程师、新闻记者者有十三人。全家共有五十七人，分布国内外，在武平万安家乡者仅嫡孙谢屈伸（烈士廷珂独子）一家而已。

（转载《武平文史资料》总第八辑）

忆谢鸣珂先生

谢肃雍

谢鸣珂先生，号殿翔，笔名散发、富仁宝，武平县万安乡下镇村人，生于一八九七年正月初三（属鸡），为我县早期三个同时留学外国的学生之一（另二人，一为留美的赖其芳，一为留法的张敬）。先生留学于日本北海道帝国大学林学实科。毕业后回国，历任青岛林业事务所及江苏省农矿厅技士，江苏省林业试验场场长，福建省第二林区主任及福建农业改进处科长、秘书，江西省农垦处秘书、代理处长，湖南省农业试验所秘书，国民政府农林部技正，广东海口市农林部直属华南林业试验场场长，福建长汀七中教师，福建省立南平、福州、福安等地高级农业学校校长，江西省中正大学及上海劳动大学教授，中华林学会理事等职。

先生著有《白桐造林法》（载《中国林业》）、《江苏省赤山湖水源涵养林建造计划》（载《江苏建设厅公报》），及其他著作多篇，因年深日久，遗著散佚无存，且又遗忘文章篇名出处，至为可惜！2014 年 4 月鸣珂先生幼女返台叙旧时，曾查找到父亲十九岁随校方初次访台时所写游记一文，如获至宝！这是九十九年前鸣珂先生的文章，珍贵不可言喻！

先生秉性宽厚，平易近人，尤喜接近劳动群众。如他任县务委员长时（北伐时一度废除县长名称，改称委员长），有一次出差到东留，时值夏日，先生身穿衬衣、短裤，头戴斗笠，脚穿草鞋，徒步过石径岭至东留，当地群众见状，甚为惊讶，认为县官而有如此作风者，前所未有。他到东留某农民家访问，老农称他是“大人”，让他坐上座，先生当即纠正说：“你们说错了，是你们农民更大！我是公仆，如无你们农民，天下的人和我做公仆的都活不成，还是你们农民更大。”他坚持不肯坐上座。这种尊重农民、热爱农民的情怀，老一辈的东留群众，至今仍津津乐道。

但当有人颠倒黑白、混淆是非时，先生却敢于直言驳斥，毫不含糊。记得一九四三年，县长叶克胜曾召开过一次田赋开征宣传动员大会，省派田粮督征员李某在会上大放厥词，不止一次地提到武平群众“蛮”，到会的张委员、罗专员，也同样污蔑武平群众“蛮”。谢鸣珂先生听后，从容不迫地向与会者说：“不错，武平人是‘蛮’，但‘蛮’得好，‘蛮’得有理！此次我请假由湘回里省亲，途经武北时，值干旱季节，禾苗枯萎，我亲眼看到武北群众修水利、挖水池、筑水坝，夜以继日地抗旱救灾，这是武北群众的向天‘蛮’；我又看到武北群众在荒山秃岭上种植杂粮蔬果，而把稻谷上交国家，这是武北群众的向地‘蛮’，向大自然‘蛮’，他们还‘蛮’得不够，还要再‘蛮’！”他的话赢得了热烈的掌声。

鸣珂先生对提携与奖掖后学，亦不遗余力。如南平农校学生余有烈（顺昌县洋口镇人）勤奋好学，但家境贫寒。余的一切用费，都由先生资助。余有烈终于成为我省畜牧兽医专家。其他因经济困难而时有辍学之虞的学生，由于先生的慷慨资助，方得继续深造，终成日后有用之才者，更不胜枚举。

笔者少失怙恃，家境亦极贫寒，高小读完后，原无力再求上进，幸蒙鸣珂先生错爱，举凡求学、工作以及生活诸方面，都受到先生无微不至的照顾和资助，甚至个人婚事，亦蒙先生夫妇亲自操持；我的立身处世始终得免于陨越者，亦与先生长期相处，受先生熏陶分不开的。怀念前情，永志难忘。

抗日战争胜利后，台湾回归祖国。国民党撤退台湾之时，鸣珂先生随政府迁台，授命执掌高雄旗山经济农场场长一职，旋即担任高屏区农林试验改良场第一任场长，十二年任内致力于台湾稻作三熟及蔬果品种的改良，并对垦丁林业及畜牧业的发展不遗余力。光荣退休之后，亦曾担任屏东农校教授数年，桃李满天下。

鸣珂先生迁台之时，其长子在零陵艺术师范学习，未与随往，后历尽千辛万苦，只身经港赴台，旅途劳顿身罹痁疾，当时台湾乡下医疗条件不足，抵台不过一年即于 1950 年 6 月一台风夜因高烧不退而病故，时年仅 21 岁。先生遭此打击，仍振作郁悒心情，以工作为重，力谋造福人群。直至 1976 年 4 月 16 日，因感冒肺部感染，病逝台湾，享年八十。

遗孀李淑馨，贤淑温顺，教子有方，培养儿女四人，全部留学美国，皆学有成就，获硕士、博士学位，并在美国工作。她年逾古稀，曾两次参加回国观光团，特意到上海、杭州、漳州等地，探访夫弟及其家人后代。并于 1998 年在三弟谢成珂先生幼子谢重光夫妇陪同下，回武平老家祭祖扫墓，一偿回乡夙愿。更于 2001 年携长女桐光同行，赠书二千册予万安中学，完成鸣珂先生回馈家乡的遗愿。2010 年 7 月 5 日，以 98 岁高龄寿终正寝于美国加州。

先生离开人世日久，但他的学问和品德却令人难以忘怀。他生前在家乡的时间不长，但他为家乡所做的事情却不少，兹就记忆所及，简述如下：

整肃吏治。北伐前夕，福建军阀曹万顺（旅长）一向盘踞在长汀、上杭、武平一带鱼肉人民，群众恨之入骨。1926 年，北伐军挺进广东梅县，曹万顺慑于北伐军的威力，率部在蕉岭起义。原由曹万顺任命的武平县长曾玉山（万安乡人）却仍然在位，继续贪污受贿，大刮民脂民膏。群众不堪其胡作非为，遂联函吁请驻上杭的汀杭武永政治监察署专员谢秉琼（万安下镇人）及农民革命军第一游击支队司令蓝玉田，严惩贪官污吏曾玉山。谢专员和蓝司令根据群众的要求，即把曾玉山逮捕入狱，并立即指示全县各乡推举代表，选举产生武平县政务委员会。其时，谢鸣珂先生适在武平家乡，遂被选为委员长。谢先生锐意兴革，励精图治，备极辛劳，不料报省加委时，未获批准，却改委肖兴东为县长（十方镇人）。先生任职虽不及一年，却把腐败透顶的旧县衙振刷一新，博得广大群众的好评。

创刊《曙汀》。长期以来，汀属各县风气闭塞，封建迷信、陈规陋习，尤为严重，又目睹汀属各县饱受军阀曹万顺肆意蹂躏，糜烂不堪。1924 年，鸣珂执教福州高农时，遂拟创刊《曙汀》，鼓励汀属广大青年投稿，揭发各县社会病痛，针砭时弊，提供兴革建议，达到改进和建议闽西新社会的意图。当召开汀属旅榕同乡会会议时，鸣珂先生即提出此一倡议，何雨农先生（省教厅督学，长汀人）首表赞同，其他诸同乡亦一致表示要办好《曙汀》。至于印刷和发行经费，概由同乡乐助。当场选出编辑委员，并推举鸣珂先生为主编。经过编委的积极筹备及组稿工作，在不长的时间里，《曙汀》第一期终于问世了。在福州共出七期。1925 年，何雨农先生调任长汀七中任校长，鸣珂先生随他到七中任高中部文科主任，《曙汀》第八期起至第十八期止改在长汀发行。由于第十八期刊登了一篇长汀军阀李凤翔（军阀孙传芳部师长）强迫农民种鸦片、荼毒汀属人民为内容的评论，惹起李凤翔的愤怒，除扣发《曙汀》第十八期外，严令停刊！鸣珂先生不得已被迫离汀，《曙汀》从此夭折。

组织剧团。武北地处闽赣边陲，交通梗阻，民智不开，鸣珂先生趁暑假期间，组织文明剧团，用话剧形式宣传和教育武北群众。剧目内容大都为针砭时弊的，如《鸦片之害》《回头是岸》《三斤狗》《虐媳恨》

等十余出剧，皆由剧团成员自编自演，边演边改，愈演愈精彩。剧团人员有陈瑞昌、李如东、曾佩文、谢顺华、谢循良、谢肃雍等，大都是省七中学生，另请县城中小学教师钟子康、谢肇齐、朱仰文等来团指导并协助演出。首先在店厦演出，继往大洋泉、湘坑湖、大禾、桃溪、亭头、帽村。在帽村演出时，中堡乡派专人请剧团到中堡演出，由于盛情难却，遂往中堡，然后返回永平、梁山、孔厦演出。在武北演出二十多天，假期即将届满，各自回家与家人团聚。

此次在武北演出时间虽不长，但收效却出人意料，每到一村，群众都夹道欢迎。往日武北较大的村庄，有时利用节日、墟期，雇请外地汉剧班子及木偶戏班子来演出，但妇女就很少去看，特别是帽村的妇女，从未看过戏。而这次大为例外，几乎都走出家门来看戏。当演出《虐媳恨》时，剧情触及她们的心灵，情不自禁地掩面抽泣者，颇不乏人。据说自文明戏剧团在武北各乡演出之后，赌博、抽鸦片、虐媳等歪风，大为收敛，从此谢鸣珂之名，在这儿家喻户晓。30 年代末，鸣珂先生从外地返家省亲，经长汀到武北，适武北某地两姓群众发生械斗，隔河枪战，交通受阻，他们闻谢鸣珂将由此经过，双方即自动停火，让他平安通过，由此可见武北群众对谢先生的敬爱之情。

婚丧改革。封建社会的婚丧喜庆，铺张浪费，至为惊人。鸣珂先生决定从自身做起，把它改掉。就婚事方面说：他兄弟五人，无一经过父母之命媒妁之言者，婚礼都极为简节，除四弟廷珂，暑假在家结婚，曾宴请少数亲友外，其他如三弟成珂、五弟玉珂、六弟祝珂和他本人，都在外地举行简单婚礼。至于丧事方面：一九二四年七月，他叔父谢次蕃逝世出殡时，丧礼亦极简单，旧时必需的灵堂、灵牌以及做斋、请和尚道士等，全部革除，所有子孙均不穿麻衣，一律臂缠黑纱，灵堂仅挂一遗像，门前贴一“废除跪拜，改行鞠躬礼”的纸条。同年十月，他的继祖母侯氏病逝，丧礼更为简单。这样改革，在当时实属罕见，就在过了半个世纪的今天，仍是很值得称道的。

建议建立苗圃。一九三五年，武杭、武岩（前）公路均已通车。其时，鸣珂先生由江苏接任南平农校校长，顺便回县省亲，看见公路两旁没有植树，便向县长肖其俊（第二次任县长）倡议设立县苗圃（时汀属各县无此机构），并推荐数位有林业知识的人担任这种工作。肖县长欣然同意，于同年冬正式成立“武平县苗圃”。以后该苗圃成为我县公路植树、荒山造林、绿化环境、供应苗木的基地。

鸣珂先生致力于我国的林业事业五十余年，培育了不少林业人才。他鞠躬尽瘁、为事业献身的精神，很值得我们学习。

（根据《武平文史资料》总第八辑谢肃雍文，及谢鸣珂先生幼女谢懿光的补充资料综合成文）

早期的革命志士谢秉琼

谢秉琼，又名思莹，号惠珍，生于1899年，卒于1930年。本县万安乡下镇村人。先后就学于上杭中学、福州甲种工业学校、上海自治讲习所和上海大学。1924年在上海大学加入中国共产党，翌年赴广州出任国民政府劳工部秘书、中共福建会馆支部书记。

同年12月，他在中山大学法学院召集闽西籍进步人士会议，创办《汀雷》杂志并任主编。1926年3月，创刊号发行，他撰写发刊辞。《汀雷》共印9期，每期1000份左右，寄发闽西各县和全国各地，对唤醒沉睡民众、传播革命思想具有不可低估的作用。有资料说他还任过北伐军总政治部《战地新闻》总编辑。

1926年，他受中共两广区委派遣回到闽西，一面开展党的工作，一面协助策动北洋军阀曹万顺反正。他还主持长汀、上杭、武平、永定4县国民党党部与民众团体代表联席会，成立汀杭武永政治监察署，并任监察专员。翌年改任汀属八县政治监察署专员，3月创办汀属八县社会运动人员养成所，并任所长。养成所在上杭北门开学之时，学员164人，都是汀属各县选派来的共产党员、青年团员和进步分子；它仿效广州农民运动讲习所及海丰农民运动讲习所的学习内容，对学员进行培训，为期一个多月。这期间，秉琼指导汀属各县建立共产党、国民党组织，发展农会、工会、学生会、商民协会和妇女会等群众团体，开展反帝、反封建、反对军阀残余势力的斗争。1927 年 3 月，监察署发动上杭城郊数千农民驱逐反正后驻扎上杭而无恶不作的卢明凤、田德胜两个营，在国民革命军第一游击司令部司令蓝玉田的支持下，卢、田两营狼狈逃窜。

同年 5 月 7 日，上杭国民党右派发动暴力清党，封闭革命人士成立的所有团体，捕杀共产党员和国民党左派。当晚，秉琼带监察署主任林心尧逃到武平万安下镇村躲避，翌日晚林被逮捕（后遭杀害），他则侥幸脱险逃出。

秉琼先是经长汀逃到武汉，后又来到漳州，出任龙溪县《漳潮日报》总编辑。1930 年 4 月，因心力交瘁病逝于厦门鼓浪屿救世医院，时年 32 岁。

（转载《谢氏族谱》）

著名的林果专家谢成珂

谢成珂，号无逸，生于清朝光绪二十八年（1902 年）。本县万安乡下镇村人，伯镕公之三子。1932 年中央大学农学院园艺系毕业，获农学士学位。

新中国成立前，他历任中央大学农学院助教，中正大学农学院讲师，江苏省江宁自治实验县农业改良处主任，浙江省园艺改良场技术股主任，赣县大学先修班副教授，江西大庾县立高级农业学校校长，福建省南平农业学校农科主任，福建省农业改进处龙岩工作站主任，上杭私立力行农技校长，福建省立长汀中学校长等职。在长汀期间，他曾协同阙荣兴创办省立长汀新桥乡村师范，仿效陶行知“教、学、做合一”的教育方法办学而有所创新。

成珂为人正直，贴近民众，勇于追求真理、伸张正义。1923 年考入南京中央大学不久，上海发生五卅惨案，他作为学校学生自治会行政委员，因发动同学募捐声援下关怡和洋行罢工工人，被军阀政府拘捕，虽经同学援助得以取保释放，却因此而休学四年。1927 年武平发生米荒，城绅迫使县政府下令禁做米粉，靠做米粉和养猪维持生活的万安农民焦急万分。于是他发动和率领万安农民 300 余人入城示威游行，并向县府请愿，此禁令终致解除。接着他又在万安组织农民协会，要求实行八成减租，受到全体农民的拥护，这一斗争又取得了胜利。20 世纪三四十年代，他先后 3 次在省立长汀中学任职，其间由于在学潮中主持正义、支持学生反贪反霸，曾被地方恶势力所胁迫而离开汀中，但长汀民众和志士仁人却一直崇敬他。

新中国成立后，成珂起初在武平县立初级中学和龙岩农业学校任教，后转到龙溪农业学校担任果蔬学科主任。他曾先后 7 次被指派参与本省、华东区及全国的农业学校果树栽培学教学大纲和教科书的编审工作；个人亦多学术著述，而且桃李满园，为农业学校的教育和农业知识的传播，做出了令人钦慕的贡献。

成珂平日节欲宽怀，注重体育锻炼，于 1979 年退休，为本县谢姓人开创了超越百岁的先例（注：后以 107 岁高龄辞世，被誉为客家小瑞）。夫人刘永嘉相夫教子，贤能慈善，惜早先辞世。长养三子二女，皆有出息。长子扬光，大学副教授，美国克里夫兰大学访问学者；次子连光，福建亚热带作物研究所统计师；长女雪光，某经济部门财会干部；次女兰芬，某报社高级编辑。而三子重光，尤其突出（另有传）。但愿谢氏宗亲，一如成珂，东海南山，福寿双全。

（转载《谢氏族谱》）

谢祝珂

谢海洋

谢祝珂，男，武平下镇村人，1914 年生，兄弟排行第六，为谢丽滨、钟月娥夫妇的幼子。

在家乡接受了启蒙教育，并初步受到了进步思想的影响。晚年，他曾回忆说，“我那时在思想上跟四伯伯（按指四兄谢廷珂）比较接近。我读了他当时带回来的一些进步书籍，对我影响很大”。

20 世纪 30 年代初，在兄长的帮助下，他离开家乡赴上海求学，进了当时由进步新闻工作者主持的上海民治新闻专科学校。其间，还曾短期去过陶行知创办的南京晓庄师范学校。在上海学习之余，常与几位闽籍同学讨论时局，探求真理，进一步接触了革命思想。“一·二八”淞沪抗战期间，他与同学徘徊在吴淞口炮台，目睹日本军舰在黄浦江中横冲直撞，肆意炮击中国军队阵地，悲愤不已。

稍后，他考入法国天主教耶稣会所办的上海震旦大学，学习政治经济学，并开始投入抗日救亡运动。经时任共青团临时江苏省委书记陈国栋介绍，加入了当时处于地下状态的共青团（CY）组织。1937 年，由于参与救亡宣传活动暴露而被国民党当局逮捕，被关押于江苏第二监狱

（即著名的上海漕河泾监狱），后因“证据不足”而释放。

出狱后，于1938年4月离沪，经香港等地辗转奔赴延安。同年6月，在陕北瓦窑堡进入中国人民抗日军政大学学习并加入中国共产党。

抗大毕业后，经组织分配，曾在山西吕梁地区参加牺盟会工作，随即又奉调到华中，先后担任豫皖苏边区党委宣传干事、编审科长，淮上总动员委员会秘书，中共淮北边区青阳工委会书记等职。在日军的一次扫荡行动中，不幸被俘，但他自称是“新四军逃兵”，未暴露真实身份，并最终设法从敌人手中逃脱，返回抗日根据地。在接受组织审查期间，被派往根据地设立的“泗（泗阳）五（五河）灵（灵璧）凤（凤阳）中学”任分校主任。后经邓子恢、方毅签字确认无问题，结束审查，调任淮北银行调查研究室主任、华中货物管理总局贸易科长、淮海区货管分局副局长等职。

全面内战爆发后，随军由苏北淮阴北撤至山东，先后担任山东西海区工商局副局长、胶东财经处秘书、德州工商分局局长、华东财办公营企业财务管理处处长等职。

1949年初，担任南进干部第三大队大队长，率队随军自山东南下，参加新解放区的接管工作。5月28日即上海解放次日进入上海，任上海市军事管制委员会财经接管专员，参与接管了原国民党上海市政府的财政局、地政局等机构。

1949年10月，经中央人民政府政务院批准，周恩来总理签发任命书，被任命为上海市人民政府地政局副局长。以后，又历任上海市贸易信托公司经理，上海市工商局副局长，上海市第三、第二商业局第一副局长等职，为恢复发展国民经济，加强市场管理而努力工作。他对繁荣和活跃市场、丰富人民生活的一些思考和建议，曾引起陈云同志的重视。

谢祝珂秉性耿直，作风正派，对党内逐渐滋生的个人迷信极为反感，在党的会议上公开批评了一些领导人专制粗暴的“一言堂”、瞎指挥和高高在上的老爷作风，为此而受到了被吹捧为“好学生”的某领导的打击报复，在 1958 年的“整风补课”中被错划为右派。“文化大革命”中，又进一步受到打击迫害，于 1973 年 4 月含冤去世。

1978 年 12 月，经中共上海市委批准，谢祝珂的冤案终于得到平反昭雪，恢复了党籍和名誉。

王文华

王文华（1925.10～2002.11），男，武平县万安乡人，中共党员，1987年6月离休，享受县（处）级政治生活待遇。

1945年7月～1947年12月广东蕉岑高中读书；1948年1～7月武平县立初级中学教员；1949年4～11月解放军闽粤赣边纵队政治部工作团任团员、股长、工作队副队长；1949年12月～1952年6月解放军龙岩军分区武平县大队独立五营任宣传干事，营部书记，政治干事；1952年7月～1955年5月武平县武装部、漳平县武装部任政治武装助理员；1955年6月～1956年9月复员（万安小学任教）；1956年10月～1959年6月，武平县文教科、县委宣传部干事；1959年7月～1975年10月武平三中任副校长、校长、党支部书记；1975年11月～1987年5月武平一中任革命会副主任、党支部书记、党总支书记、调研员。1987年6月离休，享受县（处）级政治生活待遇。

家庭主要成员：

长子，王义康，县人大，退休；次子，王志康，县教育局副书记；三子，王红康，泰宁县武装部部长；四子，王新康，省立医院医生。

（谢观光收转）

名医池肇春

池肇春，男，1934 年 10 月生，原籍福建省武平县万安乡贤溪村。1958 年毕业于青岛医学院。现为青岛市市立医院消化内科主任医师、中国海洋大学附属医院内科教授、青岛市著名医学专家会诊中学教授。

曾担任国际肝病研究与学术交流中心学术委员、英国剑桥国际传记中心（IBC）咨询委员会委员、美国传记研究所（ABI）顾问、加拿大现代医学研究会理事兼顾问、香港中华中医药学院客座教授、香港世界传统医学研究会国际学术顾问、香港中华名医协会理事、中华临床医学会副理事长、中华名医协会理事、山东省消化学会委员、青岛市医学会理事。曾担任临床肝胆病杂志、中国医师进修杂志、中西医结合肝病杂志、中国消化病学杂志、青岛医药卫生杂志、中华临床内科杂志、今日世界医学杂志等 12 家杂志编委或顾问、第三届国际肝病学术会议组织委员。获青岛市科技拔尖人才、青岛市卫生局技术拔尖人才、世界名医称号。

从事消化内科的教学、科研和临床工作 50 余年，在消化专业尤其在肝病研究与临床方面卓有成就，在国内外享有一定声誉。《148 例慢性胃病念珠菌感染的前瞻性研究》获第八届全国发明展览银奖、青岛市科技进步二等奖。共获国家、省、市科研成果奖 12 项，主编医学专著22部。包括：《新编实用肝病学》《实用临床肝病学》《简明肝病诊疗手册》《实用临床胃肠病学》《钙磷代谢与临床》《内科临床问答》《胃肠及肝胆胰疾病鉴别诊断学》《消化系统疾病鉴别诊断与治疗学》《胃肠病水电解质和酸碱失衡的诊断与治疗》《现代消化道出血诊治指南》《黄疸的鉴别诊断与治疗》《腹痛的鉴别诊断与治疗》《腹水的鉴别诊断与治疗》《排便异常的鉴别诊断与治疗》《消化道出血的鉴别诊断与治疗》《昏迷的鉴别诊断与治疗》《幽门螺杆菌感染及其相关疾病的诊断与治疗》《非酒精性脂肪性肝病》《药物性肝病》《现代临床医学英汉缩略语词典》《消化系统疾病癌前病变与肿瘤》《实用临床胃肠病学》第2版。担任副主编的医学专著3部，有《胃肠道疾病治疗学》《临床急症》《内分泌疾病门诊手册》。参加编著的有：《临床肝胆病学》《肝病治疗学》《肝炎学大典》《肝胆病诊断学》《临床脑病》《急性中毒》《急诊学》等巨著和专著十余部，共计1000多万字。发表论著259篇。业绩载入《国际名人字典（IBD)》《成就名人录》《亚太世界名人录》和国内十余部名人录中。其儿子池亦凡法国留学后，回国在青岛市医院从医，现在任心血管医院医长，孙子及外孙女现在也步他的足迹去法国留学，可谓是医学世家，名门辈出。

医学是一种社会使命，人的生命是有限的，可是工作是无限的；健康是最幸福的。池肇春表示要以有限的生命时光，付出他毕生精力，为人类的健康创造辉煌。

（池友昌收转）

王大椿

王大椿，男，1936 年 12 月生，福建武平万安乡小密村人，1956 年在武平一中高中毕业，1962 年毕业于北京大学技术物理系原子核物理专业（六年制）；国家科技进步奖获得者、北京师范大学教授。中国科学技术协会、中国核物理学会会员。

1962～1980 年在原子能科学院从事中子、带电粒子轻核反应，等离子体物理，串列加速器物理等基础研究工作和与核能、核武器相关的重要核参数的测量工作。多次荣获先进工作者称号和国防科工委的奖项。为原子核物理和等离子体物理的发展，为我国的原子能科学技术和国防事业做出了重要的贡献。1980 年后在北京师范大学核科学与技术学院（原低能核物理研究所）／（北京市辐射中心）从事核分析技术、离子注入物理、原子与分子物理、X 光聚束等基础和应用开发研究，以及研究生教学和指导研究生等工作。

曾应邀到德国慕尼黑（Munich）大学、蒙士特（Munster）大学、贝耳费尔德（Bielefeld）大学、香港科技大学以及国内许多大学和科研单位访问、讲学，参加过柏林等地举行的国际学术会议和国内各地举行的众多学术讨论会并作报告。

1980~2002年总共承担国家自然科学基金、航天总公司、国际原子能机构、北京市自然科学基金等的科研项目18项。主要研究工作有：(1) 主持完成了联合国国际原子能机构的项目“X射线能区元素的质量衰减截面和光电截面的实验测量”，突破传统的方法，提出了新的实验方法，使衰减截面等原子参数的精度提高到1%，这是目前世界上最高水平的实验结果，填补了大量（如硅、铁、铜、锡、钇、铟等）元素的X射线质量吸收截面和光电截面的数据空白。全部数据已被收入美国国立标准与技术研究所（NIST）（原美国国家标准局NBS）的原子数据库及其出版的文集中。(2) 主持完成了航天部航天总公司的重大研究项目：“X射线平行束透镜研制及其在X射线光刻中的应用研究”。于1996年，在国际上首次用接触式X光刻方法，刻出0.2微米的最窄X光刻线条。包括七名院士在内的十三位顶尖级科技专家组成的鉴定委员会认为：该项目的完成取得了处于“当前国际领先水平”的成果。(3) 主持整体X光透镜的设计、制造和生产。X光透镜是一种新型X光调控元、器件；是一种能调控X射线的高技术产品，种类繁多，在X光科学技术领域（如衍射、同步辐射、X光聚焦）以及医学等诸多领域都有广泛的用途。我国的X光透镜已远销国内外，获得重大的经济效益和社会效益。到目前为止，是我国唯一掌握各种X光透镜的理论设计、制造工艺、性能测试及其应用等方面具有全面知识和技能的专家。(4) 主持完成了国家自然科学基金、北京市自然科学基金研究项目以及其他科研项目多项，如《硼、砷离子注入硅电参数手册》《砷离子注入硅背散射实验分析》《离子注入浅结工艺及电参数控制》《硅中砷原子配位超精细研究》《低温核聚变研究》《使用X光透镜的新一代

X光衍射仪研究》等一批基础研究和应用基础研究项目。

在国内外重要刊物上发表学术论文80余篇。编写了研究生教材《核分析技术及其应用》(上、下册，40余万字)，《核分析技术实验》。

获“国家科技进步奖二等奖”一次，“教育部科技进步奖一等奖”一次，“教育部科技进步奖二等奖”一次，“北京市科技进步奖三等奖”一次，“国防科委重大科技奖四等奖”二次。另外，鉴于本人在科研方面的突出贡献，北京师范大学于2002年特授予本人“北京师范大学优秀科技成果奖”等。获中国国家专利二项，美国、德国、荷兰专利各一项。由于在X光透镜方面的研究成果突出，曾在中央电视台《科技之光》栏目和北京电视台专门作过录像报道，1996年11月8日《科技日报》第一版也以“北师大研制成功整体X光透镜”为题作过专门介绍。

退休后继续受聘于北京师范大学核科学与技术学院，指导年轻教师和科研人员的教学、科研工作；研制、生产、销售各类X光透镜一百多台，创收一百多万美元（折合人民币一千多万元)。为北京师范大学X光透镜实验室培养了一批教学、科研人才，使X光事业后继有人。到2012年彻底退休，为国家整整工作了50年。

（谢观光收转）

朱煜民

朱煜民，1936 年生。教授。1959 年厦门大学本科毕业。曾任《国防科技大学学报》编委和湖南质量管理协会理事。长期从事基础课教学，亦教授研究生课程。发表过《当 $x \to x_0$ 时，高价无穷小量 2n（x） - 0［（$x - x_0$）^{n}］的求导问题刍议》《平稳随机过程一个定期理的一点注记》《微分方程模型》《高等数学自测、辨析与指导》《世界数学名题趣题选》等。

（转载《朱氏族谱》）

朱国城

朱国城，1937 年生。教授。1960 年福建医学本科毕业。曾任福建中医学院中医内科教研室主任，急症研究室主任等职。长期从事中医内科教学、中西医结合医疗科研工作。主要著有《中医内科急症讲义》《中医内科自学指导》《二半三白汤治疗肝脓疡》等几十篇。

（转载《朱氏族谱》）

国家级名老中医钟启良

钟启良，1938 年出生于武平万安上镇村。中医内科主任医师，国家级名老中医。1958 年毕业于厦门卫校医士班，1961～1966 年，在福建中医学院医疗系继续深造。大学毕业后，分配在武平县医院工作，1978 年调龙岩市卫生大专班任教，兼中医班班主任。1981 年调龙岩市第二医院任中医科主任。由于他勤奋学习，刻苦钻研，勇于实践，敢于创新，在医疗实践中积累了丰富的诊治经验，特别擅长中医内科、外科、妇科及儿科常见病、多发病的诊治。对内、儿、妇科疑难杂症的诊治，有独到之处，疗效显著。曾撰写市、省及国家级论文 51 篇，编著《血瘀证治》概论一书，为继承、创新祖国医学做出了巨大贡献。他是中医博士生、硕士生导师，培训了德才兼备的优秀学生 68 人，带教硕士 1 人，副主任 2 人，在中医临床、科研及教学中取得显著成绩，是市管拔尖人才。1996 年经国家卫生部、人事部、中医药管理局联合审定为全国五百名老中医药专家学术经验继承指导老师，系龙岩市唯一国家级名老中医，经常下医院讲学，进行传、帮、带。词条入编《中国专家大辞典》（中国人事出版社出版）。在职期间，历任福建省中医药会理事、省中医内科学术委员会委员、龙岩市科协委员、龙岩市科技成果评审委员会委员兼中医专业组织长、市卫生系统技术职称评审委员会副主任委员兼中医专业组织长、市医疗事故技术鉴定委员会委员、市药学会副会长等职，成绩斐然，誉满国内外。

（灵梓整理）

谢重光

谢重光，男，1947年生，福建武平人，自幼定居漳州并在漳州芗城区就读小学、中学和大学。厦门大学历史学硕士（1982）、北京师范大学历史学博士（1987）。曾任福建社会科学院历史研究所副所长、客家研究中心主任、院学术委员会委员；广东汕头大学文学院教授、硕士生导师、学报主编、校学术委员会委员；福建省委党校教授、闽台文化研究中心主任，校学术委员会委员。现任福建师大社会历史学院二级教授、教育部文科重点研究基地福建师大闽台区域研究中心文化研究所所长，福建师范大学佛学研究中心主任、博士生导师，兼任厦门大学台湾研究院及宗教研究所教授，台湾东华大学与逢甲大学客座教授，广东嘉应学院客家研究院特约研究员，江西赣南师范学院客家研究院特约研究员，并曾担任国际客家学会理事，福建省客家研究联谊会副会长、中国唐史学会和魏晋南北朝学会理事、中国宗教学会理事，福建省炎黄文化研究会理事，福建省宗教研究会副会长、顾问等社会学术职务。1993年起享受国务院有重大贡献的专家称号和特殊津贴。

主要研究领域为佛教社会史、唐宋史、客家学、闽台宗教与民俗文化、中国东南区域民族与族群历史文化等。多次到美国、日本、台港澳和东南亚讲学，出席国际学术会议。曾获得中国图书奖（国家级）和省部级科研优秀成果奖一、二、三等奖十余次，多次主持和参与国家、教育部和省社科基金项目。

已出版专著23部，在《历史研究》《中国经济史研究》《世界宗教研究》《敦煌研究》《中国史研究动态》《中华文史论丛》《北京师大学报》《人民日报》《光明日报》《中国社会科学报》等报刊发表学术论文约三百篇，主编及参编书籍多部。

（谢观光收转）

谢寿光

谢寿光，笔名谢曙光。男，1956年10月生于武平万安下圳村，现任中国社会科学院社会科学文献出版社社长。1973年1月毕业于武平一中，1977年毕业于厦门大学哲学系，曾先后在中国大百科全书出版社任编辑、编辑部主任、社长助理、社党组成员，主持《中国大百科全书》哲学、社会学卷编辑工作。1997年秋调入社会科学文献出版社，担任社会科学文献出版社副社长兼副总编辑，翌年出任社长兼总编辑。除社长职务外，任中国社会学会秘书长，中国社会科学院国情调查与研究中心副主任，中国社会科学院研究生院、安徽大学兼职教授，华侨大学特聘教授，国家哲学社会科学基金评审专家。1993年起享受国务院特殊津贴，1996年获全国优秀中青年编辑称号，其事迹被收入《世界名人辞典》等。2008年被评为“全国新闻出版行业领军人才”，2009年荣获“韬奋出版奖”，同年被评为

“数字出版先进人物”。荣获中国社会科学院2007～2009年“科研岗位先进个人”称号。社科研究、出版业内人士和媒体高度评价他为“中国皮书第一人”“中国皮书之父”“学者型出版人”等。奖项背后，是一系列实实在在的业绩和不断开拓进取的创新精神，也是谢寿光把自己的青春与才智献给中国学术研究和出版的不凡之路。

一、个人成长经历

时代赋予每个人相差无几的机遇，却因个人努力与选择的不同而导致不同的人生航向。1973年1月，谢寿光从武平一中毕业。在那个特殊的年月，他跟其他许许多多的青年一样，投身农村，先后担任过生产队农技员、小学民办教师、公社办“五七”大学分校校长。1977年，国家恢复高校招生考试，谢寿光一举考入厦门大学哲学系。

谢寿光喜欢读书，大学毕业后，他和另外15位同学被分配到北京，可以挑选的近30家单位中不乏政府机关和大型企业，他却毫不犹豫地选择了刚成立3年多的中国大百科全书出版社，从助理编辑干起，历任编辑部副主任、主任、社长助理、社党组成员，一干就是15年，先后参与编撰《中国大百科全书·哲学卷》（300多万字）、《中国大百科全书·社会学卷》（150多万字）等彪炳史册的权威巨著，还与中国社科院丁伟志、陆学艺、何秉孟等知名学者合作主持了国家“七五”和“八五”社会科学重点规划项目“中国百县市经济社会调查”——这也是中国迄今规模最大的社会调查研究项目，编辑出版了《中国国情丛书——百县市经济社会调查》（105卷，5000多万字），积累了相当丰富的社会学实证调查研究经验。

党的十四大后不久，1993年1月，中组部在全国范围内选拔了200名优秀中青年干部，在武汉东湖宾馆召开会议，时任中国大百科全书出版社社长助理的谢寿光被选中。时任中央政治局常委的胡锦涛出席会议并做了重要讲话。这次会后，谢寿光很认真地思索今后的路究竟该怎样走这个问题，并最终将自己的人生罗盘定位为做一名“专业干部”而非“党政干部”。

1997 年 9 月，谢寿光调入心仪已久的中国社会科学院，担任社会科学文献出版社副社长兼副总编辑，主持日常工作，翌年出任社长兼总编辑。

二、中国皮书之父

“皮书”最早出现于 18 世纪末 19 世纪初的英国，按颜色分有蓝皮书、绿皮书、黄皮书等，其中白皮书一般特指政府文告。在中国，皮书作为一种图书出版形态，最早是谢寿光提出并践行的。经过二十余年的发展，如今，社会科学文献出版社已成为中国最大、最主要的皮书出版单位。中国社科院经济研究所副所长王振中曾跟谢寿光开玩笑说：“百年之后，可以在你的墓碑上刻上‘中国皮书出版的创立者’。”

谢寿光创立了“皮书”这一图书品牌。自 1997 年起，在谢寿光的主持下，社会科学文献出版社以“经济蓝皮书”为起点，开始进行皮书系列化、市场化、品牌化运作，并倡导开创了中国皮书网、皮书评价研究中心、皮书数据库等，与皮书的编辑出版一起形成了越来越完善的产业链，也由此带动了社会上的一股皮书热。在谢寿光和他的编辑出版团队的共同努力下，皮书作为一种智库产品，开创了中国出版业一种新的出版形态，扩大与丰富了出版的内涵与外延；成为社会科学专业工作者为现实服务的有效方式、话语工具，聚合并引导社会舆论的平台；成为国际国内社会各界快速、便捷地了解所观照对象的最佳窗口。皮书系列已成为社会科学文献出版社的著名图书品牌和中国社会科学院乃至中国哲学社会科学界的知名学术品牌，被纳入社科院哲学社会科学创新工程项目和“十二五”国家重点图书出版规划。皮书的作者也从最早基本是中国社会科学院专家和学者，扩展到目前以中国社会科学院为主，同时涵盖各地方社科院、清华北大等著名高校、政府部门研究机构的学者。2009 年 5 月 15 日的《中国新闻出版报》首次将谢寿光称为“中国皮书之父”，淡泊的谢寿光并不在意此称号，但“中国皮书之父”在出版界，特别是在社会科学学术界被广泛传开。皮书成为一种新的出版现象和出版形态，甚至成了社会科学文献出版社的代名词，为他的出版生涯增添了浓墨重彩的一笔。

三、学者型出版人

担任社会科学文献出版社社长之后，谢寿光首先做的就是将该社打造成一个高端的专业学术出版机构。他全力推动学术出版规范，坚持专业编辑专业审稿制度，尊重学者、敬畏学术，力争做有担当的学术研究守门人，以出版社的学术出版规范推动学术研究的规范。早在进入社会科学文献出版社之初，他就亲自执笔起草《编辑条例》，逐年完善、修订的《编辑工作手册》，成为全社的学术出版规范，至今已是第十二版，内容上涵盖了出版法律法规、学术内容规范、编辑技术规范、出版流程、编辑业务管理制度等内容，形成了一套较为完备的图书质量保障体系。此外，坚持“术业有专攻”的专业编辑专业审稿制度，不允许跨学科编稿。2010 年，正值社会科学文献出版社成立 25 周年，谢寿光正式提出“做有梦的出版人，做有梦的学术出版机构”这一学术出版理念。在专业学术出版的品牌定位和发展思路下，社会科学文献出版社先后策划出版了皮书系列、列国志、中国史话大型丛书、全球化译丛、气候变化与人类发展译丛、世界社会主义研究丛书、资本主义研究丛书、阅读中国系列等众多丛书、套书，奠定了社会科学文献出版社在专业学术出版领域的影响力和地位。在大众读物抢占中国图书出版市场，且没有教材出版的情况下，社会科学文献出版社坚守学术出版阵地，每年专业学术图书占其出书品种的 90% 以上。

在打造学术型出版社的同时，谢寿光以身作则，自己也是一位学者型的出版人。大学毕业后毅然选择编辑职业的同时，谢寿光并不满足于表层意义的“编辑”工作，而是以组织编纂《中国大百科全书 · 社会学卷》为契机，在自身哲学专业的基础上系统学习了社会学专业知识，并由此走上社会学研究之路。他在当代中国社会结构变迁、社会组织、文化产业发展等学术领域均有建树。著作和论文主要有《哲学百科辞典》（合著）、《中国传统职业身份的分化》、《中国社会工作百科全书》（主编）、《中国大百科全书（简明版）》（社会学条目主要作者）、《乡村研究：中国社会学的传统领域》、《解决社会矛盾最好办法是共同参与》、《构建有中国特色的社会主义社会保障体系》、《深化改革与社会学的责任担当》等。同时，作为出版业内人士，谢寿光对中国出版业进行了深入研究。在出版产业、数字出版等方面发表《皮书研究：理论与实践》（著作），以及《发展是出版业的硬道理》《转变出版产业增长与发展模式》《书业必须关注社会需求变化》《以内容产业整合传统出版与数字出版》《学术出版的问题与机遇》等论文多篇，大多被《新华文摘》《中国社会科学文摘》全文转载，领衔主持国家社会科学基金重点项目“中国学术图书质量分析与学术出版能力建设”等。

四、引领数字出版

数字时代的来临使出版业的生产方式、运营方式发生转变。谢寿光居安思危、审时度势地提出：目前传统出版社的唯一出路，就是尽快实现从传统纸质出版商向内容经营商的转变，确立适合自己在数字化条件下的赢利模式。很多出版社还在犹豫不定或略做尝试之时，谢寿光已经率先行动，大胆创新，根据社会科学文献出版社的自身特点和整个出版业的发展趋势，搭建了面向数字时代的一整套架构，设计出了从传统出版向数字出版转型的路径和战略、规划。其中最引人注目的当数谢寿光主持并率领团队自主研发的数据库产品。

2005 年起，谢寿光以大型系列皮书为基础，精心布局、策划建立“中国与世界经济社会资源库”（皮书数据库）。此库是专业的社会科学综合学术资源总库，以大型连续性系列皮书为基础，整合国内外其他相关资讯构建而成。包含七大子库，涵盖 200 多个主题，囊括了二十多年来中国与世界各地经济社会发展报告，覆盖了经济、社会、政治、文化、教育、国际问题等多个领域。目前，中国与世界经济社会资源库已发展成为国内最具影响力的中国与世界现实问题研究成果库和资讯库，凭借高端的品质获得了多项业界荣誉，如2013年“第三届中国出版政府奖·网络出版物”提名奖、第五届中国数字出版博览会“2012～2013年度数字出版·优秀品牌”奖等。

除“皮书数据库”外，谢寿光还策划了“列国志数据库”和“古籍数据库”等系列数字出版产品，已逐步形成了数字出版生产、运营、营销一体化流程，建立起具有中国专业出版社特色的数字出版经营模式，成为中国数字出版的引领者。基于数字出版领域的一系列成就，谢寿光多次荣获“出版业网站突出贡献人物”“年度数字出版先进人物”“年度全国企业信息工作先进个人”等奖项。

五、践行国际出版

国际出版作为中国学术走向世界的重要途径，历来为谢寿光所重视。特别是近年来，中国“走出去”步伐加快，文化“软实力”不断提升，谢寿光积极推进“国际出版”战略，带领社会科学文献出版社积极参与国际图书出版合作交流，努力将中国优秀的社会科学研究成果推向世界。

早在2006年，社会科学文献出版社就与具有300多年历史的荷兰Brill学术出版社签订了战略合作伙伴框架协议，将皮书系列中具有代表性的皮书翻译成以英文为主，同时也包括俄语、韩语、日语等其他文种在西方主流学术界出版发行。2013年，谢寿光主持了“中国梦与中国发展道路研究丛书‘走出去’暨国际学术交流平台建设”项目，并与Springer国际出版集团达成合作出版协议，在世界范围内出版发行“中国梦与中国发展道路研究丛书”（英文版），为中国国际学术话语权的建设开拓了一个新的平台。目前，社会科学文献出版社已经与美、法、德、英、日、韩等国及港台地区近40家出版和学术文化机构建立了长期稳定的合作关系。

在图书出版合作的基础上，谢寿光还积极推动“中国学者国际推广计划”，通过组织学术演讲、访问交流等高规格的学术交流活动，为中国的学术界构建了一个学者、学术和出版的国际交流平台，扩大中国专家学者及其学术成果的国际影响力。2009 年 10 月组织中国社会科学院学部委员汪同三、蔡昉在德国法兰克福书展中国主宾国会场进行英文学术演讲和交流，2013 年 3 月组织中国学者出席美国亚洲研究协会 2013 年会，均取得了极好的社会反响。

一直以来，谢寿光把学术出版作为职业理想，用自己的创业激情、工作热情和创新精神感染着业界，感染着身边的每一个人。他不仅工作业绩突出，出版经验丰富，具有较强的整合资源能力和组织管理能力，而且在工作中锐意改革，能与时俱进，坚持学习，始终处于业界和学术前沿，是一名实干型、创新型、学者型的出版人。

（谢观光收转）

王志辉

王志辉，男，1962 年 9 月 16 日出生，武平县万安镇上镇村人。大学本科学历。1980 年 11 月入伍，1982 年 3 月加入中国共产党。历任中国人民武装警察部队福州市支队二中队战士、文书，武警福州市支队司令部保密员，政治处干事、股长、副主任；武警福建总队建筑设计院政治委员，武警福建总队后勤部生产管理处副处长，企业管理局副局长，武警福建总队政治部秘书群联处副处长、处长。2012 年被授予上校警衔。在部队服役期间，多次参与重大抢险救灾和处置大规模突发事件，本人撰写的《遂行任务中的政治工作》《反台独立应急作战中的群众工作》先后被《武警学术》及《政之简讯》刊用，获武警部队政治工作研究二、三等奖。被福建省电视台、人民武警特聘为特约记者。数十次被上级通令嘉奖。先后被武警总部评为优秀共产党员，先进党务工作者，三次荣立三等功。2008 年转业地方工作。现任中共福建省委台湾工作办公室三通处处长。

（王龙生收转）

谢福光

谢福光，男，1962 年 8 月生，武平县万安镇下镇村人。

1983 年 7 月毕业于福建林学院林学专业，获农学士，1988 ~ 1990 年赴美国华盛顿州立大学进修自然资源管理。中国民主同盟会成员，专业技术职称为高级工程师，现担任福建省农业厅（福建省农办）亚行贷款项目办公室调研员（正处级），兼任世界银行和亚洲开发银行银行注册咨询顾问，联合国咨商专家。

1994 年至今，一直从事国际金融组织贷款项目管理工作，熟悉国际金融组织贷款项目的准备与实施运作政策，擅长国际金融组织项目策划、评价（财务、经济、社会与环境等）、项目实施管理（招标采购、咨询专家聘用、合同管理、贷款支付与财务管理、监测报告等）和项目实施绩效评价等，为国内多家单位开展了贷款支付、项目财务管理与审计、项目采购、项目完工报告编制以及项目设计、经济财务分析等的培训，同时参与国内多个亚行和世行贷款项目的设计与评估以及项目实施管理等咨询工作，国内知名的国际金融组织贷款项目咨询专家。具有较高的英语水平，流利听、说、读、写、译，可以流利自如地使用英文撰写文件和在国际会议上演讲，多次担任有关领导的英文口译并翻译各种中英文文件，用英文直接撰写报送世亚行的报告达 40 万余字。发表论文10余篇，其中2篇英文论文发表于《加拿大林业研究》杂志，财政部组织编撰的《国际金融机构贷款管理》（2000年6月出版）和《国际金融机构贷款项目：创新与发展》（2010年8月出版）编写人之一，水利部黄河委员会组织编撰的《亚行贷款黄河防洪项目：国际咨询与培训》（2011年5月出版）编写人之一。

（谢观光收转）

谢素英

谢素英，女，万安下镇人。1963 年生。大学学历。现任武平县政协副主席。她自 1984 年毕业分配工作至今三十二年，先后在财政、审计部门担任副局和主任科员、会计师，也是龙岩市一、二、三届政协委员，武平六、七、八届政协常委。长期从事经济工作，熟悉经济业务，是我县财经领域的行家里手。她几十年如一日，爱岗敬业，坚持原则，勤政为民，注重学习，善于思考，作风深入，曾拟订了一系列有关财政改革和财政管理的措施和办法，经县政府批转后为当地的改革发展发挥了重要作用。审计监督，严谨细致，明察秋毫，查错纠弊，增收节支，为该地的经济社会事业发展做出了较大的贡献，深受好评。她重视学术研究，注重社会实践，先后在省、市专业刊物上发表了学术论文 10 篇，在国家、省、市级简报上刊登信息50多条。她爱憎分明，主持公道，以提案、社情民意和组织视察调研报告的形式，积极为民鼓与呼；她善于观察思考，在各种会议上为当地经济社会事业发展的建言以其独到、精辟、言之有理而深受市县领导和群众的好评和赞誉。先后获得了省、市财政系统先进，市三八红旗手，市、县优秀政协委员等光荣称号。

（灵梓整理）

朱伟平及珠澳公司

十五年前澳门回归期间，在一国两制的结合部，珠海拱北口岸商业广场，虽占有天时、地利、人气，但10万平方米的超大型商场却生意萧条，门可罗雀。经营收入连电费都不够。朱董带着深圳香密湖、民俗文化村、世界之窗历经八年的经营经验，以及深圳罗湖商业城的经营模式，来到珠海、澳门这个一国两制的交汇地——拱北口岸商业广场。

朱伟平及公司同人经过三个月的反复可行性探讨，一致认为：在20世纪90年代末期，随着国营百货公司的逐渐退出，私营企业的专业化、多元化的新型商业模式，前景远大，加上拱北口岸独特的地理位置，陆路口岸人流量排中国第二，这种10万平方米超大型的商业广场，是一个非常有商业价值的待开垦的处女地。朱伟平发挥福建人敢想敢干的精神，果断筹备资金，成立珠华商业贸易有限公司、珠澳文化发展有限公司。快速设计方案，6个月后正式开业运营。随后又以珠澳文化发展公司为龙头，澳门、珠海多方融资，与香港上市公司——盛明集团公司董事会主席梁文贯先生经过多次洽谈，得到全力支持，签下投资规模更大、时限更长的合同。创建了珠海、澳门、珠三角规模最大、管理最规范的美容、SPA、美甲专业商城，文化、艺术品、工艺品大型商城。

文化、艺术品、水晶、玉器、国画、油画等超百种工艺品大型商城；珠科数码、通信、手机及配件、小额外币兑换专业开放城区；美容、SPA、美甲专业商城；三大行业相继开业后，由于遵循“守法诚信、和谐共赢、服务高效、追求卓越”的宗旨，重视开发人力资源，组建专业管理团队。外拓形象，内抓管理，注重细节，持续改进。十五年来，珠、澳两地居民有口皆碑。据统计，每月顾客达30万人次以上，长年贵宾会员超3.6万人，招聘员工600~800人，与200多家商户签订诚信经营承诺书，帮助300多个员工在珠海、澳门安家落户。

近几年，为拓展新的业务，寻找新机遇，相继成立珠澳物业管理有限公司、珠澳投资有限公司。

珠澳公司成立十五年以来，曾连续获得珠海市政府、工商部门、个私协会、精神文明建设委员会、共青团珠海市委等颁发的“光彩之星”“文明诚信个体工商户”“文明诚信私营企业”“青年就业创业见习基地”等称号达20多个。

珠澳公司创业成功，也受到澳门特别行政区的表彰。为此，谭伯源司长亲自写信给贸促局，批准移民澳门。

十多年来，为回馈感恩珠澳两地居民，担任了许多社会团体职务，如珠海市第六、七、八届青年志愿者协会副会长，珠澳跨境工业区名誉会长，粤港澳福建商会名誉会长，加拿大珠海同乡联谊会执行会长等16个社会职务。

珠澳公司的成功，与创始人——朱伟平是密不可分的。

朱董事长不管对人对己，一向严格要求，注重细节。“细节决定成败”是朱伟平很欣赏的一句名言，他认为任何事情都是由许多细节构成，不重视细节，将一事无成。经常组织干部、员工学习先进的管理方式，举行“今日事，今日毕”“日日清”“每天提高一点点，争做优秀干部、员工”等活动。他不但要求中高层干部、员工如此，自己更是身体力行。

经营方式怎么改进？商业模式怎么优化？朱伟平与珠澳公司高层走进清华大学 EMBA，解读马斯洛需求理论，从理论上与珠澳公司实际情况制定：“授权”与“分钱”，激发管理干部与员工的潜能。澳门三大博彩公司管理贵宾厅方式及利益生产链商业模式举世公认，珠澳公司中高层认真取经、探讨，也把这种优秀管理方式应用到公司属下的合作方，让参与者共同发财。从专业刊物上得到英国牛津、剑桥、威尔士大学，学校董事会管理院系的智慧后，攻读英国威尔士大学工商管理课程，并把这种管理智慧运用到商业经营管理中。

珠澳公司经过长期的努力，取得质的飞跃，收益丰硕。

朱伟平事业成功，不忘回报社会。

对社团、学校、乡村、宗族文化事业慷慨解囊；对红十字会、汶川大地震等社会公益活动也积极捐助。据不完全统计，珠澳公司及朱伟平在近二十年中，为扶贫助困和社会公益事业捐资达百万元以上。对于一个还在发展中的企业，能如此的感恩，回报桑梓、回报社会，是非常难能可贵的。

2008 年，全球金融危机爆发，朱会长与粤港澳一批企业负责人受加拿大邀请，前往参观考察，朱伟平董事长荣幸地应邀到萨省经济部长 MR. Don Jesse 家中做客。

朱伟平现正带领机构各公司分别致力于商业地产开发，美国、加拿大医疗、医药专利产品引进，矿产资源、优质产基资源投资，文化艺术品产业，商场、酒店、物业出租、管理等领域。

古往今来，福建人精英荟萃，万安人不甘落后，人才辈出。但愿志士同人，携手齐心，勇于拼搏，为建设更加繁荣、富强的新万安镇贡献一份力量。

（谢广福收转）

万安俊才谢晋光

谢晋光，1966 年出生于万安镇下镇村田心里自然村。高级工程师。他从小聪颖过人，在武平一中就读时成绩拔尖，并以优异的成绩考入上海同济大学交通工程系。1987 年大学毕业，继而取得硕士学历，后来，一直从事市政工程设计、咨询；城市智能交通的技术、管理和业务经营工作，曾任广州市中心区交通项目办计划处处长和总经济师职务。2002 年主动辞去公职，创办广州昊元工程咨询设计公司和正原工程技术发展有限公司，并领办哈尔滨工业大学建筑设计研究院广州分院和山西交通科学研究院广东分院，任院长职务。作为总体设计负责人完成了广州市内环高架系统等一系列重大市政工程项目，并获 2000 年第四届广州市“十佳青年”荣誉称号。为广州市工程经济评审委员会副主任委员、中级职称评审委员会委员和市政工程技术评审委员会委员。

谢晋光，1987 年参加工作时才 20 岁出头，他始终坚持饱满高涨的工作热情，求真务实的工作态度，严谨认真的工作作风，开拓创新的爱岗敬业精神，实现了一个优秀青年的人生价值和追求。自始至终，职责在先，严于律己，立志成才，奋发进取，具有较高的思想政治素质和良好的道德品质。在思想道德、学术研究、科技创造、社会实践、志愿服务和社会工作等方面都取得了突出成绩，获得了多项政治荣誉，担任了多种社会职务。

经过短短十几年的拼搏，正当谢晋光处于事业的鼎盛时期，他却毅然辞去了公职，选择了下海，自己创办了有关技术咨询、工程设计等方面的公司。下海后，他不畏艰难，自强自立，大胆创业，继而又领办了两个分院的全部业务。他凭着精湛的专业素质且熟悉业务流程，又坚持科学管理、规范服务、严格守法，短时间内，他所做的所有业务风生水起，红红火火。为广州市区的旧城改造及内环高架系统的一系列重大市政工程，得以顺利的实施和如期的完成立下了汗马功劳。同时为广州市解决了大量的下岗失业工人，节省了数以万计的财政资金，为广州市经济建设做出了应有的贡献。

从谢晋光的成长过程和成功的喜悦中，不难领悟到：一个人干一番大事业，首先，要有远大的抱负、长远的目标，并始终坚持为之奋斗的恒心和毅力；其次，要刻苦学习，勤于思考，善于钻研，并脚踏实地，孜孜不倦；最后，要爱岗敬业，勇于创新，懂管理、善经营，高屋建瓴，运筹帷幄。所有这些，都不折不扣地展示了谢晋光年青俊才的风采！

桃李不言，下自成蹊。谢晋光一向高调做事，低调做人。他时时关心武平人民的事业，关注着家乡父老的衣食住行，热心公益事业，成功回报社会，时常捐资捐物，施桥砌路，帮贫解困，助教助学。另外，谢晋光的孝顺之心邻里皆知，常为人们传颂。多年来，他坚持尊老爱幼，关爱家人。他常说，孝是做人之根，百善之首，千经万典，孝义为先。

（谢广福整理）

“鸡嫲窝”里飞出金凤凰
——李思义

“鸡嫲窝”是一个地名，它坐落在福建武平万安镇的贤溪村。距离镇政府所在地位置大概4.5华里。319省道公路贯穿其中，平川河流域水源源自境内。它以其地形地貌神似鸡窝形状而得名，自从有了更响亮的名字“贤溪”以后，鸡嫲窝还一直被人们记忆着，鸡嫲窝里发生的人和事，更被人们津津乐道，赞美着、传颂着……

在2012年1月召开的龙岩市政协四届一次会议上，有一个大家既陌生又熟悉的身影出现在政协委员的座席上，引起了人们的更加关注。他是贤溪希望小学校园里矗立的政府为个人立碑纪念的雕像主人。人们欢欣雀跃，奔走相告，他就是厦门静岳石业有限公司董事长、厦门石材商会副会长、厦门市武平商会会长、龙岩市第四届政协委员李思义先生。

1967年李思义出生于万安鸡嫲窝的彩门口，童年的记忆里，他时时处处表现出活泼可爱、好学上进的顽强形象，儿时的梦想就是要飞出大山，干一番实实在在的大事业，经过十年寒窗苦读，他实现了人生的第一次飞跃。18岁是人生的金色年华，1986年秋季，他终于从生于斯、长于斯的小山村，来到了上海这个国际大都市，感同身受地触摸世界脉搏的跳动。上海对外贸易学院四年的大学生活使他更加自信，变得雄心勃勃，他深知书山有路、学海无涯的思想哲理，勤奋些、艰苦些，由此，一举拿下了复旦大学工商管理硕士的学历，为以后的创业之路打好基石、铺平坦途。

1990 年，他大学毕业后，被分配到中国建筑集团总公司厦门进出口公司工作。通过七年时间的努力工作，思想更加成熟，思维更加活跃，思绪更加广泛。1997 年，香港回归，世界瞩目，他却毅然辞职，下海创业，实现他人生中的第二次飞跃，这次飞跃使他一发不可收拾。虽然在前进的道路上，他也走过弯路，有过失败，有过教训，但凭他多年积累的经验、聪慧的头脑和精明的谋略，及时调整公司主业的定位，并进行了一系列的有效策划，厦门静岳石业有限公司在短短的几年时间里，日益发展壮大，成就并获得了六个“十”的殊荣，即中国石材出口十强企业、绿色环保十佳单位、全国石材十佳名优品牌、中国石材业十大领军人物、改革开放 30 年十大企业家和“十年征程，共铸辉煌”的厦门国际石材展十周年特殊贡献奖。

“静岳”和“李思义”在中国石材界几乎无人不知，其公司已通过国家工商总局正式注册的著名商标，他把石材生意做到了世界各地，产品畅销 40 多个国家和地区。近 10 多年来，公司每年的出口额都在 5000 万美元以上，内销及国内工程量在 3 亿元人民币以上，是中国石材业的标杆企业。

李思义，搏击商海，运筹帷幄，事业大成，收获颇丰。一项项荣誉，一顶顶光环，让人羡慕不已。但是他并不因此沾沾自喜，傲气度人。他成功不忘社会，实现他人生中好善乐施最完美飞跃的事，是他多年来一次次的济困助学的善举。

从 2005 年开始，他为小学母校捐赠图书 500 多册，花费 5000 元人民币；每年都拿出 3000 元人民币，从未间断，帮助村委共同维修建筑机耕道路、拦河堤坝、桥梁设施。2008年与复旦同窗在四川汶川捐建了一座“复阳希望小学”；2009年为母校捐资200多万元建造“贤溪希望小学”，同时完善校园配备和设施；2011年年初，又带头捐款10多万元，建立起贤溪村级慈善基金会，主要用于扶贫济困、奖教助学、帮老扶幼等公益事业。暑假期间，邀请30多名教师到厦门免费参观学习、旅游观光，使全体教师们进一步深情体会到他热心教育事业的真诚举动，亲身感受到他善经营、懂管理的领导者企业家的风采。

道路没有尽头，创业没有止境，慈善没有结尾。李思义坚信，通过不懈的努力和进取，他将继续向前，为公司、为家乡的父老乡亲，前面将是更辉煌的明天……

（谢广福整理）

汤　浩

汤浩，男，武平县万安五里村人，中共党员，研究员，福建省农业科学院科研管理处处长。1990年7月福建农学院农学专业毕业。先后参与水稻育种、甘蔗育种、薯类育种科研工作；1999至2012年6月先后任福建省农业科学院甘蔗研究所党支部副书记、副所长（主持工作）、所长，福建省农业科学院耕作轮作研究所所长，福建省农业科学院作物研究所所长；现任福建省农业科学院科研管理处处长，兼任中国作物学会理事、中国作物学会马铃薯专业委员会理事、农业部闽台农作物种质资源利用重点开放实验室副主任、福建省农作物品种审定委员会委员暨薯类专业委员会主任、福建省农学会常务理事兼副秘书长、福建省粮油作物学会副理事长、福建省种子协会常务理事以及中国农业科学院研究生院硕士研究生导师、福建农林大学硕士研究生导师、福建农业职业技术学院客座教授。主持国家农业行业科技计划项目《马铃薯旱作节水栽培技术研究与集成示范》（华东区域）、农业部马铃薯产业技术体系福州试验站、福建省科技重大专项《粮食作物育种技术研究》马铃薯专题等20多项。主持育成省级审定的马铃薯新品种闽薯1号和福克76（2013年通过国家审定）以及省认定的淮山新品种安砂大叶薯；引进审定马铃薯新品种脱毒175；参与选育9个薯类品种通过国家或省级审（鉴）定。先后获得福建省科学技术进步二等奖两项，分别排名第一和第三。参与编著出版《果蔗优质高产栽培》，参加编写《中国人如何吃马铃薯》，发表学术论文30余篇。

（汤华忠收转）

王红康

王红康，福建武平县万安上镇村人，1968年9月出生。1986年就读于南昌陆军学院，1990～2008年，历任排长、连长、团、师、军作训参谋，福建省学生军训办公室副主任。现任泰宁县县委常委、人武部部长，上校军衔。

（谢观光收转）

用成功与责任书写春秋

——记新罗区武平商会常务副会长谢德生

谢玉铭

谢德生，武平县万安乡下镇村人，1976 年生，龙岩市龙鑫实业投资发展公司董事长，龙岩市皓宇投资有限公司执行董事。凡认识他的人都说：“谢总举止文雅，敦实憨厚，谦虚谨慎。”他既是一位成功人士，又是一位充满社会责任感的企业家。

艰苦奋斗铸成功。20 世纪 90 年代初，谢德生初中毕业后，因家庭经济困难而放弃学业，走向社会。早期拜师学艺，修摩托车，后来从事过餐饮业。在文化基础较低的情况下，克服困难，自学电脑操作，与人合伙开过网吧，在这期间经历过不少挫折和坎坷。一路走来，从风雨中前行，在磨炼中成长，奋力拼搏，追求事业的成功。现有多家公司分布在省内外，总资产数千万元。

乐善好施行善举。谢德生虽然事业有成，但在生活上十分俭朴，不吸烟、不嗜酒。他尊老爱幼，携父母双亲及妻儿侄子定居龙岩，有一个和谐温馨之家。在富有和幸福如意之时，他没有忘记富而思源，回报社会。近年来他不断为家乡公益事业做贡献。2010 年出资 6 万余元为家乡没有路灯的自然村安装路灯；多次为家乡修桥修路慷慨捐资；今年春节前夕又为全村 75 位 80 岁以上老人发红包、送礼品……受到家乡人民的交口称赞及社会各界的广泛好评。

自律好学求上进。谢德生从不打麻将、玩扑克，十分注重学习。工作之余就上网学习文化，学经商知识，他参加清华大学总裁班的两年学习，努力提高个人的文化水平，为自己增添创业和管理的知识。孜孜不倦，学而不厌，不断为自己“充电”。时下，年近不惑之年的他，马不停蹄，又在为自己的未来规划新的蓝图。

可以相信，谢德生一定能够戒骄戒躁，在未来的征程中乘风破浪，取得更大的成功；在事业成功的同时承担起更大的社会责任；在未来的人生旅途中谱写出更加光辉的春秋。

谢立斌

谢立斌，1977 年生，万安上镇人。1983 ~ 1989 年就读于下镇中心小学、上镇小学；1989 ~ 1995 年就读于武平一中；1995 ~ 2007 年就读于天津大学英语、法学专业，中国政法大学法学专业，德国汉堡大学法学专业，分别获得本科、硕士、博士学位。2007 年起在中国政法大学任教，2012 年至今任中国政法大学中德法学院院长。教学、科研领域为宪法学，并对德国宪法有一定研究。在国内《中国法学》等刊物发表论文十余篇，在德国、瑞士等用英文、德文发表论文若干篇。

（谢清川收转）

王锦春

王锦春，全国优秀教师、优秀班主任，福建省优秀教师、优秀班主任、师德标兵。2009 年福建省文、理科状元方洋、程美华的语文老师；2014 年高考，所担任班主任班级中的兰金锋、刘灿分别考取清华和北大。第三十届香港国际电影节最佳纪录片《高三》的主角，曾接受凤凰卫视“大视野”“冷暖人生”“鲁豫有约”、《南方周末》、福建电视台等媒体专访，应邀去新疆、四川、重庆、广东、湖南和福建等多地讲学，在全国有较大影响。

在任教的 25 年里，王老师取得了令人瞩目的成绩：

——二十五年时间有十九年担任毕业班教学、班主任工作。

——在连续十九年所担任的武平一中高三毕业班语文教学工作中，所教班级的语文高考平均分、单科上线率均居全县、全市前茅。其中 1992 年高考，方三文同学的语文单科成绩为 100 分（当时是 120 分制），居地区前茅，该同学的文科总分居当年全省文科第二；2003 年高考所任高三（6）班语文科平均分97.5分，其中100分以上28人，居全市前茅；2009年高考，他所任教班级的方洋、程美华分别为福建省文、理科状元，其中，程美华的语文成绩为138分，居全省前茅。

——自1991年起，累计十九年担任武平一中或武平二中高三毕业班班主任工作，高考成绩显著。涌现了方三文、王颖彦、李龙莲、李配珍、刘子伟、罗燕芳、兰发富、程美华、方洋、刘灿、兰金锋等一批在当年高考中省、市、县总成绩名列前茅的学生。尤其是2003年高考，所担任班主任工作的高三（6）班高考成绩优异，高分人数、上本（一）和本（二）人数均在全市名列前茅，其中有两人600分以上，两人590分段，上北大录取线人数3人。该班还荣获2003年“福建省先进集体”称号。2009年高考，他所担任班主任的武平一中高三实验班高考成绩优异，上清华、北大为5人，其中方洋和程美华为福建省文、理科状元。2014年所担任班主任工作武平二中高三（8）班高考成绩优异，其中刘灿和兰金锋的高考成绩总分分别为684（含20分自主招生加分）和680分，已分别和北大、清华约定录取，取得武平县近5年来高考成绩的新突破，该班还荣获“福建省先进集体”称号。

——教研教改成绩显著。所撰写的教育教学论文，多年来均获校论文年度考核一等奖。其中《记叙文写作中立意构思的“杨朔模式”在教学中的运用》曾在中学一级教师职称评定中被评为“较高水平”。《试论语文教学中的情感渗透》在“福建省第一届中学语文青年教师论文大赛”中获二等奖；《中学语文教学中教师的情感展示与学生的情感滋养》获“福建省语文学会论文评选”一等奖，并收入《福建省中学语文骨干教师论坛》；《2010年高考语文复习导引》发表于《高考金刊》；《高三三境界》发表于《海峡都市报》；《宏观驾驭，微观管理》在龙岩市第四届普通中学开放周“心理健康教育”研讨会上荣获一等奖。

——2004年7月至2005年7月，中央电视台与《南方日报》报业集团联合跟踪摄制的反映以王锦春老师及其所担任班主任的高三（7）班为代表的武平一中师生敬业、学习、生活、成长的纪录片《高三》于2005年11月27日和2006年1月20日分别在央视“纪事”和“社会纪录”栏目播出。该片获“第30届香港国际电影节”最佳纪录片奖。此后，《南方周末》，凤凰卫视“大视野”“鲁豫有约”“冷暖人生”，福建电视台等多家媒体对王锦春老师进行了专访报道，在社会上引起了较大反响。

（谢观光收转）

甜蜜的事业
——钟亮生

郑福信

钟亮生，1975 年 9 月生，万安上镇人，退伍军人，大专学历。初见他的印象：平头，中等硬朗的个子，比较健谈，思路清晰，有理想、肯学习、善创新，意志坚定。

石燎阁蜂业有限公司坐落在风车口向左走 300 米左右的公路边上，是万安进入东留乡的咽喉之地，坐东朝西，对面的群山就是阔叶林，周围生态环境良好，为养蜂提供了得天独厚的自然条件。2006 年，他从父亲那里接过 20 多箱蜜蜂作为养蜂的起点，通过与县残联合作，发动残疾人养蜂，发动社会其他人养蜂，成立由 150 多人参加的专业合

作社、注册蜂业有限公司，产品通过 QS 质量认证，发展至今该公司已有 128 个养蜂基地，拥有中华蜜蜂上万群，八年间蜂群增长了 400 多倍，拥有专家 8 名，技术人员 30 多名。公司已投入 500 多万元，建成一家集科研开发、生产销售、服务为一体的科技型企业，是龙岩市农业产业化龙头企业。公司采用“公司 + 合作社 + 农户”的先进管理模式，致力于打造一个富有客家特色的“石燎阁”“梁野仙蜜”品牌蜂产品。这一切对我县蜂业产业来说，都是一个历史性的跨越。

为了推动我县养蜂业的持续快速发展，钟亮生想尽办法发动山区农民养殖，有序地扩大蜂群，把蜂蜜的产量搞上去。小打小闹，没有规模；没有规模，就没有效益。参加 SYB 创业培训班后，他就酝酿扩大再生产，并在次年三四月间迈出第一步，他自己出台优惠措施，一张红纸告示贴在蜂场外面，蜂种由他提供，蜂蜜则由他按市场价回收，但效果不佳，响应者寥寥。他只得另辟蹊径，寻求单位合作之道，借船出海。先找到一家单位领导，向他说明来意，寻求他的支持，未果，再寻觅。他想到农村中的残疾人，他们找工作难，生活贫困，急于寻找出路，养蜂是个不错的选择。于是，他主动找到县残联领导，谋求合作之意，他们乐见其成，给予大力支持。真是山重水复疑无路，柳暗花明又一村。经协商达成共识，当年九月份，他们签订了共同扶持残疾人养蜂的“三一制”协议：符合条件的残疾人申请养蜂项目，可得到县残联 1/3 贷款补助，合作社给他们赊销 1/3 贷款，残疾人自筹 1/3 贷款。这是一个多赢的协议。优惠的条件，吸引了乡村残疾人的加入，如滚雪球般不断壮大。养蜂队伍建立起来了，但要引导他们科学养蜂，则需要理论指导和实践帮扶。他主要负责养蜂技术培训，并进行实地指导，有时一天要跑好几个乡镇，接上几十个咨询电话，把自己多年积累的经验教训全部告诉别人，为的是解决养蜂中的难题。有人说，你怎么这么傻，不怕人家跟你抢饭吃？他说不怕，没关系。几年来，他带领技术人员下乡免费为蜂农技术指导460多次，组织社员进行免费养蜂技术培训26次，免费发放养蜂资料上万份，已累计投入40多万元，解决了120多位残疾人的就业问题，带动500多林农加入养蜂行业，养蜂业已成为我县林下经济的支柱产业。他们中有的成为专业大户，如永平乡孔下村残疾人吴香财，2010年9月，申请加入合作社养蜜蜂，开始养殖20箱，按协议他投入资金2200元就办起自己的养蜂场。由于他勤学好问，很快掌握了养蜂技术，当年12月份就产冬蜜50多斤，收入2000多元，3个月就收回了成本，2011年纯收入达1万多元，2014年5月，他的蜜蜂已发展到120多箱，预计产值可达8万元。

健全机构、合作共赢。2011年5月，在县委、县政府的重视支持下，由他牵头成立了梁野仙蜜养蜂专业合作社，他担任理事长。次年，他又注册了武平县石燎阁蜂业有限公司，他担任执行董事；逾年9月，梁野仙蜜养蜂专业合作社成立党支部，他担任支部书记；同年12月，县成立养蜂协会，他担任会长。

有好的品牌产品才能走出武平，走向全国、走向世界，蜂蜜才能卖到好价钱，蜂农才能增加收入。QS产品质量认证是品牌走向市场的通行证。于是，他从2011年开始申报QS产品质量认证，经过两年多时间充分准备，几经反复，锲而不舍、持之以恒，到2013年终于申报下来，个中酸甜苦辣，五味杂陈，只有他自己知道。申报QS需要具备硬件和软件。没有经历过，只得干中学、学中干。硬件如标准的厂房设施、检验检测的设备等，需要投入资金建造购买，这是自己可以预计的。软件就是申报材料手续，一个个过，自己不会的还请福州专家来做。具体申报要到龙岩职能部门去办，来回二百多公里。办每一道手续，经办人或许不知创业者之难或许认为创业者先知先觉或许其他，不直接告知应具体如何做、步骤如何、要准备哪些材料才符合要求。而他作为一个退伍军人，对这样一套流程显然并不熟悉，却又不能多问，问多了人家嫌你多事。每次办一个程序，经办人一看申报件，就说又缺什么，或材料不过关，下次再来，究竟不过关在哪，又不明说，反复折腾，费时费力。如此，跑了十五六趟龙岩才把手续办下来。看似容易实际却艰辛。在QS申报快要成功之时，职能部门又把蜂产品推荐性指标当作强制性指标执行，如此，其中一个指标不合格，整个申报过程要重来，从零开始。这时对于他来说，真是筋疲力尽，就像一个人参加5000米长跑比赛，跑到最后10米要冲刺了，裁判吹哨说犯规，要重跑，腿都会软瘫下来，又要打过斧头换过柄。要从头开始，程序全部重新来一遍。为了不前功尽弃，为了甜蜜的事业，他咬着牙坚持，一步一个脚印儿，扎扎实实，终于拿到QS产品质量认证。为蜂蜜产品走向市场取得了绿卡。

石燎阁蜂业有限公司这几年快速发展，得到上级的重视和关注，2013年上半年，省委书记尤权，省委常委、秘书长叶双瑜等省领导相继到该公司调研，对他在养蜂事业中取得的成绩给予很高评价，并鼓励他继续做好行业领头人，把养蜂行业做强做大，带领更多的农民共同致富。2014年，他个人被评为县优秀共产党员，获得龙岩市五四青年奖章，还被国务院扶贫办评为“全国社会扶贫先进个人”。他决心百尺竿头，更进一步。

小荷才露尖尖角
——新生代女作家谢苡灵

谢苡灵，女，1997年9月生于福州。自小学三年级起陆续有习作见于《福建日报》《青年博览》《福州晚报》《福州日报》《闽西日报》《快乐语文》《闽都文化》等报刊，并创作有三集情景喜剧在电视台播出，于初二时由福建海峡出版社出版《每一个车轮转过的痕迹》一书。十二周岁时加入福州市作家协会，成为当时全国最年轻的地级市作协会员；于高二时由福建海峡出版社出版《淋湿了的阳光》一书。福建教育电视台、福州电视台曾作专访。2012年获得福州市第四届盛东文学奖新人奖（一等奖）；在十七周岁时加入福建省作家协会，成为福建省作协会员。2015年参加高考考入南京大学。

（谢观光收转）

历代出任县领导的万安人

县令（从六品或正七品）。宋时称知县事，元朝叫县尹，明、清时期称知县。民国四年改知县为知事，至民国十六年后始称县长，延续至今。万安人当过县长者，因年代久远、县令众多（宋至民国计230多人），颇难收集。现将收集到的简介如下，望知情者补充完整。

明 朝

谢文富　下镇村人。任南乐县、宣城知县。

谢梅受　讳和。字枚。原居万安，后迁叶坑头。任江西湖口县知县。后以卓异升迁宁波府海防同知，加十级为司马。

清 朝

谢伯镕　字培鋆。号丽滨。下镇村人。清光绪戊戌岁贡生。福建省法政专门学校毕业。民国三年（1914年）任浙江省富阳、龙泉等县知事（即县长）。

民 国

蓝远香　号太碧。贤溪村人。秀才。民国十年（1921年），由驻军司令蓝玉田委派为知事（即县长）。

曾佩锵　号玉山。下镇村人。福建公交法政学校毕业。民国十六年（1927年）任武平县知事（即县长）。

谢鸣珂　号殿翔。下镇村人。日本北海道帝国大学毕业。民国十六年（1927 年）任武平县务委员会委员长（即县长）。

朱周兴　号仰文。下镇村人。南昌心远大学预科毕业。民国二十年（1931 年）任江西乐安县县长。

新中国成立后

谢海波　原籍万安下镇村，现居城南。中央党校研究生毕业。现任上杭县县委书记。

（谢观光收集整理）

艺文·撷英拾贝

谢秉琼在广州主持创办革命刊物《汀雷》

诗

谢伯镕

哀魏侃夫①

哀哉正月二十六，魏公此时遭杀戮。

保民御寇该剥皮，千载闻风齐痛哭。

乱世岂容作好官，问公何事城高筑？

呜呼！城已废， 民不忘。

人生何赖臭皮囊②，社祭年年报赛忙。

四十周年花烛③纪念自题杭州拍照

不忆杭州忆故乡，十年心事九回肠。

千金不买疗愁药，一喜竟成却病方。

未得风帆归栗里④，仍留霜鬓照钱塘。

叮咛莫学东坡妇，有酒同倾勿久藏。

注：

①魏侃夫，元代武平县尹，解职后，携眷居刘坊镇（今万安镇），为抵寇率乡民筑土堡，被人诬为私筑王城，枉遭剥皮之刑。乡民怀念，自发集资建祠纪念，称魏公为“剥皮公爹”，定每年农历正月二十六日为祭祀日，成为当地民俗。

②臭皮囊，喻人的肉身。

③花烛，即新婚纪念日。

④栗里，地名，在今江西省九江市南陶西村，晋陶渊明曾居于此。

（李坦生收集加注）

谢鸣珂

七律·锯木偶吟

横来风雨摧高木，老去心情恋旧庐。
既少闲丁能臂助，更无利器可根除。
分明四段全功毕，继续三朝贾勇余。
五十三年林下客，今兹真个作樵夫。

（谢观光收集）

谢重光

重游武平西山（二首）

其一

故园风景异，我独怜西山。殿阁何玲珑，佛仙皆庄严。
苍苍古木染，艳艳山茶燃。游子思乡梦，回回仔细看。

其二

祈愿西山别梦遥，重来揽胜路迢迢。松风十里尘心净，泉壑百回俗念消。仙境依稀灵洞现，神明究竟定光高。多情最是老茶树，枝干欣欣凌九霄。

六六初度抒怀自寿（二首）

其一

吾生板荡乾坤浮，岁月悠悠六六秋。铁骨铮铮常激烈，冰心皎皎总温柔。自由独立涵浩气，史海文林竞风流。留得浓情勤灌溉，夭夭桃李遍神州。

其二

波翻浪涌岁悠悠，六十六年不系舟。少有雄心求博洽，长无媚骨觅封侯。一生心血育桃李，半世功名著春秋。山水诗骚聊寄意，任情适性自风流！

谢观光

喜看万安农家女

抛秧女

剪燕翩翩掠田庄，
村姑艳丽喜抛秧；
风吹苗晃翻绿浪，
巧手随歌绣春光。

插秧女

插秧女额似桃红，
蝴蝶辫梢舞春风；
巧手纤纤挥彩笔，
田涛绘出碧纱窗。

采藕女

荷塘潋滟玉珠摇，
绿叶红花倩影娇；
为奔小康多种藕，
婆婆夸媳有奇招。

采莲女

碧波荡漾映红霞，
采莲倩女喜心怀；
丰收笑脸掉湖里，
酷似芙蓉水底开。

摘烟女

姑娘靓丽黛眉浓，
笑语欢歌赞烟农；
喜看今年丰收景，
春风满面彩霞红。

采茶女

姑娘翩翩穿岚烟，
蜂旋蝶舞恋茶园；
轻舒玉臂忙采摘，
笑语欢声入云天。

种菜女

棚里藏春绿盈盈，
反季蔬菜满园馨；
欢声笑语忙采摘，
瓜果筐筐报佳音。

卖菜女

卖菜姑娘脸额红，
一头靓发舞春风；
公平买卖逢人笑，
生意兴隆喜心中。

养花女

姹紫嫣红百花妍，
蜂飞蝶舞鸟雀喧；
催红点绿谁妙手？
喜看村姑绣春天。

养鱼女

晨曦倩女映红霞，
艳丽芙蓉水底开；
撒草塘边鱼戏跃，
条条肥壮喜心怀。

卖鱼女

身系围裙首插花，
笑迎顾客胜彩霞；
卖鱼帮宰手灵巧，
从不短秤人人夸。

厨师女

女厨蝶结辫梢飞，
脸蛋胭脂映霞晖；
纤手巧烹香色味，
尝鲜醉客不须归。

沁　言

记正月廿六“剥皮公爹”生日

那年的正月廿六
一个冤屈的灵魂血染土堡

悲怆的呐喊
惊动了河山
这一场命运的暴风雨
经过一圈圈厚实的年轮
竟变得如此深刻动人

如今的正月廿六
凝重的历史在纷繁中愈发清晰
焚香点烛 踩街巡游 鞭炮连天
最盛大的纪念
只为一种精神的传承和弘扬
穿越过时间的苍穹
为民、务实、清廉、担当
响彻天地

没有一种辉煌 能如此持久

词　赋

谢鸣珂

咏武平八景　调寄定风波

其一　南岩佛迹

浑忘人世有蓬壶，古佛去后来仙姑。拔地狮岩张大口，仙佛岩居同道莫分途。南安本是税茶市，监税筑城武力未应无。因地及人空念旧，成佛成仙不见掷刀屠。

南岩亦称狮岩，在岩前镇，为吾武首屈一指之名胜。岩于平地凸起，高数十丈，形如巨狮。洞宽敞而深邃，可容数十桌，俨若狮子张大口然。洞壁有“人世蓬壶”四大字，系乾隆时某县令所刻。

狮口大洞面南，内置佛殿，供奉大小佛像，而以定光古佛居中。狮岩顶端另一小洞，有如狮耳，面西，内供奉何仙姑。相传古佛与仙姑因争座位而龃龉云。

岩前镇原名南安茶场，为茶税稽征之所。监税官员为防御寇盗，特筑城于此，至今雉堞依然完整。

其二　梁野仙踪

炼石昔闻欲补天，偶留一石梁山巅。落帽风吹微似动，千载颠危不坠碎人魂。捆石香藤今作佛，闻道毒蚊闭口不劳神。热灶何需炊佛脚，梦醒黄梁得饱且安眠。

梁山位于武城东北方，距离四十华里，乃县境内群山之最高者。山巅有一巨石，以三小石鼎足乘之，摇摇欲坠。附近有一村落，名风吹帽。风吹巨石，似微微动摇，但历时千百载，巨石仍屹立不坠，庆一奇迹也。相传定光古佛登梁山坐禅时，路经山麓之箩斗坑，箩斗坑人不以礼遇，古佛乃携巨石置山巅，使箩斗坑人恐惧石坠，魂飞魄散，故民谣有“挡住当风里，吓死箩斗坑”之语。

梁山古刹除供奉定光古佛外，尚有大叔公、二叔公、三叔公、四叔公、五叔公等五位佛像，传系“一条香藤分五段，外髹金漆塑成者”，故统称香藤祖师。

相传，梁山昔有毒蚊，经定光古佛一一捕入囊中，熏之以火，自始山中之蚊即闭口不伤人矣。某日，古佛向箩斗坑人讨柴薪炊饭，未获，乃当场伸脚入灶炊之。古佛于饭熟饱餐，返刹高卧后，箩斗坑人始发现其桌凳之脚均被烧毁矣。

其三　龙河碧水

白叶岭前旧税茶，选泥比重铁充沙。好是化龙衣带水，碧色涟漪绕郭润桑麻。北郭高标三面地，东安桥出大水圳前排。今日三官堂下过，新老南门故事说婆家。

龙河碧水系指化龙溪而言。此一衣带水，自县城北郭流经东安桥及大水圳前，而至东门河沟里，对郊外农田颇有灌溉之利。

今之武平县城古称白叶岭，为武平所茶税稽征所之辖区。相传宋代建置武平县时，以白叶岭、五里段（土旁）及黎畲等处，均具备县治应有之条件，主事者莫能决，乃取各处泥土比重。因白叶岭之泥土混有铁砂，卒被选为县治。

武平城垣初建时，至为狭小，今之三官堂即昔之南门城楼也。其后城垣扩建，环绕宋屋角等处，传有恩怨故事。

其四　灵洞西山

西向仙人坳上行，灵山洞口复山亭。忠定读书堂上坐，仙井石仓奇谷任搜寻。安得草堂同旦夕，水秀山灵吞吐接神明。远仰严疆增建置，战乱止戈百世保安平。

灵洞山在县城之西，故又名西山。由县城前往，先经仙人坳，过后山亭，即达洞口。西山山势不高，境幽雅而多奇谷，有仙人井，石禾仓等古迹。读书堂为宋忠定公李纲读书处。公邵武人，字伯纪，政和进士，靖康初为兵部侍郎，金人入侵，以主战被谪，监理武平茶税。高宗南渡，奉召为相，整军经武，力图恢复。武平县之建置，传系忠定公所奏请者。

其五　平桥翠柳

位下居高出北门，沧桑满眼吊平川。商肆兵屯今已矣，空复征歌选舞话当年。翠柳迎风桥畔舞，几个清溪垂钓画中人。为养清溪来处水，只在栽松插柳保山泉。

平桥翠柳在武城北门外。昔日武城商店俱在西门至北门之间，后来，东门成为商业区，西北门则零落殆尽矣。平桥附近昔时屯兵处，今称屯里，营垒已不复见。由北门城楼俯瞰平桥，有居高临下之势，缅怀今昔，满眼沧桑，徒见翠柳迎风，清溪映日耳。

其六　丹井温泉

古昔葛洪炼丹方，离乡背井到蓝塘。掘井及泉腾热气，温度不高气味杂硫黄。一自葛洪仙去后，附近人家永久沐恩光。传说银铅多宝藏，开发及时富国并图强。

丹井温泉在城南十里许之蓝塘村。葛洪晋句容人，别号抱朴子，好神仙导养之法，尝赴罗浮山炼丹，间亦至吾武，蓝塘之温泉及西山之仙人井，相传均为葛仙所掘。管子“上有硫黄，下有银铅”之说，如果属实，则丹井宝藏，可供开发为。

其七　石径云梯

送子桥头赋月亭，云封谷口月初明。行尽石窝鹅颈弯，迂回石经步步入云深。西下出云梯路急，水不东流掉首向南行。风月一肩山路转，万古难忘崎岖道路情。

石径岭在武城西北，距离二十华里，为通往筠门岭市必经之处。自武城西上，遇送子桥（桥畔祀送子观音）及赋月亭，即步入山谷中，经鹅颈弯（当地土音“弯”字读去声），沿石径蜿蜒而上，凡数百级。由筠门岭西下，坡度益陡，及履平地，则为东留乡，其水南流至武所。

筠门岭市隶属江西会昌县，位于赣江上游贡水之滨，为赣闽粤三省边区贸易中心。吾武商贩至筠门岭采购茶油稻米等，肩挑回武，转运粤省出售，再由粤挑食盐杂货至筠门岭贩卖，来回必须经过石径云梯，殊为艰苦。

其八　龙岩雨雾

路向麻姑墩下遇，山间何处起笙歌。本是晴云无雨色，虎啸龙吟洞口水帘多。广济岩深多少尺，制胜探奇斧凿欲如何。名胜久湮须整顿，山水清音天韵好挲摩。

龙岩即广济岩，在县城之南麻姑墩附近。洞口有瀑布如水帘然。瀑声隆隆，远听如龙吟虎啸。如能加以人工点缀，亦吾武一胜境也。

谢观光

清平乐·农村四季美景图

春

梯田迤逦，姹紫山花翠。绿柳溪流蛙梦醉，剪燕南归惊喜。

田畴秀水粼光，新泥气味芬芳，满野欢声笑语，姑娘巧手梳妆。

夏

霞红水碧，浥露芙蓉丽。吐翠烟田摇叶醉，倩女欢歌笑语。

池塘绿扇浮天，红莲婷立娇妍，柳树枝头蝉叫，讴歌户户丰年。

秋

天高云淡，比翼飞鹰展。血色山川枫叶染，富丽新村烂漫。

田畴稻谷芳香，山头果熟金黄，政惠三农欢畅，吟诗作赋颂扬。

冬

银装素裹，玉树晶莹舞。画绘田畴千顷处，吐蕊红梅添妩。

茫茫沃野含烟，麦苗绽绿鲜妍，满眼生机勃勃，今冬雪兆丰年。

南岩石洞赋

南岩石洞，奇踞武南。貌若雄狮，谓称“狮岩”。溯古渊源数万载，传承文明数千年。鬼斧神工，造化天然。汲天籁之精气，聚山川之绚烂。撷起蓬莱胜景，搬来水晶宫璇。武邑名胜揽天下，狮岩古迹灿禹甸。

狮岩之奇丽，风光幽艳。雄狮卧视蛟湖，石洞巍峨壮观。春来山花绽放，夏至翠绿满园，秋深霜染红叶，冬日岩顶戴银。仰峭壁奇削，溶洞如狮口长啸；看山崖秀美，蔓藤似绿绒项链。洞内兮，熔岩奇异而斑斓，钟乳泉滴，玉笋吊悬，霓灯闪烁，气象万千，姿韵堪比广西桂林芦笛岩；洞外兮，蛟湖涌月若明镜，湖水清澈，山岩倒影，七彩喷泉，虹雾龙腾，水烟媲美杭州西湖霞云蒸。吁嘻！山展黛容，水映霞翩，波卷霞光，醉色缤纷，好一处旅游胜地，真一派秀丽新天。

狮岩之恢宏，均庆禅院。定光抵岩募化，北宋建院南岩。仙姑亭峻，意境幽远，定光佛殿，巧展妙颜，气势恢弘，壮观辉映。瞭洞前寺庙拔地凌霄；望左右钟鼓楼阁璀璨。唐风宋韵兮，挑角飞檐；碧瓦飞甍兮，壮丽巍然；雕梁画栋兮，晖彩流丹；气势磅礴兮，雄伟森严。大理石广场兮，宽阔铺展；放生池清澈兮，戏鱼悠闲。登狮岩灵洞，曲径萦回漫青雾，赏庙宇生辉，幽洞仙境袅香烟。仰其院，不禁魂凝诗意，临其境，一时情开书卷。

狮岩之神韵，仙佛情缘。仙姑道神，定光佛圣。教化高明，智慧经典。海峡两岸同信祖，客家黎庶保护神。聚古今仙佛之文明，奥妙精深；蕴日月灵光之精魄，施福人间。聆传闻逸事，听故事连篇：除蛟伏虎兮，为民除害百姓安；疏通航道兮，施展佛法找甘泉；求阳祈雨兮，呵护生灵保丰年；赐嗣送子兮，定光佛偈真灵验；筑陂止水兮，草鞋一丢水陂成；为民请命兮，神通广大法无边……黎民敬仰隆千载，香火旺盛续万年。壮哉！今逢盛世，金身赴台港，香火恭迎，锣鼓喧天，万众朝拜，个个虔诚；美哉！海峡两岸，定光文化节，载歌载舞，人群沸腾，人山人海，盛况空前。

吁嘻乎！愿海峡两岸文化搭台，佛缘相牵，心手相连；愿定光佛福庇佑黎庶，沐浴千秋，光照万年！

梁山峡谷赋

梁山峡谷，云礤瑰丽。纳天地之精华，聚山水之灵气。鬼斧神工，天成地造。风光旖旎，奇绝峻美。漫谷幽长，蜿蜒十里。青山环抱，葱茏葳蕤。飞瀑流泉，绿水穿袭。犹如天然项链，恰似晶莹翡翠。噫兮！胜“庐山三叠瀑”之恢宏，享“江南九寨沟”之美誉。

峡谷之奇，绝壁峻逸。品群石之嶙峋，赏灵岩之神聚；千姿百态，丹崖绚烂而奇异；水盈谷碧，七彩斑斓而绚丽。万石流泉，浪花飞瀑舞峭壁。千岩竞秀，观雄浑千仞莹透剔。曲径通幽，步步藏秀景雅趣。如瞻浮雕珍宝，似赏蟠龙御壁。品天赐之奇石，无雕琢之劣迹；展山石之文化，为武邑之增辉。美丽云礤，漫谷烟蔼，溪石相拥，日月精聚，峰

岩峥嵘，林木葱郁，同沐骄阳雨露，共享苍翠欲滴；青青石崖，磅礴玓瓅，褐褐绝壁，瀑声沥沥，山石之骨，齐天而立，共奏天籁之音，同展奇石之仪。

峡谷之媚，瀑布迤逦。玉带盘山，烟霭叠翠。飞瀑天泻，风姿娇美。成群瀑布兮，千姿百媚，恰似窈窕淑女；宏瀑壮阔兮，飞帘抖练，犹如万马奔袭。靓瀑三叠兮，洒珠溅玉，可与庐山媲美。礤公垂瀑兮，彩虹绚丽，胜似天仙妩媚。立栈道而观瀑兮，紫烟缥缈；过小桥而聆瑟兮，曲曲优美。远眺沃野，桃挂硕果画绮丽；近观花卉，蝶恋花丛蜂采蜜。溪涧徜徉兮，百转千回；潭水潋滟兮，清澈见底；游鱼正欢兮，频频戏水。噫兮！陶醉风光留倩影，张张笑脸千秋美。

峡谷之魂，栈道旖旎。欣逢盛世，开旅游新区。云礤峡谷，建栈道雄伟。蜿蜒铺设，雕栏秀美，犹如九曲川流，恰似蛟龙翥宇。风和日丽，春光明媚，游人拾级达阶，徒步心旷神怡。凭栏观瀑摇玑珠，品赏飞帘画中意，静听淙淙泉水声，尽享天籁心欢愉。山清水秀花烂漫，幽林密障树葳蕤，虬枝古藤漫栈道，遮天蔽日鸟唱律。噫兮！谷披锦绣而绚彩，宛临仙境而迷醉。

壮哉！梁山峡谷膺盛誉，招徕八方客云集。慕原始景观之绝胜，旅游兴起；耕云中山寨之丽景，新村崛起。森林人家兮，织江山锦图瑰玮；和谐盛世兮，追旅游辉煌业绩。

歌　曲

谢大生

万安古镇美名扬
（民歌）

一　万安是个好地方
四面青山环家乡
碧水长流悠悠转
沃野平畴稻花香

二　万安有个好形状
彩蝶奋飞在山岗
前有莽莽光尾岭
后有苍苍朱屋岗

三　萝卜头祟好模样
千年坐佛好安详
日佑百姓添福寿
夜为万安保安康

四　睡佛高卧李胡岗
青山绿水作道场
晨钟暮鼓报平安
千年一梦是富强

五　绿色肾脏白莲塘
涓涓细流有乐章
挡风岭前筑大坝
旱涝从此可商量

六　石径云梯路脚长
朱德曾此开战场
硝烟虽已随风去
留得半坡兰花香

七　捷文山水有新章
西水东调好主张
龙腾十里君不见
千家万户接水忙

八　汉时明月今又光
化剑为锄南海王
万安为宫成乐土
钟声剑舞伴朝阳

九　魏公业绩可传扬
筑堡安民巧思量
年年正月二十六
家家设祭上高香

十　万安粉干走四方
家家户户有粉场
公鸡一啼碓粉板
榨出粉干见太阳

十一　万安古镇美名扬
林改第一受表彰
庭院经济传帮带
泥木铁匠吃四方

十二　党政领导有主张
发展思路可安邦
万众一心同一梦
守望大同先小康

陈文荣

十唱万安好地方
（民歌）

一唱万安好地方，
山清水秀好风光，
占尽天时和地利，
人杰地灵百业昌。

二唱万安好地方，
村镇都有好学堂，
素质教育抓得好，
多少幼苗成栋梁。

三唱万安好地方，
石径云梯写书上，

朱德领兵打胜仗，
留下佳话传八方。

四唱万安好地方，
从古至今多忠良，
剥皮公爹爱人民，
世世代代人敬仰。

五唱万安好地方，
镇中有个白莲塘，
养鱼养鸭多收入，
渔歌唱晚神向往。

六唱万安好地方，
先行先试敢冲闯，
全国最先搞林改，
改革史上永流芳。

七唱万安好地方，
一年四季瓜果香，
果大瓜甜口感好，
生津止渴益健康。

八唱万安好地方，
适宜种养和经商，
交通便利购销快，
财源茂盛达三江。

九唱万安好地方，
村村都有其宝藏，
捷文小密山珍多，
五里贤溪水产旺。

十唱万安好地方，
历史悠久美名扬，
两千年前南海国，
现在已成小康庄。

歌唱万安好地方，
民歌越唱越响亮，
加快建设和发展，
将来一定胜天堂。

谢观光

万安中心学校校歌
（歌词）

梁野山下，平川河旁
万安小学，鸟语花香
这里是少儿成长的摇篮
这里是攀登科学的殿堂
礼仪国学，传承发扬
琴棋书画，文明高尚
啊！可爱的校园
您描绘未来，播种希望
让幼苗成为祖国栋梁

梁野山下，平川河旁
万安小学，鸟语花香
这里是培桃育李的沃土
这里是开启智慧的课堂
少年之家，神采飞扬
励志乐学，和谐欢畅
啊！可爱的校园
您团结奋进，铸造辉煌
让雏鹰放飞金色梦想

曲

谢观光

【仙吕】一半儿 · 新农村

高楼林立耸云天，沃野莺飞燕剪春，翠绿田畴蔬果鲜。

赞新村，一半儿桃园一半儿妍。

【越调】天净沙 · 新村靓丽

春风沃野芳菲，田畴碧水涟漪。政惠三农绣地，

税免嘉誉，话桑麻众欢怡。

【中吕】喜春来 · 百花竞放

金秋菊景山花艳，文艺座谈锦色斓。

百花竞放醉红颜。波浪碧，文海快扬帆。

【黄钟】人月圆 · 政善建家园

武平涌现和谐景，政善党清廉。

良谋献策，民生注重，经济提升。

干群团结，凝心聚力，建设家园。

小康美梦，红旗指引，万里歌欢。

楹　联

谢笠樵（清）

题魏公庙：

本众志以为城，扰攘一时能择地；

非其罪而成狱，吁嗟千载得传名。

谢思伦（清）

题魏公庙：

官于斯葬于斯真迹在于斯慨当年筑堡防匪未营地宅；

妻在此子在此神主奉在此幸吾日报德崇功聿修庙堂。

谢伯镕（清）

题魏公庙：

祀隆正月；绩著元朝。（横批：公庇乡闾）

题井下窝惟达公祠：

泽沛闽东当年教化传长乐；
基开武北奕世孙支衍万安。

井喷香泉食得饮和沾祖惠；
窝名安乐读书种谷享天功。

题田心里偶生公祠：

承祖宗一脉真传克勤克俭；
教子孙两条正路惟读惟耕。

谢鸣珂（民国）

题高梧新塘边谢氏祠堂大门联：

案山象居旧地；
怀水龙跃新塘。

题新塘边最大的五架厅心育德居联：

育才新贤庭栽玉树；
德麟义比居接乌衣。

谢肃雍（现代）

题众姓祠联：

姓有不同，追溯远源，源一本；
名虽各异，虔心祈福，福无疆。

自撰联：

肃穆谦和处世；

雍容宽厚待人。

谢永兴（现代）

题新建惟达公祠联：

追念泉源新建宗祠成万古；

缅怀祖先虔诚祭祀隆千秋。

（以上各联谢观光收集）

陈文荣

贺万安撤乡设镇：

欣今日撤乡设镇谋新发展；

看明天福地富民创大辉煌。

题白莲塘水库：

紫气升腾，两岸山光真悦目；

碧波荡漾，一湖水色更怡情。

谢观光

题谢毕真老红军百岁华诞：

灿彩毕生，谦仪风范誉闽粤；

儒雅真韵，妙笔期颐添美文。

（注：2015 年 1 月 11 日，在龙岩市各县谢氏宗亲代表近 200 人云集龙岩，召开大会，祝贺谢毕真老红军百岁华诞。此联为主席台上用联。）

左一　谢毕真

佳　文

发 刊 词

（1926 年 3 月 25 日）

谢秉琼

一个乌烟瘴气的汀州，杀人不眨眼，强权无公理，抱着头儿呵呵笑的，姨太太，麻雀，花酒，赳赳的野心，干那些掳人、勒捐、贿赂公行的勾当，把公理是非，都一概浸没他们食肉衣帛的文绣身中，便是那般军阀官僚劣绅土豪们，造出来惨无天日的黑暗世界啊！

一家笑，一路哭，占却百分之九十以上的汀州民众们，只天天呼号饮泣，身受痛苦而莫知摆脱，我们的父母妻子兄弟们，便是其中莫知摆脱的一个，甚至我们自己，从前也是其中的一个哭泣哀求，一直到今日，苦痛也已到了极点了，可是军阀官僚劣绅土豪们，一家笑的程度增高，一路哭的范围扩大！

我们从前也曾经和所谓心平气和的先生们一再商量过：办教育罢，提倡实业罢，讲道德说仁义罢，人才充实了，自然军阀官僚劣绅土豪不敢肆威，或至灭迹，那不是太平无事，苦痛摆脱了吗？可是十余年来，教育出来的一般括西装、穿长衫的漂亮人物，不仅不能使军阀官僚劣绅土豪敛威灭迹，且如蚁赴腥的一队一队加入军阀官僚劣绅土豪的队伍里去，寝假而办教育的校长教员们也一变而为军阀官僚劣绅土豪了；民穷财尽，只有催军饷的差役警兵荷枪敲门，实业更谈不到；大家都以杀人掳赎为高贵身手，什么“老实无用之别名”的道德仁义呢！

伤哉！今日之汀州也。踏到此地步，积极的建设，则为恶势力的军阀官僚劣绅土豪所障碍，障碍不除，那就一切无由说起，汀州今日有许多的知识分子，也已感着（觉）了这一点，不过他们，抱着“老鼠想吃天鹅肉”的态度，只求军阀官僚劣绅土豪，大发慈悲，向着我们平民怜悯开恩，甚至虔诚三叩首，要为虎作伥的劣绅土豪，一致向军阀官僚请愿。数年来的汀州人内外出版的杂志上，常常看见这一类无聊的言论，结果，曾收获了毫末的效果么？然而，他们到了最后的一呼吸，仍然执迷不悟。

我们是信仰革命的三民主义者，从黑暗的地狱里——汀州跑了出来，抱着牺牲决心，参加国民革命，日夜焦思，知道汀州也是中国的一部分，应用解决全国的革命方法以解决汀州。同时，深信革命工作是整个的，不是局曲（部）的，汀州的革命应与全国的革命同时进取，全国的军阀官僚劣绅土豪打倒了，汀州的军阀官僚劣绅土豪也没有打不倒的道理。全国的民族得到了解放，汀州的人民也可享着自由幸福了。

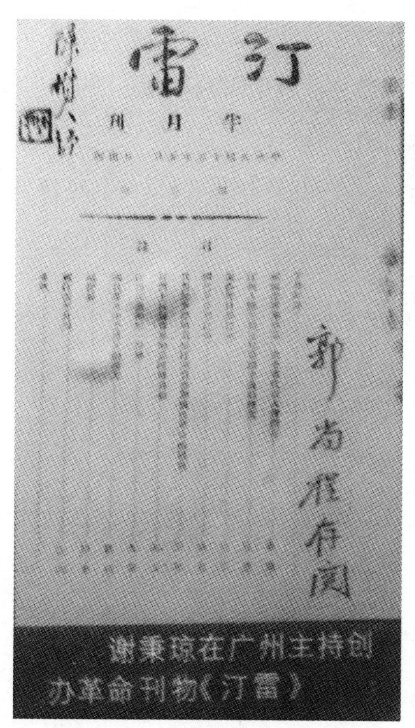
汀雷
半月刊

谢秉琼在广州主持创办革命刊物《汀雷》

中国的革命，已过去十四年的

时间，大部分民众，醉生梦死，苟且偷安，只凭少数的革命领袖，秉着民众使命，与军阀官僚劣绅土豪鏖战。苦痛深厚的结果，大部分人民，遂爆发其争生存的通有性，觉悟起来，赶上革命战线。而国民革命的呼声，也遂深入大部分民众。我们深信于最短时间内，革命势力，终于要得到胜利的，军阀官僚劣绅土豪的命运，也将随着我们努力的强弱，而定其生死的久暂了。

吟呻枕藉的汀州人民，处此革命环境，救死不遑，又将如何：改良欤？坐以垂毙欤？抑利用其奋斗本能以参加革命欤？是诚今日汀州人民，颠沛流离，彷徨奔走歧途中，一生死关头的大问题也。

本刊之产生，即于上述汀州人生死关头的大问题中，负指导和宣传的使命：对于改造汀州社会主张，是革命的，非改良的；军阀官僚劣绅土豪，是本刊之仇敌，觉悟的知识分子尤其是天真烂漫的青年学生，和被压迫的劳动群众，是本刊之爱友。仇敌，是绝不姑息妥协地攻击之，锄去之；爱友，是亲热地指导之，唤醒之以期激起全汀民众，站上革命轨道，从血花飞溅革命高潮中，夺回固有的平等自由，这是本刊唯一的希望，唯一的努力！

汀州的同胞们呵！你们也瞥见喜马拉雅山顶边，黑云迷雾里的电光一闪么？“霹雳一声”虎吼狼啼似的“雷声”了，愿你们齐起听！齐起听！

——原载《汀雷》第1期

红土·激荡风云

《汀雷》滚滚红旗飘

——下镇村革命简史

谢观光　谢世京

下镇村离武平城关3公里，是武平北门城外人口密集的村庄，新中国成立前曾有人喻为“千家村”。这里东西北面环山围抱，西北与本乡的捷文村、小密村接壤，东边与城厢东云村毗邻，西面与本乡五里村石径岭交接，腹地平坦宽阔，土地肥沃，河流从北向南进入武平城区。现有670户、2695人，8个村民小组，耕地面积1321亩，周围还有大片山林。

下镇村离城近，读书人比较多。1921年中国共产党成立，马列主义思想迅速在这里传播。在外求学的进步青年、革命知识分子谢秉琼、谢鸣珂、谢祝珂等，较早接受马列主义思想，成为中共党员。1922年，留学日本的谢鸣珂先生学成回国，在家乡大力宣传进步思想，广招散读在外的武平中学生，转学或插班到长汀第四高中、第七初中读书（当时他在长汀七中任高中文科主任），同时，创办《曙汀》杂志，勉励学生发奋攻读，以便将来为反帝、反封建的革命斗争服务。1926年，近百名武平学生在长汀毕业，谢鸣珂先生会同武北的刘克谟、张涤心、李长明、张敬等，成立“自由学园”，还组织文明剧团，用话剧的艺术形式，宣传打倒军阀、反帝反封建的进步思想，教育武平群众；当年，驻上杭的汀杭武永政治监察专员谢秉琼（共产党员）回乡组织共产党小组，宣传革命思想，他又与农民革命第一游击支队司令蓝玉田一起，严惩贪官污吏曾玉山。谢专员与蓝司令根据群众要求，将曾玉山逮捕入狱，并成立武平县政务委员会，谢鸣珂先生被推选为委员长。在南门坝举行的成立大会上，县委员长谢鸣珂、汀漳监察署秘书长林心尧等作了重要讲话，并检阅了全县农民军。1927 年 10 月，中共武平特别支部在象洞诞生（钟武为书记）；1928 年冬，中共武平临时县委成立（书记练文澜）。从此，黑暗朦胧的武平，点亮了一盏指路明灯，革命烈火熊熊燃烧。此时，下镇村建立了工农赤卫队，蓝殿元任指导员，队员有谢德昌、谢廷忠、谢顺元、兰殿元、谢开俊、谢占先、朱殿仁、朱鸿昌等二十多人；组织了农民协会，主任由谢秉琼担任，还有谢成珂、谢循良、谢顺华等十多位成员。开展了打土豪分田地、开仓济贫，实行“二五减租”等革命活动。

1927 年，万安大部分农民是佃农，租县城豪绅们的田地耕种。当时田租大都对半或倒四六（即佃农得四成，田主得六成）。这样，有些农民放下禾刀子就要缺粮。为了生活出路，大部分进行米粉加工，同时养殖生猪，以换取一些钱财和粮食度日。自农民协会对地主实行二五减租后，农民拍手欢笑，而地主对农民协会却恨之入骨。于是县城的豪绅们勾结国民党政府，下令万安人民禁制米粉，这事引起万安人民的强烈不满。农民协会知情后，马上组织制作米粉的农民 300 余人，手执扁担，高举红旗，喊着口号，浩浩荡荡走到国民党政府门口抗议示威，要求解除禁令，恢复万安人民做米粉的权利。结果，万安人民胜利而归。这是万安农民协会领导人民进行革命斗争的一段光荣历史。

1929 年 10 月，红四军主力再次入闽，攻克了上杭城。不久，红四军一、三纵队分兵活动进入武平县。10 月初，武平县苏维埃政府成立。

1930 年 6 月，朱德、毛泽东等率领红四军入武平，毛泽东率前委驻“梁山书院”，朱德随军部住在考棚里，在城关地区开展革命活动。下镇苏维埃政府派员参加了朱德、毛泽东、陈毅亲自召开的城关地区乡苏干部、各界人士的座谈会，并参加了南门坝举行的全县赤卫队检阅大会。朱德亲临大会讲话，号召武平的劳苦大众团结起来完成土地革命。下镇在乡苏维埃政府领导下，大力发动宣传，书写“打土豪分田地”“打倒土豪劣绅”等革命标语。上镇魏公庙（今上圳小学）后墙至今还保留着当年的标语。1932 年，红十二军克复武平，全县有 2/3 以上的地区发展成为红色区域，下镇村也是其中之一。

下镇村群众之所以信念坚定，紧紧跟着共产党，把革命搞得轰轰烈烈、如火如荼，这与革命领导骨干谢秉琼的指导是分不开的。

谢秉琼，又名思莹，号惠珍，1898 年生于下镇村。他是一个有远见卓识、有胆略、积极追求进步的青年。他在上杭念完高中后，以优异成绩考进福州甲种工业学校，后转上海自治讲习所学习，1922 年又到上海大学读书。由于他思想进步、成绩出类拔萃，深得时任上海大学教务长的瞿秋白同志的器重和赏识，1924 年在上海大学发展谢秉琼为中共党员。这是闽西革命史上知识分子中早期的中共党员。由于革命工作需要，他服从党的指示，离开上海到了广州，担任国民政府劳工部秘书、中共福建省会馆党支部书记。并召集在广州中山大学法学院 30 多位汀属进步人士开会，创办《汀雷》刊物，谢秉琼为主编。北伐开始，担任北伐军政治部《战地新闻》总编辑。北伐军入闽后，国民革命军总政治部派谢秉琼任汀属各县政治党务调查专员，在上杭县成立汀属政治监察署，谢秉琼为监察员，开办汀属八县社会人员养成所。

1927 年，蒋介石在上海发动“四一二”反革命政变，实行“清党”，上杭国民党反动派相应在上杭发动“五七”清党反革命事变。在“清党”的白色恐怖下，许多党员和进步的革命群众惨遭杀害。在这种情况下，谢秉琼及其秘书林心尧只好离开上杭，潜回武平万安下镇老家。林心尧被捕壮烈牺牲。“清党”后，为了躲避国民党的追杀，谢秉琼到了武汉。由于长期奔波，积劳成疾，于1930年4月病死在厦门鼓浪屿，时年32岁。

谢秉琼在短暂的一生中，为革命做了很多工作。在闽西，在福建，受到了他革命思想的影响，他的历史功绩，永远不会磨灭。

一是谢秉琼创办《汀雷》刊物，出版9期，发表100多篇文章，每期印发1000份，通过邮寄、托运、夹带等各种渠道，传至汀属各县，发往全国各地。它揭露了帝国主义、军阀、官僚的罪恶和社会黑暗、腐败的根源，唤醒汀属群众、传播革命思想，起到舆论先行的作用，为闽西革命运动打下了坚实基础。

二是谢秉琼在汀属政治监察署期间，开办了汀属社会运动人员养成所，为闽西革命运动培养了大批骨干。组织了工会、农会、学生会、妇女会等社会团体，领导群众反帝、反封建、反军阀的斗争。

三是营救林心尧。上杭“五七”“清党”事变后，林心尧被蓝玉田部下独立连连长王光烈抓捕后，谢秉琼为了营救林心尧，立即找到得力可靠的赤卫队员谢德昌、谢廷忠两人火速赶往长汀送信给蓝玉田，营救林心尧。武平到长汀有260华里之遥，他俩日夜兼程，三天的路程仅用一天一夜就赶到长汀。蓝玉田立即回信，并派了亲信勤务兵连夜赶回武平送信给王光烈。由于勤务兵途中贪杯，耽误了时间，信到武平，林心尧则刚刚被杀。事后，谢秉琼到了长汀面陈蓝玉田。蓝玉田听到后非常恼火，立即赶往上杭，把王光烈全连缴械，亲自用石块绑在王光烈身上，沉入汀江狮子潭淹死，并把参与此事的刘参谋驱逐出境。蓝玉田惩罚了凶手与参与者，林心尧虽未得救，但谢秉琼尽了最大努力。

为了保护革命干部，在林心尧被捕的当天晚上，下镇村赤卫队员在谢占先家中开会，会议做出两个决定：一是立即派得力赤卫队员谢德昌、谢廷忠两人，到长汀送信给蓝玉田，营救林心尧；二是保护和转移谢秉琼。事发的当天晚上，把谢秉琼转移至对门山上，决定每天派四人看护。在田野里分散隐蔽着赤卫队队员，白天干农活，晚上值班警戒，稍有异常立即发信号迅速转移。坚持二十余天，事态转为平息，使谢秉琼安全脱险，并派出部分赤卫队员护送秉琼到长汀。随着形势发展变化，不少同志离开家乡，踊跃参加红军，北上抗日，为新中国的成立，英勇献身。据《福建省武平县革命烈士英名录》记载：

谢开俊，1907 年生，随红军长征途中牺牲。

谢廷珂，1899 年生，共产党员，1931 年参加红军独立团，因王明错误路线，误为“AB 团”被害，后追认为烈士。

兰殿元，1890 年生，1932 年在桃溪与敌战斗中牺牲。

下镇村革命斗争如火如荼，国民党反动派惊恐万丈。为了摧残、镇压革命群众，驻扎在下镇剿共粤军第二旅旅长严应鱼，筑碉堡、建炮楼，特地在下镇村拱桥湖大路旁（这里是通往武北的石砌古道），强占民田，建一座三层炮楼，高十几米，炮楼四周布满大小枪眼，三楼还搞了墙垛，一屋还搞了地堡，戒备森严。群众害怕，绕道经过。严在万安时欺压群众，横行霸道，巧立名目敛取民财，稍有反抗就以共产党嫌疑论处。下镇村民谢德华，在谢秉琼任汀属八县监察专员时，谢德华当过谢秉琼的随行秘书，上杭“五七”清党事变后，谢秉琼为了躲避国民党的追杀，离开武平，经过长汀、南昌，最后到武汉。由于谢德华跟随谢秉琼从武平一起到湖北武汉的这一段历史，引起严旅长怀疑，借捐钱修城子之名（上镇土城）要谢德华捐款。谢德华是一个耿直的人，一口拒绝：“我没有钱，要钱只有卖妹子（女儿）。”严旅长一听火冒三丈，把驳壳枪往桌上一摔，暴跳如雷地说：“谁要你卖妹子，你是共产党嫌疑。”在炮楼里立即把谢德华绑起来送到武平坐牢，此时其长女正在出麻疹因无人照料而死亡。

在革命的战争年代，下镇村《汀雷》滚滚红旗飘，为革命的胜利做出了不可磨灭的贡献。

密林深处　红星闪耀

——小密村革命简史

刘永泰　王瑞春

万安乡小密村地处永平、万安、东留交界处，东与永平岗背村一山相隔，南与本乡捷文村相连，西与东留新福村相接，北往永平昭信村。全村现有人口 1229 人，山地面积 4 万余亩，耕地 1172 亩，海拔在 520～900 米，是万安乡的毛竹主产地。从全村最高峰棺材崇往下眺，整个村像个盆地，错落有致的丘陵像人体脉络镶嵌在盆地之中。

20 世纪 50 年代前，这里有一条古栈道穿村，也是红军游击队迂回作战和躲避敌军追击的绝妙之地。第一次反“围剿”时，因前线告急，红军某部择此栈道扬鞭策马经小密村、昭信村、江西官丰，直抵红色首都瑞金。虽处敌军腹背攻击，但仍取得瑞金外围战斗胜利。土地革命时期，红军部队曾驻扎该村，并在王奎光家正厅墙壁上挥笔写下“打土豪、分田地”标语，六个大字苍劲有力（凡在六七十年代出生的本村人都看过此标语，可惜在 70 年代中后期他家房子翻新，没保存下来）。红军还帮助小密村成立乡苏政府和赤卫队。

1949 年 10 月，收复武平城。据《武平县志》记载，在入城前，中国人民解放军在小密村同国民党残军打了一仗。这仗其实是在小密村打的。收复县城的前几天，国、共两军大队人马都要从小密村经过，有一位叫王光佐的中年男子，因家事去永平昭信找他的弟弟。弟弟是个秀才，在那里教书。途中碰巧遇到解放军部队，一位首长向他打听去武平县城的路况。听说是解放县城，贫苦出身的王光佐不但告诉解放军经过小密村离县城最近的路，还自告奋勇大胆地做了向导。到达小密村，发现这里还驻扎一个排的国民党残兵，解放军部队便兵分两路包抄，机枪射击，战斗中打死两名敌兵，其余敌兵全部缴枪投降。解放军部队在小密作短暂调整后，由王光佐的堂兄王振明继续给部队带路，直奔武平县城。从此，武平县城回到人民手中。过后，王光佐兄弟俩没把这件事向人民政府邀功，而把这段经历埋在心里。但是，这事全村上下无人不知。新中国成立后，相当一段时期，仍有解放军部队驻扎该村进行剿匪。

疾风知劲草

——捷文村革命简史

刘永泰

万安乡捷文村位于武平县西北部，距县城 10 公里，全村现有 167 户，588 人，耕地面积 1021 亩，林地 27517 亩，是全国林改第一村。捷文村与东留乡黄坊村在新中国成立前属同一个村，叫捷坊村，新中国成立后由于区划调整，原捷坊村分为黄坊村和捷文村，黄坊村隶属东留乡，捷文村隶属万安乡。

1927 年 10 月，周恩来、贺龙、叶挺、朱德、刘伯承等领导的起义军，前进到潮汕的汤坊、流沙时，遭到优势敌军的围攻，起义军受到重大损失，伤亡惨重。为保存革命力量，时任起义军第九军副军长的朱德，迅速重编部队，把剩下的 2000 多人会集起来，甩开敌人重兵，摆脱险恶的处境，于 10 月 16 日到达闽赣交界的武平。10 月 17 日，起义军进入武平的城郊，并在城郊的青云山摆下战场，伏击了国民党的追兵钱大钧部，击伤击毙敌军百多人。但不久敌军得到上杭民团孔弼臣的支援，从北门包围县城，形势突变，起义军腹背受敌，激战一昼夜，起义军伤亡20多人。在此情势下，朱德立即命令起义军迅速撤退。天黑前，起义军进入到石径岭附近，发现石径岭崇山峻岭，地势十分险要，山前一片悬崖峭壁，只有一个隘口可通过，那真是“一夫当关，万夫莫开”的险境。山顶何四妹子股匪占领了制高点，据险伏击。朱德手拿望远镜察看敌情，便毅然率领警卫人员顺藤攀上山顶，从侧面向敌人发起了进攻，匪首何四妹子被当场击毙，土匪群龙无首纷纷逃窜。起义军一举夺取了石径岭口，摆脱了国民党的追兵。乘胜追击败敌，保存了革命力量。上午，起义军在东留（大明）松柏坝（即今烟草站后）休整。据大明80岁高龄的何大英老人回忆：我听父亲说，打完石径岭，来到松柏坝休整，每一位战士对老百姓都称自己是朱德，部队休整时间很短，当天半夜里就走了，当时大部分老百姓都躲到山上了。1928年4月28日，毛泽东、朱德在江西井冈山实现了顺利会师。

在县城西门阻击战斗中，粟裕身负重伤，伤口经过处理后，由与捷文同一村的东留乡黄坊村熊桂飘背回到黄坊下村僻静的黄中远家中治疗，并由熊桂飘、黄占梅、黄启祥等人一起护送归队。

1929年1月14日，毛泽东率领红军主力离开井冈山向赣南和闽西出击。2月初，红四军主力进抵江西寻乌县吉潭圳下村，遭到赣军独立七师刘士毅的袭击，部队损失惨重，整个队伍只剩下2500余人。红军经过整编后，当天上午，毛泽东、朱德率部东进，冒着风雪进入武平。经东留龙溪、沙公排，下午到达东留墟。这天正是墟天，又是腊月二十六，群众放下做年糕等活，连忙躲到山上，仅留下一些行动不便的体弱老人看家，捷文的群众也害怕红军会来打砸抢，纷纷跑进深山躲起来，还不时地让年轻人到树林边查看情况。为此，红四军一方面派人到大明、捷文、小溪、苏湖、封侯等地张贴《红军第四军司令部布告》，另一方面，毛泽东、朱德等领导带领警卫员深入街头巷尾的农舍，登门看望留在家中的老人，与他们亲切交谈，告知红军是穷人的军队，动员百姓回家安心过年。另外，毛泽东还下令红军不得损害老百姓的东西，晚上在野外搭帐篷，在潮湿冰冷的地板上休息，有的在老百姓的屋檐下露宿。躲在山上的群众看到后很感动，当天傍晚，群众陆续回村，并开始与红军接触，随后又送米、送菜、烧茶慰劳红军。

1930 年 6 月，朱毛红军再次挺进武平，开展土地革命的伟大实践，大大加速了武平革命形势的发展，各区乡的党团组织亦有大的发展。捷文村隶属东留区委，并建立了团支部。受东留大明、苏湖及永平帽村、昭信等周边革命形势影响，捷文也建立起赤卫队、少先队和儿童团。李大庆和钟发林等积极投身革命，义无反顾地参加了捷文村赤卫队，李大庆还加入了何金标的绿林军，1930 年春改编成武南游击队的一个中队。随后还建立了长联、桂坑、背寨、大阳等区、乡游击队。1930 年农历四月初的一个凌晨，游击队获悉钟永才保商队 30 余人正在东留圩上消遣作乐，马上组织力量乘虚而入，一场围歼战把保商队全歼于醉梦之中，缴获许多枪支弹药。

红十二军克复武平城后，武平县革命委员会于 1932 年 2 月底在武东陈坑恢复，省苏工作团进驻武平，协同武平县委、县革委会发展武平苏区工作。依照《苏维埃组织法》，全县各地普遍建立苏维埃政府。东留当时成立了东留区苏维埃政府。捷文村成立了乡苏，地点设在霞彩绕坑头上众厅里，乡苏维埃政府人员由谢龙善、修作安、李义标等 15 人组成。其间，捷文人民积极参加各种革命组织，人人都有自己的所属的组织。从此，捷文人民在苏维埃政府的领导下，广泛开展打击土豪劣绅、分田分地的土地革命。废除苛捐杂税，组织青年参加红军，送粮做军鞋支红扩红等。1929～1934 年，谢春辉、谢炳升、李冠伦、钟朝举、钟天德、钟庆龙等二十多人参加了红军，其中记载在册的烈士有：李冠军，1929 年 4 月入伍，任武平独立团战士，1932 年 8 月 12 日在东留大明与敌作战牺牲；钟朝举，1933 年入伍，任红十二军第一大队战士，1933 年在长汀南阳与敌军作战牺牲；钟天德，1929 年入伍，任中央红军司号兵，参军后失踪，1981 年 9 月追认烈士；钟庆龙，1930 年入伍，任红四军战士，随红军到江西于都后失踪，1981 年 9 月追认烈士。

轰轰烈烈的土地革命斗争，使捷文劳苦大众在政治上、经济上都获得了翻身解放，极大地激发了捷文苏区人民的革命热情。捷文人民亲身感受到共产党和红军是真正为群众谋幸福的。因此，他们积极从事各项工作，踊跃参军参战，并省吃俭用，捐钱献物支持红军，支援革命战争。捷文村妇女也不甘示弱，组成女子洗衣队。女子洗衣队每天早晨主动地前往附近的红军部队驻地，收集红军战士的脏衣服，带回洗净，晒干后叠好送回部队。如果收集到破衣服，洗衣队的妇女就用针线缝好再送到红军战士手中。当时洗衣服没有肥皂，捷文村妇女们就自制茶饼水或稻草灰水用于清洗。此外，洗衣队的妇女还利用晚上和其他空余时间做布草鞋，支援红军。她们的行动，受到了东留区苏维埃政府的表彰。

在土地革命斗争的峥嵘岁月里，捷文革命先辈义无反顾积极投身于革命洪流之中，为中国人民的解放事业做出了贡献。捷文人民永远不忘那段烽火连天的革命岁月，永远缅怀当年为革命牺牲的英烈和无名英雄。

谢秉琼营救林心尧

钟春林

谢秉琼，又名思莹，号惠珍，1899 年生于万安下镇村。父亲与人合伙开办了一个“广福隆”杂货店。他在上杭念完中学后，以优异成绩考入福州甲种工业学校，后转往上海自治讲习所学习。1922 年在上海大学学习。1924 年谢秉琼在上海大学加入中国共产党。1925 年，他被派到第一次国内革命战争的策源地——广州。他在广州曾任国民政府劳工部秘书。中共福建会馆支部书记，《汀雷》杂志主编。1926 年 7 月北伐战争开始后，谢秉琼任北伐军总政治部《战地新闻》总编辑。10 月，北伐军东路军进入福建，国民革命军总政治部委派他为总政部特派汀漳各县政治党务调查专员。冬，在上杭成立汀属八县政治监察署，他任监察专员。1927 年 3 月，在上杭城开办“汀属八县社会运动人员养成所，”谢秉琼兼任所长，训育主任为林心尧（永定县人），学员 164 名，均是各县选送来的共产党员、共青团员和革命积极分子，培养闽西农民运动干部。

正当工农革命运动在武平蓬勃发展的时候，1927 年 4 月 12 日，蒋介石突然在上海悍然发动反革命政变。与此同时，福州、厦门、龙岩的国民党右派相继发动“四三”“四九”和“四一五”反革命事变，以“清党”为名，大规模地搜杀共产党员和革命群众，白色恐怖笼罩福建各地。

当时，武平、上杭县党部因主要领导权都掌握在共产党员和国民党左派手中。驻上杭、武平的民军是蓝玉田所属。蓝玉田当时倾向革命，所以，省党部“清党”的命令一时在上杭、武平两县得不到执行。4 月下旬，中共闽南部委书记罗明抵达上杭，召集紧急会议，布置应变措施，“决定将党的力量由县城转移到农村，隐蔽斗争”。“林心尧、谢秉琼均是主要领导人，不能继续在上杭活动，转移到谢秉琼家乡——武平万安，视情势再论去处。”就在此时，蓝玉田奉命率部进驻长汀，行前他把上杭的军务大权交给参谋长刘炳坤。刘炳坤大权到手，便加紧与反动势力相勾结，密谋反革命“清党”事件。

5 月 7 日，刘炳坤看到时机成熟，使利用特权下令：从本日起，任何组织不许集会，不准游行。上杭县党部不予理睬，准备继续支持农协等群众团体把在押的丘信乎等戴高帽游街示众。县工会还准备召开会议，研究扩编工人纠察队的问题，以应付事变。但因走漏了风声，被刘炳坤来一个先下手为强。于当晚 10 时许，调动了一个营的兵力和杭峰（上杭、峰市）公安局全部警察，分别包围汀属八县政治监察署、县党部、总工会、县农协会等机关团体驻地，大肆搜捕共产党员和革命分子。县党部的执委张楷、县农协执委包究生等人当场被抓，并先后遭到枪杀。在社会运动人员养成所学习的各县学员被遣散回县。时任上杭县党部执行委员练文澜（原为上杭中学学生），当晚隐藏在杭城周含玉（原籍武平芳洋）家中，一星期后才回到武平象洞。

谢秉琼、林心尧由于事先已有准备，当晚在群众的掩护下，翻越城墙，徒步逃离上杭。5 月 8 日夜半才抵达武平谢秉琼家。林心尧被安置在谢秉琼的“广福隆”杂货店里，由其父关照，谢秉琼自住家中。但消息被刘炳坤知道，即电令驻武平独立连连长王光烈，连夜分两股包围谢秉琼、林心尧住址。谢秉琼被狗吠声惊醒，连即从后门逃往家对面萝卜头崇。林心尧在杂货店里被王光烈以买香烟为名诱谢父开店门而遭捕，押往县城，连夜刑审。当晚，待王光烈退回城，谢秉琼马上写下急信件，派出年轻可靠的谢德章、谢庭章两人一天一夜时间赶往汀州，请蓝玉田解救。蓝玉田收信后也即另派贴身的护兵老宋子带上其手令赶往武平。长汀城至武平城相距260多华里，老宋子日夜兼程，走两天赶至贤溪碧崇背时已是翌日（5月11日）将近天黑时分，巧逢熟人，蓝太碧看见老宋子即叫他休息下来。老宋子说："有急事。"蓝太碧说："夜不行公事，喝两杯再走。"老宋子喝上几杯老酒，人困酒醉，把大事丢在一边，只好在蓝太碧家休息。待老宋子一觉醒来，12日吃罢早饭，赶往县城时，林心尧已被王光烈严刑拷打得奄奄一息后，于凌晨用箩筐抬至东门桥下沙坝残酷杀害了。据谢肃雍等人回忆，当时群众心如刀割，黯然泪下，不忍目睹。林心尧遗体后由城区民众捐资收葬于竹园里的粪答窝。其实，刘炳坤已料谢秉琼会请蓝玉田出面干涉而先有密令王光烈，一旦抓获即行刑讯，随之枪决。林心尧牺牲后，谢秉琼在家乡难于立足，由万安区农会派可靠会员护送，立即赶到长汀将情况告诉蓝玉田。不久，谢秉琼只得往他乡寻求生活出路。这就是震惊长汀、上杭、武平等县的"五七"反革命清党事件。

"四一二"反革命政变后，国内的政治局势发生了根本变化。国民党福建省党部也布置继续"清党"。然而，上杭、武平两县的整理委员大多数仍是共产党员，他们只是在表面上做做样子，从中保护共产党员和国民党左派人士。其时，蓝玉田也从长汀回到上杭，"以调防为借口，将王光烈全连缴械，王光烈本人被蓝玉田用石头捆绑在身上丢到汀江狮子潭淹死"。不久，蓝玉田因出面申辩"五七"清党事件捕杀人员问题，遭到蒋介石的冷眼，不给正式编制，不发军饷。此时，蓝玉田只得求助中共上杭支部书记蓝维仁帮他筹备军饷，并接受"枪毙土劣丘信孚；扣押刘参谋（炳坤）法办；今后不得伤害革命同志"三个条件。

蓝玉田是武平县人，原来就是赞成国共合作的，如今更需要共产党来帮他渡过难关。因此，杭、武两县在后来的继续“清党”中损失不大，蓝玉田从中起了一定的保护作用。

营救共产党员林心尧，虽未达目的，但谢秉琼尽了一个共产党员的努力。

挡风岭里瓮中捉鳖

灵　梓

民国22年（1933年）春，江西中央苏区红军，从红都出发，挺进白区闽南，4月20日解放漳州，接着又解放了漳浦、长泰等县，5月底，回师中央苏区。国民党军严应鱼旅长（粤军总司令陈济棠部下）得知有一批红军途经永平，立即调该旅第四团驻守万安、贤溪，并调一个营的兵力赶到挡风岭，目的是想阻拦红军越过挡风岭。当粤军赶到挡风岭时，红军部队也同时到达，因此两军相遇，立即开战。由于红军有万安赤卫队员做向导，熟悉地形，很快占领了附近的几个山头，加上红军数倍于粤军，我强敌弱，粤军被红军层层包围，成了瓮中之鳖。我军在山头上居高临下，火力猛烈，打得粤军抱头鼠窜，哇哇直叫。由于粤军上下左右都被红军包围阻击，无处可逃，只得向驻守在万安、贤溪的国民党军求援。国民党军接到命令后，立即增援，向挡风岭进发，但他们被红军阻击在挡风岭下的白莲塘，不能前进一步。就这样，双方在挡风岭激战了三天三夜，粤军一个营的兵力全部被红军歼灭。红军的一场“瓮中捉鳖”之战，战果赫赫，威震四方，至今还在民间流传、鼓舞人心。

昔时的万安米粉业

谢观光

昔时，在县城北面五公里处的万安镇（通常指上、下镇），是个有1000余户、6000多人的农村乡镇。由于人多田少，这里的人们一向顽强拼搏，艰苦谋生。昔时，大部分农民靠租县城豪绅们的土地耕种，称“佃农”。当时的田租大都对半或倒四六（即佃农得四成，田主得六成）交纳给田主。抗日战争时期，据不完全统计，全镇要交纳田租谷1000多担（每担合135市斤），有些农民交租后存粮不多，甚至刚放下禾刀子就要缺粮。但是难不倒万安客家人，他们千方百计地去寻找生活门路。于是，挑担经商、泥工木匠、家庭养殖及米粉加工业等应运而生。大概是在明末清初，万安从浙江金华引进米粉加工技术。由于万安人积极钻研、不断革新，生产的米粉洁白亮泽，丝细耐煮，深受群众欢迎，在县城十分畅销。作为米粉加工户，既能赚些利润，又能利用米渍水及粉汤饲养生猪。一年到头最少可养四五头大猪出售，据说当时县城屠户天天宰的猪，有2/3是万安人提供的，收入实在可观。所以，农户感到米粉加工业大有奔头。因此米粉加工作坊像雨后春笋般迅速发展起来，很快从几户发展到几十户、上百户，而且逐年增加，抗日战争前后已达到鼎盛时期。据统计，当时米粉加工业者已有四百多户。从此，万安人“上季多雨勤耕田，下季晴天做粉干，做好粉干县城卖，既养猪来又赚钱”。

第一次国共合作以后，1925 年冬，万安由外地读书毕业返乡的新青年谢秉琼、谢鸣珂、谢成珂、谢廷珂、谢循良、谢顺华等领导农民组织万安农民协会，进行革命活动。由于当时地主对农民十分苛刻，交田租时，不但要把谷子重新用风车吹过，还要用自带的大斗量。因此，农民协会首先组织农民对地主实行减租减息，规定所有田租减纳二成半，实交七成半，称“二五减租”。这得到农民的热烈拥护，而土豪劣绅们对农民协会却恨之入骨。

1927 年间，本县天气干旱，稻谷歉收，到处闹饥荒。县城豪绅们借此机会，以“制造米粉要消耗许多粮食”为借口，私通官府禁制米粉。当时政府不作调查研究，不分青红皂白就乱下禁令。当“禁做米粉”的通告贴出后，地主豪绅们立即唆使一些无赖上街没收米粉，不愿没收的就踢翻米粉箩筐，用棍棒砸碎米粉，闹得一片混乱，满街都是米粉，任人践踏。卖米粉干的人损失惨重，伤心至极。万安人强烈不满，便马上报告万安农民协会。农民协会知情后非常气愤，立即召开会议，分析形势，研究对策。大家认为，这种恶劣行径，是侵犯人民的基本权益，是对万安人民的侮辱！尤其是地主豪绅们的暗中操作，任意插手，是对万安农民协会组织农民实行减租减息的报复、挑衅！为维护万安农民的应有权利和万安农民协会的声誉，农民协会讨论决定：翌日组织米粉业者到县政府抗议、示威，说明万安制粉所需的大米是由江西运来的，绝没影响本县米价；坚决要求解除禁令，赔偿应有的损失！

第二天（1927 年 4 月间），万安农民协会组织万安米粉业者 300 余人，手持扁担，扁担上贴着一张张标语，上面写着“米粉加工业是万安农民的经济命脉”“米粉原料来自江西，绝不影响米价”“米粉加工是人民的权利”“请政府解除禁令，维护人民权益”“打倒土豪劣绅”

“打倒社会败类”等口号，由农民协会委员谢成珂等人带领万安农民请愿队，浩浩荡荡向县城进发，一路上雄赳赳、气昂昂，高喊口号、威风凛凛。走进县城街道时，吓得县城许多商店立即关门，不敢正视；豪绅们见势不妙，像缩头乌龟一样缩进屋内，不敢出头露面。队伍来到县政府大门口，大家高喊口号要求县长亲自出来答话。过了约五分钟，不见县长出来，农民协会委员谢循良便直进县衙请县长出来。当时县长肖其俊吓得胆战心惊，便赶紧叫秘书肖友松出来答话，他说：“各位万安农民……你们的请求，县长会慎重考虑，请各位先行回家，各安生业，听候妥善解决……”肖秘书走后，万安农民协会委员认为答话还算通情达理，政府要我们听候解决已算得体，便怀着胜利的喜悦，带着万安农民请愿队返回万安。从此，米粉加工业照样进行，在县城卖米粉再也无人敢捣乱了。事后县城地主豪绅们诽谤、攻击万安人是“小日本”。这就是“万安小日本”的由来。

万安人为苏区运盐的故事

灵 梓

昔时，武平及赣南数县的食盐，都由广东水运到下坝，然后起运至和平乡，再经石径岭运至会昌的筠门岭。由于当时没有公路，都由挑夫运送，日运千余担，要经崎岖的石径岭，长途跋涉，十分艰辛。自赣南建立中央苏区后，蒋介石为扑灭红军，调动了一百多万军队，先后对中央苏区进行了五次“围剿”。另外下令各地禁止把食盐、药材、布匹等运入苏区，企图以此扼杀苏区军民。1933 年，粤军总司令陈济棠部的严应鱼旅长盘踞在武平，到处建筑碉堡，收刮民膏。他为配合“围剿”中央苏区革命根据地，下令县事会设立“武平县食盐管理委员会”，各乡镇设“食盐管理所”，采取计口购盐的办法，规定每人每月限购一斤盐，严禁食盐运入江西苏区。一经查获，立即严惩。一次，城厢西厢村的王某，借扫墓为名，在笼屉底层装入两包食盐，欲运苏区，行至石径岭时，遇见严应鱼巡逻队，当场查出，即将王某押至旅部枪杀。尽管如此，万安人民和我县不少劳苦大众一样，仍不怕艰难险阻，千方百计地把食盐运至江西苏区。一次，万安人趁往江西买牛的机会，把几件棉袄用饱和食盐水浸透，然后当作行囊胜利运至苏区，苏区军民再把棉袄的盐水拧至锅里，熬成食盐。这种做法，深受中央苏区军民欢迎，大家说万安人有办法，有智慧。另一次，上镇的王清涛、钟×安及下镇的谢德成村民为支持中央苏区军民，趁夜深人静之时，避开石径岭严旅的巡逻队，走小路，从捷文乌泥坑到毛屋径，想从毛屋径翻山越岭，挑到东留新福，再到江西洞头……不料，在东留遇上严旅巡逻队，因此，他们三人丢掉食盐担子，拔腿就跑。虽然当时没被巡逻队抓着，但后来，由于扁担上有名字，还是被发现，幸好他们迅速投案，免遭一死，以每人罚款二百毫子了事。

万安人民的革命斗争精神永垂不朽！

国共合作时期党组织的建立和活动

1919年五四运动后，武平一些进步青年开始接受马克思主义。1924年，万安下镇的谢秉琼在上海大学加入中国共产党。翌年，他在广州担任国民政府劳工部秘书、中共福建会馆支部书记。1926年3月，他与长汀人胡铁襄、吴逢凡等在广州创办《汀雷》杂志。与此同时，万安下镇谢鸣珂亦在福州主办《曙汀》杂志。这些都是以揭露帝国主义、封建主义罪恶，传播马克思主义和反帝反封建革命思想为宗旨的刊物。这两种刊物出版后，在武平广为散发，为武平建立共产党组织做了舆论和思想准备。

1926年6月，谢秉琼受党组织派遣回闽西担任国民革命总政治部特派汀漳各县政治党务调查专员、汀属八县政治监察专员。此时，在广州、厦门、福州等地入党的修焕璜、钟武、李景蟾、谢云从、危行景等相继回武平。同年冬，中共武平小组在县城成立，有党员12人，负责人修焕璜，隶属中共两广区党委汕头地委。

武平党小组建立后，除在城乡发展共产党和共产主义青年团组织外，根据党中央决定精神，修焕璜、李景蟾等以个人身份加入国民党，促成国民党武平县党部成立，并成为党部执委委员。他们抓住国共合作机会，广泛发动群众开展反帝反封建斗争。1927年1月，成立武平县农民协会筹备处。城关附近各乡农民协会相继成立，随即在县城南门坝举行数千人参加的县、乡农民协会成立大会，并创办《武平农民》刊物，宣传反帝反封建思想。同时以万安为重点，在农村广泛开展减租减息运动。在县城举行反对帝国主义文化侵略示威游行。同年 3 月，党小组选送张涤心、梁心田等 20 多名共产党员、农运骨干到上杭参加由谢秉琼创办的“汀属八县社会运动人员养成所”培训。

1930 年，在修焕璜、李景蟾等共产党员努力下，国民党武平党部正式成立，江旭初（永定人）任书记长。分设执行委员会和监察委员会及党务、宣传、社会、妇女等委员会。谢循良、赖仰周、钟歧民、钟可真先后任县党部书记长。其间，万安的谢循良书记长曾带领万安 300 多人的农民请愿队，到县政府要求解除禁令，允许万安人民做米粉。还献墨宝为《李氏族谱》题字（见照片）。

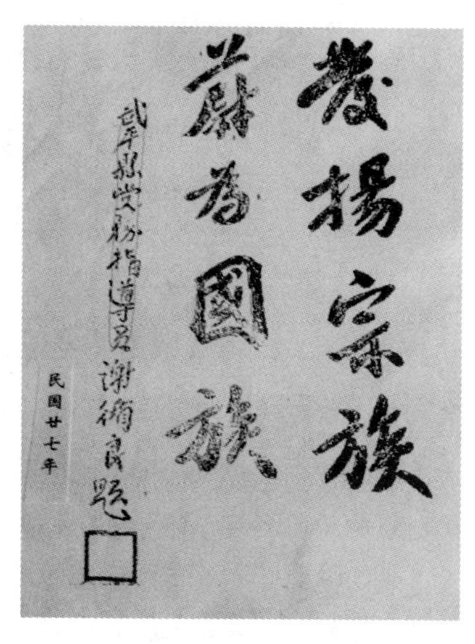

1927 年 4 月 12 日，蒋介石在上海发动反革命政变。龙岩、上杭等地接连发生国民党右派暴力清党事件。国民党内的共产党人严遭迫害，5 月谢秉琼遭追捕，中共上杭县支部书记林心尧在武平被杀害，个别共产党人被迫声明退党，党小组失掉与上级组织的联系，转入秘密活动。

（灵梓根据谢素英提供的《武平县志》等资料整理）

大革命时期的武平农民运动

谢肃雍

按：谢肃雍同志原系武平县早期农民运动领导成员之一。全国解放后继续参加工作，现已退休。本文是他80高寿之际的回忆。本刊根据史料曾作了一些修、删，现予发表。

第一次国共合作时期（即第一次国内革命战争时期），我们闽西和东南各地一样，革命的烽火风起云涌，打倒帝国主义、打倒军阀、打倒贪官污吏、打倒土豪劣绅的口号响彻云霄。在这革命的高潮中，汀属政治监察署在上杭城成立，谢秉琼（本县万安人，当时是共产党员）任监察专员，林心尧（永定人，共产党员）任秘书长。从而，监察署积极领导各县人民组织起来，更广泛地开展反帝反封建的斗争。

武平由于毗邻粤东和监察署所在地——上杭，深受他们革命斗争的影响，加之在外地读书的武平籍青年学生陆续回来，革命气氛亦逐渐高涨。是时，监察署决定先行把农民组织起来，并指派象洞的钟武（喆甡，当时是共产党员）、练文澜（练平，当时是共产党员），小澜的张世权（玉衡，共产党员）和我四人为武平县农民协会筹备委员（原指派五人，另一人不知何故未到职）；干事三人，即六甲邹济苍（沛甘），城关王增贤、钟用宾（王、钟二人，早年已故），筹备处设在城内孔庙后文昌阁。

时经三个月的筹备，武平县农民协会宣告成立，同时还在县城南门坝（现体育场）召开隆重的成立大会。林心尧同志适来武平，参加了大会，并在会上讲了话。大意是号召农民积极组织起来，尽快地解除长期受压迫、受剥削的痛苦等。我们四名筹备委员亦被选为正式委员，可由于当时生活十分艰苦，只有饭吃毫无半文薪金，钟武即先离我们，改任武平县中学教员，实际工作就我们三人。人虽少，可在广大群众的拥护下和县党部（国民党党部，但大部成员亦是共产党员）的大力支持下，农民运动日益广泛深入地发展起来。兹将当时活动情况，现尚能记忆者略述如下：

一、宣传革命道理

农民协会一成立，我们首先抓好宣传工作。主要采取利用集会、圩期以各种各样方式进行演讲，同时还创办《武平农民》专刊，用通俗易懂的白话文编撰农民组织起来的好处，打倒帝国主义、打倒军阀、打倒贪官污吏和土豪劣绅的重大意义的歌谣、短小精悍的文章。每期约油印二三百份，发至各区、乡农民协会、各地下党组织，有时还张贴在街头圩上，深受广大贫民的欢迎。此刊直至1927年“五七”反革命清党事件后被封闭停刊。

二、打倒贪官污吏

大革命前夕的武平县知事（即县长）曾玉山（本县万安人），由于善于谄媚奉承驻军头目曹万顺（闽西驻军），遂由劣绅爬上县知事宝座，到任未及一年，就被革命风暴席卷而倒。此时，在本县万安的谢鸣珂（日本北海道帝国大学毕业）的倡议下，召开全县代表大会，选举产生武平县务委员会，谢鸣珂为委员长，钟筱郑（岩前）、肖友松（黎畲）、王艾生（城厢）、林明初（袁畲）等为委员。在当时来说，民选县政主持人是十分罕见的。在施政期间进行了许多改革，详细情况容当另文记述。

劣绅钟佩芳，城关兴南人，他为人的卑鄙、品质的恶劣，比起曾玉山有过之而无不及，为取得驻军头目的欢心，不惜用最卑鄙无耻的手段，常牵线诱骗无知中青年妇女供他们这些败类任意糟蹋，群众对之敢怒不敢言。他住屋斜对面有一座房，叫作“睦族社”，实际上是专供贪官、土劣、驻军头目等吃喝嫖赌的场所。他的所作所为，依仗军阀官僚权势，肆无忌惮。武平农协会根据群众意见，配合国民党县党部（当时书记温大明，六甲人）和县务委员会，经监署和驻军的批准将曾、钟二人逮捕下狱，大快人心。从此歪风渐息，正义日升。但“四一二”事变后，二人被释，曾已销声匿迹，而钟佩芳又认为时机已到，欲想死灰复燃，反动气焰极为嚣张，群众对他更为切齿痛恨。终于在20世纪30年代的一天夜晚，他和城关兴南林焕子、林红面古兄弟俩同时在各自家里遭枪杀，真是“多行不义必自毙”得到应有的下场。

三、破除迷信，焚毁菩萨

本县万安贤溪碧岽背，当时有一神庙的神位，叫作“虚空大伯”，实际上没有什么神像，仅挂一面空镜而已，求神祈愿的香客，近至本县附近各区乡，远至广东蕉岭一带，每天来往，络绎不绝。迷信头子兰元利等靠这些无知香客索取财物，过着挥霍无度的奢侈生活，浪费人力、物力实在巨大。我们“农协”一致认为要解除封建枷锁，首先要从破除迷信着手，当即配合县党部和县务委员会，组织人员，前往碧岽背把那个镜子取回，在县城当众砸毁。接着，城关西门的城隍庙的菩萨、东岳菩萨，以及岩前定光古佛，均受此影响而相继烧毁。从此，本县迷信之风，始稍敛息，一时虽未完全破除的，亦没有以前那样张扬了。

四、减租减息，改善农民生活

经农民协会研究，为减少农民的租税负担，提高他们的收入，决定在万安先搞试点，然后在全县铺开。县农协派出人员往万安，首先成立起区农协会，成立那天，适长汀县革命领导人黄亚光、刘光前两人亦在万安，特邀请到会，并在会上讲了话（黄、刘两人到监署向谢秉琼商讨革命工作，但抵杭后，谢秉琼已因事回家，故又赶来万安与谢会晤）。

区农协会成立后，首先的任务即实行减租减息，规定原交租谷一石的（150斤）改交七斗五升，比原减交二斗五升；利息原为长年加三、逐月加二半的，改减为长年加二半、逐月加二。开始实行时，田主佬态度十分强硬，定要收足，不能丝毫短少，否则即以起耕相威胁。这一着县农会早已预料到，做出针锋相对的决定：凡是田主佬起耕的田地，农会会员都一律不承耕，这样田主佬一怕田地荒芜，二怕一点租谷也难以收到，他们那破坏伎俩只好停锣息鼓，“二五”减租减息遂得以进行。同时，此一运动在全县各地也陆续展开。“四一二”蒋介石叛变革命后，上杭、武平也实行反革命清党，农民运动一时停息，至1928年春才逐而恢复、发展。

民国时期万安农民的“米粉请愿事件”和“瑞狮联欢”追记

李坦生

1925年国共合作后，国民革命军进入福建，农民运动随之兴起。武平在外地求学的知识青年，接受了新思想，他们血气方刚，要闹革命。当时万安镇在外地的知识青年谢鸣珂、谢成珂、谢廷珂、谢惠珍、谢循良、谢顺华、曾佩文、朱仰文等，说干就干，先后回到家乡，开展宣传活动，串联贫苦农民，不久，组织发动农民成立了农民协会。

万安镇距县城仅10华里，是个田少人多的地方，大部分农民佃耕县城富豪的田，据当时的粗略估计，每年要向县城田主交纳田租谷1000石以上（一石谷子折合135市斤）。佃耕1担谷田（1亩田3~4担）要纳租谷6~8斗（10斗为1石），有不少田主收租时自带大斗，自过风车，选上好的谷子，斗量装袋后扭紧，加盖图章为标志，要求佃户挑送到县城。如果到了晌午，田主还要佃户饭菜款待。在正常年景，佃户需将上季收来的谷子全部交租才够数，如果上季收的谷子不足交租，尚欠的下季补足。佃农面向水田背朝天，终年劳作，收入甚少，食不果腹。农民协会成立后，坚决实行“二五减租”（即1石田租谷减纳二成半，实交7斗5升）。广大农民得到实惠，无不拥护农民协会。间或有一两个顽固的田主抗拒不减，闹到农民协会去，佃户总是占理，田主只能低头认错，按规定执行。因此，县城富豪对万安人甚是不满，然迫于形势，只得忍气吞声，自认倒霉。

万安农民因耕田收入难以维持生活，必须找副业门路，有的走江西做牛贩，有的挑担，大部分人家则做米粉、养猪。上季雨天多，农活也多，基本上下田劳动；下季晴天多，农活少些，就在家做米粉。一作（即做一次）米粉需用5斗谷子，做好米粉挑去换谷子，可换到7斗左右。一张粉床（做米粉的主要工具）加工过程中得到的米糠、洗米水、米粉汤等饲料，可供养四五头猪。到县城圩上买回小猪，养半年就有百来斤。当时县城屠户宰的猪有2/3是从万安买来的。米粉卷成约6寸长、4寸宽的小长方块，用粉笪晒干后，挑到县城卖。售米粉没固定场所，一般在熟悉的商家门口或较空的街道两旁零售。买米粉的除县城小食店和一些殷实人家外，还有从十方、岩前、中山、下坝等地来的小商贩。到了夕阳西下时，卖米粉的才三五成群地挑了箩担回万安去。

民国16年（1927年）因天旱粮食歉收，县政府出布告要求民众节约粮食，避免浪费，以渡粮荒。县城豪绅看到有机可乘，便去县政府疏通一些官员，请求严禁做米粉，“以减少粮食浪费”。当时的县政府倾向豪富，即日一声令下禁卖米粉，为了使命令能立即执行，他们又纠集了一班无赖之徒，到街上把卖米粉的箩担踢翻，稍有反抗，便强蛮没收。万安农民纷纷向农民协会诉苦。农民协会负责人到县城找县党部书记长谢循良（万安人）告知此事，请他支持农民。翌日，农民协会发动农民300多人，各扛一条扁担，排成队伍，浩浩荡荡奔向县城，到县政府请愿，吓得街上商店关门，豪绅龟缩家中不敢出门。请愿农民围在县政府门前，农民协会负责人到县党部，请书记长谢循良一同去见县长肖其俊（十方黎畲人），要求解除禁令，收回成命，以平息事态。县长肖其俊感到众怒难犯，不敢出来接见请愿队伍，只派了秘书肖某向请愿农民表示同意所请，撤回禁令。至此，请愿者才高高兴兴排着队回万安。

请愿事件过后几个月，到了次年（1928 年）春正月二十六日——万安人的传统节日，为庆祝魏公诞辰（魏公，即魏侃夫，元代武平的县尹，卸任后携家居万安，因兵荒马乱，组织当地居民筑土城保一方安宁，遭陷害，受凌迟处死，后来伸了冤，追封为万安土地隍公，人们称之为“剥皮公爹”，并建魏公庙祀之），在镇门口空旷的营子岗上设会场，搭起讲台。上午，近 3000 人参加集会，农民协会负责人主持大会，县政府、县党部都派了代表到会致辞。会后，演出内容新颖的文明剧，博得阵阵热烈掌声。下午，狮灯表演，共有 32 班狮灯参加，到处敲锣打鼓，异常热闹。各班狮灯纷纷献艺夺冠，使出浑身技艺，群众目不暇接，交口称赞，一直闹到夕阳西斜。此次瑞狮联欢大会，盛况空前，是当时的武平县绝无仅有的、有组织的群众文娱活动。县城的豪绅只能听传闻，不敢正视，暗中传出闲言“万安真是小日本”以泄愤懑。此后，有好长一段时间，人们常常不无幽默地以“小日本”的诨名戏称万安，与万安人开玩笑。

（本文参阅谢任珂先生遗留的笔记片断整理成篇，载《武平文史资料》第十八辑）

朱德巧夺石径岭

李坦生

1927 年 10 月中旬，朱德、陈毅等同志率领南昌起义军，从广东经永定峰市进入武平。在县城与尾追之敌国民党军钱大钧部激战，消灭大股敌人后，迅速转移。

朱德同志率起义军由武平向西北急行二十华里，来到石径岭。石径岭，悬崖峭壁，地势险要，明代汀州知府刘焘有诗云："迭峰重冈断复连，岧峣嵬际出层巅。遥闻猿啸苍烟里，仰见人行白日边。"这里只有一条似云梯的石径，须攀登几百个石阶，穿过"一夫当关，万夫莫开"的隘口，才能翻过石径岭，可是这时已被土匪占据了。

前有土匪堵截，后有紧追之敌，情况相当危急。这时，朱德军长出现在队前，他一面镇定地指挥部队疏散隐蔽，要陈毅、王尔琢指挥部队待机正面进攻，一面亲自带几个警卫战士察看地形，然后从长满灌木棘藤的悬崖陡壁攀登而上，出其不意地在敌人侧后发起进攻。匪首何四妹子及众匪徒以为扼守险要，万无一失，只是注视正面石径小路，死守严防，万万没料到有人能从后头峭壁上摸上来。当朱德同志率兵出其不意地从敌后侧发起进攻时，众匪徒当时慌了，惊恐万状，纷纷逃跑。何四妹子企图顽抗，被我勇士毙于现场。关隘一举被我军夺下，为部队前进扫除了障碍。当起义军怀着胜利的喜悦，通过朱德同志亲自杀开的这条血路时，只见他威武地站在一块断壁上，手里掂着驳壳枪，指挥着后续部队通过隘口。

起义军翻过石径岭后，经东留疾速进入赣南山区，摆脱了敌人追兵，保存了革命力量，开始了新的战斗。

血战梅子坑

谢观光　池友昌

新中国成立前夕（1949年秋），驻江西会昌县的四野大军，为帮助解放武平，浩浩荡荡南下来到武平。途中，听说万安小密有一股国民党残部盘踞，立即派出了一个营的兵力，在一个天刚蒙蒙亮的时候，趁敌无备，突然围攻杨炯驻小密的一个连部队，当时敌军还在睡觉，所以快速结束战斗，将其全部歼灭。然后，这支部队翻过大山，进入白莲塘十几里峡谷的羊肠小道（当时未筑白莲塘水库），在小路上，马不停蹄地快速行军，当大军走到白莲塘的梅子坑时，突然遇到从永平下来的一股国民党残余部队（当时称白军），因此，在梅子坑展开了一场激战。我军在梅子坑，敌人在峡谷对面挡风岭的崇山峻岭之中，我部几次进攻，没有成功，血流成河，损失惨重。这时，据说部队有个旅长在指挥战斗，他马上派一个连，弯过牛古潭，迂回到敌人背后。这样，敌人遭受两面夹攻。在我军猛烈攻击下，敌人100多人全部歼灭，我军也有60多人壮烈牺牲。山上尸体横七竖八，地上到处是弹壳。我军又取得了重大胜利。80年代初期，有一位部队军官还专程来挡风岭，了解“激战梅子坑”的情况。

崛起·魅力万安

魅力万安

谢观光

说起万安，熟知的人们一定会想到武平猪胆肝。因为昔时的万安家家户户做米粉、养大猪，县城屠户杀的猪有2/3是万安人民供应的。由于杀的猪多，猪胆肝业也在清朝中叶悄悄兴起。后来人们知道猪胆肝营养丰富、香而甘甜，是宴请宾朋和馈赠亲友的佳品，特别配酒时细细品尝、慢慢咀嚼，香气四溢，韵味无穷，让人满口生香，感到别有一番风味。久而久之，武平猪胆肝却成了“闽西八大干”之首，誉满八闽。万安也因武平猪胆肝的名声远播而熠熠生辉。

万安是一个充满魅力的古镇。历史悠久，人文底蕴厚重。早在2000多年前的西汉初期，汉高祖刘邦下诏书，封南武侯织为南海国王，于是织带领闽越子弟，在这片蛮荒之地开疆辟土，创造文明。万安刘屋背三号遗址出土有汉代文物11件，陶片实物资料近千件，经鉴定，大量石器、印纹陶片、石锛等是6000多年前古越族遗物。这些历史的痕迹，以不逝的记忆印证着万安曾经有过的辉煌。元末至正年间，县尹魏侃夫定居万安，由于时局纷乱，盗贼不断，土匪海元子经常骚扰万安，社会不得安宁。魏侃夫为保一方人民的生命和财产安全，率众筑城

（土堡），后遭小人诬告私筑王城，图谋不轨，惨遭剥皮处死。后来地方正义之士，联名上书，集体喊冤，惊动了朝廷，便派员下来明察暗访，确认冤枉实情，此案得以平反昭雪，皇上追敕封魏侃夫为光禄大夫、土地隍公，供众人奉祀。万安人民纪念他的民俗活动历600多年不衰。2014年民间恢复传统“出古事”的宏大场面，仿佛率领人们走进古镇悠久历史的长廊。

万安的魅力，还因为这里是中央苏区的一部分，是武平革命的前哨。早在1924年于上海大学参加了中国共产党的谢秉琼，是万安下镇人，他创办并主编《汀雷》杂志，亲自撰写发刊词，寄发闽西各县和全国各地，对唤醒民众、传播革命思想具有不可估量的作用。他受中共两广区委派遣回闽西开展党的工作，创办农民讲习所，指导汀属各县建立共产党，发展农会、工会、学生会、商民协会和妇女会等群众团体，开展反帝反封建、反对军阀残余势力的斗争，是武平革命的先驱，是传播进步思想的文明使者，演绎着一个个可歌可泣的悲壮故事。谢秉琼正是万安红土地上孕育的客家人中的翘楚。

悠久的人文历史和深厚的文化底蕴，只能说明万安古镇的厚重。改革开放的大潮，正冲击着这个古镇，使万安变得朝气蓬勃，富有青春魅力。她正按时代的脉搏，迈着矫健的步伐前进，谱写着创新的乐章。

万安山好、水好，人更好。山清水秀，风光旖旎。放眼万安大地，处处滴翠流金，万安向人们展示着娇媚的身姿，梁野山脉延伸过来的挡风岭、官材岽、石径岭，山峦叠翠、树竹葳蕤，自然生态保护完好。还有更令人赞不绝口的事：万安捷文村是全国林改第一村，实现了不砍树照样富的愿望。这里林下养鸡、养蜂；林下种植草珊瑚、金线莲；林下筑塘养鱼、养石硅；林下种香菇、木耳；林下种兰花、富贵籽……一句话，林下经济的腾飞，使人民生活更加富裕！若你在万安的山里走走，会把你带进一个无污染、富含氧吧的世外桃源；正是万安山林生态保护完好，增强了水土保持能力，渗透出来的水像清泉一样美丽。万安可赏飞瀑天泻，烟波缥缈；可饮玉液琼浆，碧水甘泉。以清泉形成的白莲塘水库美如国画，捷文水库清波荡漾，正在兴建的石径岭水库，成为武平城区最为干净的饮用水之源，送入千家万户，惠及黎民百姓。万安新镇的决策者们以自己的远见卓识和过人的胆略，锐意进取、勇于创新，为打造武平“城北新镇、城郊花园、保障基地”求实奋进，谱写了一篇篇浓墨重彩、科学发展的新华章。上镇建筑实训地、下镇绿色生态地，“剥皮公爹”古堡文化地、五里的山樱花基地、菜篮子基地及闻名全国的钟亮生养蜂基地等，绘就了一幅幅壮阔而绚丽的画卷，使这个古镇焕发出无限的生机，展现着无穷的魅力！

入夜，万安20米高的标志性建筑——彩塔，霓虹闪烁，溢彩流金，它像海洋中明亮的灯塔，引导人们乘风破浪、阔步向前！相信，古镇万安把自己的梦想融入中国梦，一定能出彩，一定会出彩！

“长风破浪会有时，直挂云帆济沧海。”

乐为万安崛起鼓与呼

谢广福

万安镇历史悠久，它位于县境中南部平川河上游河谷盆地。土地平坦肥沃，山林资源丰富，四季气候宜人。万安人民勤劳勇敢，自力更生，素有“吃苦耐劳，奋发进取”之精神，牢记宗旨，树立开放意识、大局意识和责任意识，充分展示了万安镇近年来的发展变化和精神风貌，万安的经济建设和社会发展发生了巨大的变化，城镇化建设日臻完善，万安新形象已初步树立，一个繁荣昌盛、奋发向上的新万安正在崛起。

身为一班之长的万安镇党委书记钟富民同志，锐意进取、勇于创新。上任伊始，以更加昂扬奋进的士气，带领党委政府一班人，积极主动融入万安经济社会发展大循环，紧紧围绕县委、县政府的工作重心，深入实践、深入生活、深入群众，立足镇情，认真落实基层党组织建设工作各项措施，不断改进党建工作方法，创新工作思路，明确工作目标，完善健全制度，通过走群众路线，深入调查研究，制定了全镇党建和谐建设及精神文明建设的总体规划和年度目标，开展了一系列的创先争优活动。同时一并抓好全镇的安全稳定工作，廉洁自律，拒腐防变。

指导调整全镇农业发展格局，大力实施新产品、新技术的开发工作，建立健全多方位的市场载体，拓宽流通渠道，招商引资，促进社会经济的持续增长发展。

钟富民同志向来思路清晰敏捷，政治目光敏锐，富有高度的政治责任感和使命感。他始终本着发展的思路去思考问题，开展工作，做好工作。凭借今年（2014 年）撤乡设镇的契机，善抓机遇，用好政策，加强镇情镇貌的宣传发动工作，努力打造“民俗文化”品牌，组建了“侃夫文化传播有限公司”，着力宣传万安古镇这一民俗文化底蕴，传承元代武平县尹魏侃夫“爱乡爱民”的廉政文化精神。采用“走出去，请进来”的方式，组织镇村干部到“珠江三角州”及沿海一带学习考察，放飞思想，收获经验，同时邀请外出乡贤和热心家乡事业的仁人志士回乡聚会座谈，共襄发展大计。许多成功人士回到家乡后，看到万安的路宽了、房屋高了、山绿水清了都由衷地高兴，当听到钟富民同志介绍万安的发展规划和宏伟蓝图时，纷纷表示一定要为万安的长足发展添砖加瓦，为万安的崛起摇旗呐喊、振臂高呼！

钟富民同志坚持“围绕发展抓党建，抓好党建促发展”的思想，全力构建良好的政治生态环境，有力地推动了全镇经济和社会各项事业的发展。一方面，充分认识到县委县政府在万安境内开发第一、第二饮水资源建设对镇域经济的拉动作用，全力服务并服从于县城开发项目建设。同时继续加大项目规划和项目储备，在认准地理优势和资源优势的基础上，又规划出台了“泥、木、铁”技术培训基地、果蔬大棚种植基地、养蜂基地及草珊瑚中药材基地。另一方面，努力发展观光农业和旅游产业，规划兴建民俗文化村和魏公庙重建项目。大力发展“农家乐”等区域化特色经济。建立武平县城后花园，把所规划的各项目全面纳入招商引资范畴，加大力度，力争早日实现优质资源与外来资本的成功嫁接，培育起新的经济增长点，有效增强镇村财政收入，促进农民增收，提高百姓生活水平，为万安的迅速崛起提供有效的经济保障。

如今，钟富民同志正加大民生工程建设力度，使改善民生、富民惠民的工作落到实处，让广大干部、群众共享改革开放以来取得的胜利成果。

厚土走笔

刘永泰

王者乐土。

土，五行居中。金、木、水、火环绕其中，由土而兴，由土而发。土地是万物生灵之源，是平民百姓生存之根，是社稷江山稳固之本，是“武平后花园”科学发展、快速发展之魂。

相传，990年左右，武平遴选县址，官方曾派堪舆术士前往武所（今中山）、南安（今岩前）、南武（今平川）、刘坊（今万安）采样称土，以轻重决定取舍。其结果，南武为重，武所、南安次之，刘坊稍逊。于是，994年，武平由场升县，县治便由武所迁至平川，刘坊镇失之交臂。

然，万安之土是厚重的。山川、河流、大地，源自第四纪冰川。境内构造复杂，发育齐全，从上元古界震旦系到新生代第四系地层均有出露。中生代地层，有侏罗纪陆相大山沉积岩系，白垩纪早期湖相火山喷发——沉积岩系和晚期干燥炎热陆海相盆地积沉岩。万安的土地，大部分是黄泥土、黏性地。这是大自然恩赐的闽、粤、赣边陲的“猪膏羊肉”地，由崇山峻岭阔叶林木长年累月的枯枝败叶腐植堆积以及河泥的长期冲刷而成的凝泥积土。它黏性十足，就像客家糍粑那样粘住行人的脚后跟。挖去表土三尺，呈现的是十几米黄灿灿、黑黝黝的厚土层，当地人把它叫作“瓮子泥”，这种泥少砂、无铁、黏性强，是做瓦、烧缸钵、烧瓷器、做砖的上等原料。砖、瓦、瓷是土的精华，水的精灵，火的热烈，映古炼今。怪不得历史上万安镇砖瓦窑无数，20世纪六七十年代，还兴办过武平县万安瓷厂，当地百姓日用的碗、盘、碟、杯、汤匙等日用品均出斯厂，还销往周边省市。如今，万安砖厂生产的砖，其硬度、韧度、承压度都达国标、省标，产品销往全国各地，好评如潮。万安之砖，为祖国建设添砖加瓦，发光发热。同时，铸就了大批现代农民工，在改革大潮中走南闯北，通州入府，为城市发展建功立业。

万安人爱土、惜土、养土。从修塘背到风吹口，乃至贤溪田塅，南北纵横二十里，从官尾上到送子桥，东西交错五里，方圆近百里地势平坦，一马平川，广袤而平坦的腹地，茫茫四野，阡陌纵横。大山的末端与螃蟹垅交汇处，是一小平原，它是放大的西欧庄园，微缩的中国土地博物馆。这肥田沃土，是客家人的聚宝盆，是当地人的“乌油钵”，是万安的“大粮仓”。客家人祖祖辈辈土里刨食，精耕细作，轮作养土，形成了表土有尺把二尺厚，黑黝黝、油腻腻、细软软、乌溜溜的，那是抓一把都能捏出泥油来的宝地呀！本地人世代沿袭种植水稻，冬闲，他们在大田塅里种植萝卜、青菜、油头、西红柿、瓜豆，以供城区之时蔬，换取油盐。在以农为国、自给自足的朝代，万安人凭着客家勤劳智慧的秉性，倒也能衣食无忧；在“以粮为纲”的年代，在那“备战备荒”的岁月里，万安人是“手中有粮，心里不慌，脚踏实地，喜气洋洋”，委实昂首挺胸地风光了一把。

改革开放后，万安人调整了农业结构，不仅种水稻，成为武平的“米袋子”，还种瓜、种豆、种菜、种果、种花，成为武平“菜篮子”。一个个现代化的蔬菜大棚、花卉大棚犹如一座座现代农业工厂，林立于道路两旁。举目四望，万安大地是水满川、瓜满架、绿满垄、金满地。随着国门的开放，四时鲜蔬川流不息地涌入厦三角、珠三角乃至东南亚。

层岭叠嶂，群峰奔涌，逶迤百里的大山一圈又一圈地环绕着万安大地，在这奇特的地理环境中，形成了冬暖夏凉、温和湿润的特殊气候，于是这里四季如春，百花盛开。洞天福地里，富贵籽、素心兰、茶花、瑞香、桂花等名贵花卉，争奇斗艳，竞相开放。万安人在厚实的土地上追求美，追求美丽的财富、美丽的幸福、高雅的情趣，忽如一夜春风来，种花、看花、赏花、品花、卖花的热情如火山喷涌，一发而不可收。时至今日，全镇种花专业户有几十户，年产各种花卉近千万盆（株），远销长城内外，大江南北。

万安绿满厚土，香满厚土，福满厚土。

万安人敬土、净土。素朴、虔诚的客家人“以土为尊”，在村头庄尾、田间路旁、山边河畔都祀有“伯公”。抑或在村口一棵高大浓密的树下或一条水流湍急的溪边，都有一个矮小的土神龛，有的仅有一块石碑或木牌，一块石头，甚至有的只在树干上贴一张红纸，香炉里或地上插着几炷香，那里供奉的就是客家人至尊至诚最直接的守护神——“伯公”，即“土地伯公”“公王”“土地爷”。周穆王赐联：“福而有德千家敬，正则为神万世尊。”每年农历二月初二为土地伯公生日，虔诚的客家人给各处伯公上香、敬茶，办三牲果品，虔诚敬祀，以祈风调雨顺，五谷丰登，国泰民安。

万安人满怀对厚土的深情，揣着对厚土的至尊，祖祖辈辈在厚土上生生不息，收获厚土的丰收，走向厚实的未来。

凝心聚力，共谋发展

——武平县万安中学情况介绍

武平县万安中学是一所列入城区管理的农村初级中学，创办于1969年2月，至今已有四十多年历史。校园总面积为17630平方米，校舍建筑面积为6191平方米，校园绿化面积为4795平方米，运动场面积8500平方米。学校现有教学班8个，学生254人，教职工37人，其中本科学历26人，具有高级职称的教师19人、中级职称教师15人、初级职称教师3人。万安中学秉承“励志、诚实、博学、多思”的校训，以科学发展观为指导，遵循“德育为本，教学为主，全面发展”的原则，逐渐形成了“团结勤奋，求实创新”的校风，“严谨治学，全面育人”的教风和“勤奋学习，立志成才”的学风，努力把学校打造成闽粤赣边县域中心城市教育品牌学校，使学生在德、智、体、美、劳等诸方面得到全面、和谐、健康、快乐的发展。

近年来，万中人立足实际，以新课程改革为契机，依法治校，强化管理，全校教职员工团结一致，爱岗敬业，遵循“育智先育德，成才先成人”的办学思想和“合格 + 特长”的办学特色，狠抓教育教学管理，不断加大校园环境建设，优化育人环境，促进学生全面发展；努力建设高素质的教师队伍，扎实推进素质教育；努力改善学校办学条件，提升办学水平，不断满足人民群众日益增强的对优质教育资源的需求。

为适应现代教育发展与改革形势的需要，学校多渠道、多方位筹措资金，高起点、高标准地做好校园硬件设施的建设，使学校教育教学设施日趋完善。学校现配置有 50 台电脑和微机教室一间，多媒体教室两间共 156 座，各班教室均实现班班通（电子白板）教学；学校图书室藏书量达 24289 册，阅览室配备几十种教师、学生学习刊物；拥有物理实验室、理化生实验室、图音体劳多功能教室各一间；安装了校园广播系统和校园宽带网络。改造装修近 1500 平方米的教师和学生宿舍楼；建设了学生膳厅并改造旧食堂，2015 年正规划、立项拟新建一栋面积约 1800 平方米的学生宿舍综合楼；校园美化绿化规划得到进一步实施，学校绿化面积达 4795 平方米，并于 2014 年 2 月被验收评定为“龙岩市首批绿色学校”；投入大额资金对学校运动场进行彻底整理并完善各项运动设施，现正积极争取早日建成塑胶跑道；建设面积达 2000 平方米，集教学、实验为一体的新教学楼综合楼已投入使用，为万安学子更好地学习提供了更加优越的硬件条件。

自课程改革实施以来，万安中学坚持课改兴校理念，重视和发挥课改在学校发展中的先导性作用，不断深化新课程改革。一方面，学校充分利用万安镇林下经济形式多样的有利条件，充分利用资源，广泛开展综合实践活动，编写校本教材《兰花与富贵籽》《武平县万安中学综合实践活动文集》；另一方面，学校坚持学生的“两操一课”活动和“阳光体育运动”，每学年举行一次全校性运动会和文艺汇演，在每年的 12 月份举行为期一个月的校园文化艺术节活动。在艺术节活动期间，各教研组、各年级广泛开展有益兴趣的各种竞赛、比赛、趣味活动、联欢会等，各项活动开展得有声有色，有效促进学生在德、智、体、美、劳各方面全面协调发展。

学校非常重视教科研工作，充分认识到教育科研是学校发展的生命线，抓住了教育科研的今天，就抓住了学校发展的明天，并始终把科研工作摆在学校发展的重要地位，坚持把“科研先导，科研兴校”作为学校的办学方针，始终将“校本科研”作为课题研究立足点，不断深化教育教学改革，积极开展各级各类课题申报和研究工作。目前经申报并立项正在有序开展的课题有福建省教育科学“十二五”规划2014年度课题两项：《基于专利技术的全过程陶艺校本课程资源开发与实验》和《农村初中学生开展生命安全教育研究》；2014年福建教育学院基础教育研究课题一项：《农村初中数学学困生转化策略研究》；2014年市级小课题一项：《提高农村初中学生英语口语交际能力的策略研究》；2014年武平县教育科学规划研究课题四项：《农村初中数学研究性学习的实践与研究》《提高农村初中学生英语写作能力的实践研究》《初中物理学生高效学习模式研究》《初中思想品德课堂教学活动生活化的研究》。学校通过紧紧围绕实验课题开展教学研究工作，学校教科研氛围更加浓厚，今后，在总结过去经验的基础上，还将紧紧依托校本资源，进一步深化教科研探究与实践，坚持走课改兴校、科研兴校之路。

近年来，经不懈努力，学校教育管理、教学质量和办学效益等方面得到了显著提高，并取得了一定成绩：在教学质量方面，2012年11月和2013年11月学校连续两年荣获龙岩市初中“四率”评估先进学校；在安全管理方面，学校先后荣获“平安先行校”和“安全生产标准化学校”；在学校综合管理方面，学校一直保持县“文明学校”荣誉称号，2012年9月和2013年9月连续两年经评为武平县“教书育人先进集体”，2014年7月经评为县“先进基层党组织”，2012年9月荣获县素质教育考评二等奖、2013年9月荣获县素质教育考评二等奖、2014年9月荣获县素质教育考评一等奖。教师方面，潘晓周老师2014年3

月参加龙岩市中学数学青年教师教学设计及片断教学比赛荣获市一等奖、2014 年 4 月参加福建省中学青年数学教师课堂教学比赛荣获省二等奖、2014 年 12 月参加龙岩市第三届教师教学技能大赛荣获二等奖；2014 年 10 月，李群金老师指导的美术作品《客乡人家》荣获龙岩市 2014 年中小学生书画摄影作品展评市一等奖；2014 年 11 月，由钟元康、童晓华、兰伟福等老师撰写的《可普遍烧制的全过程手工陶艺》案例荣获 2014 年龙岩市综合实践活动课程资源开发作品评选市一等奖。2013 年 9 月，黄益宏老师被评选为龙岩市“优秀教师”；2014 年 5 月，童晓华老师被评为龙岩市“第二批名校长”；2014 年 9 月，谢伟琦老师被评选为武平县“第二届最美乡村教师”；2014 年 12 月，林晓琴老师被评选认定为第一批“龙岩市中青年学科教学带头人培养对象”。学校各项荣誉的取得，既是对学校、对教师工作的肯定，更是对万中人的激励与鞭策。

教育是一座神圣的殿堂，需要用崇高的信念去追求；教育是一块希望的田野，需要用辛勤的劳作去耕耘；教育是一部春秋长卷，需要用一代代有识者的生命去书写。从 1969 年创校至今，一代又一代莘莘学子在万中圆了他们的梦想，铸就了他们今天的辉煌。随着政府对教育投入的不断加大，曾经薄弱的教育景观已一去不复返，教育现代化的磅礴气势正如歌如潮。

在传承中出新，在发展中前行。经过历代师生的不断积累，形成了万安中学优良的办学特色和传统，学校人文主义与科学精神相结合，严谨治学与开拓创新相结合，推崇教师与尊重学生相结合，全面发展与注重个性相结合，重视综合实践，重视体育，重视课外活动，重视学生的德、智、体、美、劳等全面综合发展。这些理念和传统，如今已经内化为万安中学宝贵的精神财富。万中人在上级党政和教育主管部门的坚强领导下，必将一心一意地继承和发扬优良的传统，齐心协力、同心同德，以提高教育教学质量为中心，进一步增强事业心、责任感，解放思想，实事求是，开拓创新，与时俱进，不断谱写万中教育的新篇章！

"草根"文艺闹乡村

沁　言

"屈指一数又三年，农村换届支委先；希望选出好干部，为民着想好村官……"清脆而富有节奏的快板声在万安镇文化广场上响起，简单朴实的舞台，真诚热情的表演。在灯塔夜景的映照下，有的村民围着广场驻足观看，有的村民从家里搬来小板凳坐着看，有的带着老人、小孩一起来看，欢笑声不断。这是万安镇近年来常有的画面：热闹、祥和。

不明就里的人会以为这是艺术团下来的慰问演出，但殊不知，这些在台上表演的演员、台下伴奏的工作人员都是地地道道的农民，"挽起裤腿

下田是农民，洗净泥巴表演是演员”，可就是这些“草根”演员组成的“草根”文艺队发挥他们自身的优势，用老百姓喜闻乐见的表演方式和表演内容，表扬身边的人和事，歌颂党的好政策，讴歌时代精神，展示农村群众的新形象和昂扬向上的精神风貌，传递社会正能量，深受广大群众的欢迎和喜爱。

万安镇有着悠久的历史和深厚的人文底蕴，文化发展的根在基层、在群众，群众物质生活丰富以后，求知、求美、求乐的愿望越来越强烈，业余文艺团队应运而生。近年来，万安镇民间文艺团体如雨后春笋，蓬勃发展，相继成立了和谐文艺队、山樱花文艺队、平安龙灯队及船灯队等，这些文艺队自编、自导、自演节目，自筹资金购买服装道具，内容通俗易懂，形式丰富多彩。如今，万安的文艺队不仅活跃在各乡镇，有的已经参与到县级举办的群众文化活动中。

2007 年，在几个退休干部的牵头下，万安镇第一支文艺队——和谐文艺队成立。八年来，和谐文艺队充分吸收社会各界文艺爱好者加入文艺队伍，队员从起初的七八人发展到三十余人，演职人员的年龄从 30 多岁到 70 多岁，还自筹资金购置了服装道具、锣鼓及乐器，文艺队逐渐呈现生机。2009 ~ 2014 年，和谐文艺队连续六年参加了片区演出，其中 2014 年自编自演的《老嬷嬷夸三保》获片区演出一等奖，武平县宣传部还将这个节目刻制成光盘，向上级部门推荐。

2014 年，随着和谐文艺队的日渐壮大、演出数量的增多，管理难度加大，经过队员们的协商，和谐文艺队一分为二，山樱花文艺队应运而生，主要表演小品、舞蹈、快板、腰鼓等。2015 年 3 月，山樱花文艺队选送的小品《赌徒的下场》荣获武平县第七届农民文化体育节文艺汇演优秀节目。因为没有基本功，也缺少正统的舞蹈教学，舞蹈一直是农民组成的文艺队的弱项，山樱花文艺队意识到这点，专门邀请县级文化部门下来指导，并聘请专业人士辅导编排节目。功夫不负有心人，几个月后，没有任何舞蹈基础的她们，硬是凭借自己的努力和吃苦耐劳的精神，把《盛世欢歌》等舞蹈跳得有模有样。自山樱花文艺队成立以来，演出剧目也越来越丰富，演出场次也已超过 50 场，甚至收到江西的演出邀请。为了使文艺队演出制度化、规范化，山樱花文艺队还成立了侃夫文化传媒公司，以公司化运作推动民间文艺的发展。

舞龙，用武平话说是“打龙灯”。“打龙灯”的习俗在万安由来已久，沿袭至今仍深受男女老少的追捧。每当逢年过节等热闹的场合，就有造型优美、绚丽多彩、刚柔相济的龙灯舞起来，祈福也罢，助阵暖场也罢，舞龙要的就是衬托喜庆热闹的气氛。万安的平安龙灯队在武平县内是知名的，龙灯绚丽，舞龙技巧娴熟，多次受邀参加县级重大文化活动。

“草根”文艺队带给群众的不只是欢乐，同时也是万安镇宣传文化的新阵地，换届选举、计划生育、综治安全、廉政文化等宣传活动都有这些文艺队的身影。“草根”文艺队的蓬勃发展，活跃了当地的农村文化生活，是万安乡村文明的一个缩影。

一路烟情一路歌

陈彩琼

蓝天、白云、烤烟房、平坦小道、潺潺流水，构成了一幅和谐的画面，这里就是武平万安镇烟基工程的缩影，“中国烟草”的标志赫然可见。向远处望去，映入眼帘的是烟田区纵横交错的田间道路，新建的水渠环绕四周，绿油油的烟田一望无际，一派欣欣向荣的景象。万安镇土地平整、光照充足，很适合种烟，巡回路和十字路相错的烟基田间道路，配套水渠，充分考虑到烟农田间劳作的实际情况和运输的便利，备受广大烟农的赞许。

往年，烟农们种植烟叶都是分片种植，很难管理，而且路也难走。一到下雨天，道路泥泞，把烟运回去很困难。2005 年，万安镇开始实施烟田基础设施建设。此后几年，烟草部门相继投入资金 1268.30 万元，在万安镇建成了拆卸式育苗中棚 71 个，密集式烤房 117 座，农机 79 台，田间道路 51 条，水渠建设 63 条，1920 亩农田、近 100 户农户受益。

如今，巡回的田间道路，车子到处都可以进出，原来要人工挑烟走出去，现在拖拉机直接开进去。烟田都是连片种植，烤房群就在烟田旁边，采烟、烤烟都很方便，现在的烟田管理人员好组织、时间好安排，田间管理便利、排灌自如。特别是旱季的时候，配套设施水渠发挥了重要的作用，双面立模一次成型的水渠不再像以前的烂泥渠渗漏严重，一到烟田水都没了。水路相连，浇灌方便，排水也容易，省时省力，减轻了很多劳动力。

烟基工程的示范带动作用实现了成片区烟叶种植，平整的大道、畅通的水渠，万安镇的烟田区实现了机械化操作。种植大户通过聘请专业的烟叶种植队伍，从种烟、培土、摘烟、烤烟等各方面都进行专业化的培训。在烟技员的指导下全部专业操作，集中了有效的劳动力，提高了劳动效率。平整的大道实现了该区烟叶种植从起垄、培土、施肥等步骤都实行机械操作，减轻了劳动强度。一位种植大户说："原来要三天做的工作，现在一两天就可以完成，少了至少有三分之一的劳动力，以后我们还想使用种烟机、编烟机，全部用机械操作。"挂村烟技员天天到烟田指导烟叶的种植、培土、采摘、烘烤等工作，烟草局的工作人员两三天就要下来指导一些技术性的工作，这让种植户们感激之情溢于言表。如今，烟叶基本进入了烘烤阶段，种植户们对今年（2014 年）的烟叶种植情况都比较满意，他们每天奔走于田间和烤房，期待着今年又是一个丰收年。

万安镇烟基工程建成后，实现了集中成片的烤烟示范片，以示范带动、辐射周边地区，提高了规范化、专业化种植水平。今后，万安镇将按照发展现代烟草农业"一基四化"的总体目标，更加注重系统规划，更加注重实际效果，更加讲究综合配套功能，全面推进烟叶生产基础设施建设，夯实万安镇现代烟草农业的发展基石。

翻阅万安

钟茂富

我实在不忍心写万安。

只要一提起笔，我的头脑里就会闪现“剥皮公爹”这几个字眼。

“剥皮公爹”是一个人。一个人和一个地方联系得那么紧密，并成为那个地方的符号，这种现象还真不是很多。

本来，“公爹”是客家人对上了年纪人的尊称，这没有什么不妥。但“剥皮”这个中国历史上最严酷的刑法之一，就不是那么好玩的了。不要说与万安这样一个满含吉祥、令人感到恬淡的乡村社会格格不入，其酷烈程度丝毫不亚于凌迟的剥皮，哪怕是对一个毫无知觉的木头人，我想都难免会感到脊梁后面有一股凉丝丝的风在轻轻拂荡。

剥皮，它的规范叫法是“剥皮揎草”，就是把人处以死刑杀头后，还要枭首示众，并且剥下人皮，皮里填上草，做成“人皮草袋”，而后置于衙门官座旁，有时还要传示各省，对各色官员进行警示训诫。

对于明朝官场来说，这也许不过是一场普通的警示教育，然而对于一个地处偏僻、人性淳朴的乡村社会，就难免蒙上了一层悲剧性的色彩。而把这一切串联起来的人，他的名字叫作魏侃夫。

魏侃夫是南京江宁府人，是武平县于元朝的“末代县尹”。据载，在他任上的元至正年间（1341~1367年），主要留下了执政清廉、爱民如子、筑城防寇以及崇儒兴学等业绩。当然，在他任上时，或许是有达鲁花赤这个由蒙古人担任的监督官撑着，或许一切都按正规程序操办，总之他经手的“于旧基重修县城”等举动并没有得咎。然而时代翻过一页，他卸任后带着妻儿卜居武平城北七里之刘坊（今万安镇），见“土匪海元子滋扰”，遂“倡民筑土城”以自保。一个赋闲在家的退休干部，见时局纷乱、盗贼不断，遂倡导民众修筑了一个周围不到一公里的土堡子，却给自己带来剥皮的刑祸。其间的冤屈不好细说，但据说处死的那天——农历正月廿六，天象确是有异常，既做寒又落雨：做寒，是为了让他的尸首结冰不腐；落雨，是替魏侃夫流的冤屈眼泪。

正如后来朝廷派人去落实的一样，举报魏侃夫“私筑王城，图谋造反”之事纯属子虚乌有。然而人死不能复生，朝廷为他平反昭雪，封为“光禄大夫”，并荐其为土地隍公。当地百姓遂在他修筑的土堡子外建了一座庙，叫“魏公庙”，并尊他为“剥皮公王”或“剥皮公爹”。就这样，一个江宁人士在历史的阴差阳错中完成了生命的蜕变，把自己的生命熔铸在了一个乡村。

此后，土堡子里的村民把他的殉难日定为纪念日。每逢此日，当地村民都扛菩萨打醮、吹唢呐、扮故事游村，以纪念他为了保乡民而宁愿牺牲自己，坚持一人承担责任的恩德。正如诗人臧克家所说，有的人死了，他还活着。魏侃夫以他高尚的情操，用道义去担待世间的不平和灾难，从而成为一种人格神，永远活在一个山村的记忆里。

而这个事情，其实不过发生在六百多年前。六百多年，很久么，不；很近么，也不。在民众的记忆里，没有什么时间距离。值得记忆的，一切如在昨天；不值得记忆的，昨天恍如隔世。

当然，对一个乡村来说，如果仅有悲惨的记忆，似乎太过感伤。初秋时节，我随采风团在万安镇作了为期一天的采访。途中参观了万亩生态林、捷文水库、林下经济示范点、朱谢祠堂、孔子文庙等许多美景，还听同行的刘永泰等先生讲了许多乡村轶事。而另外一个人——廖炳先生，就在不经意间进入乡村的视野，给万安增添了许多温暖的颜色。

廖炳先生，客家人并不陌生。客家俗谚“廖炳的地理——未得时”，是说廖炳先生做的风水，功在千秋、利在后世，准不准确由后人验证。武西南片还盛传“信得先生了括括，不信先生括括了”的掌故，是说廖炳先生不满主家的苛刻，有意要“做绝”主家，不料恰逢邻家母猪带了一伙猪崽，把先生放好的木桩翻了个底朝天，主家只好依着模样重新插好木桩，换来的结果是“绝位不绝”。从此让人不知该信还是不该信地理。

据说在万安，又是这个廖炳先生，他先后接了谢、朱两家建造祠堂的任务。众人皆知廖炳先生爱吃鸡囊（鸡内脏之一），他在谢家天天享受到了这种待遇，很是满意。不过，他在朱家虽然吃了半个月的鸡肉，却因为没有吃到鸡囊而疑心朱家照顾不周，遂暗中做了手脚，直到临走时朱家把晒好的鸡囊全部送给廖炳先生，嘱他带回家去享用，廖炳先生才知道错怪了朱家，赶紧叫徒弟返回朱家重做门楼，从此留下朱家“发外不发内”的掌故。

当然这些民间传说都不足为信，也无从考证。然而，乡村社会确实是这样，既有为民请命的民间记忆，也有诙谐滑稽的掌故传说。他们就像天上的太阳和月亮，一阳一阴照亮着万安，给偏僻的乡村社会带来和煦的色彩。他们建造的庙宇不大，他们流传的人物也并不显赫，但武平万安就这么亦庄亦谐接纳了这些民间社会的佼佼者，从而成为一个悲壮而又诙谐，令人瞠目结舌而又会心一笑的地方。

最美的岁月沉淀永远在民间

钟金花

暗青的碎石阶，斑驳的宗祠门楼，摇曳的墙角小花……或沉默，或深邃，或娇艳，无声地向人们讲述岁月的故事，低低地吟唱那光阴的歌，那无与伦比的美，透过千百年岁月的光辉，直渗心肺。

适逢《武平民间文艺报》省刊号正式批下来之际，我有幸参加了批刊后的第一次采风活动——“走进万安”。初秋的阳光依旧灿烂，金黄的稻田在点头微笑，好一派旖旎明媚的田园风光！我远远近近地跟在采风团的后面，走进全国林改第一村的捷文村、300 多年前的朱氏宗祠门楼、谢氏祠堂，还有 600 多年前的“剥皮公爹”生日的传说……停停看看，摸摸想想，心中满是新奇、满是兴奋，畅快淋漓地体验这来自民间的对话，沉醉在这最美的岁月沉淀里。

高大雄伟的朱氏宗祠门楼稳稳地站在秋日的灿烂阳光里，风餐露宿的洗礼不仅没有掩盖它威武的容颜，更增添了它的深沉韵味。我国的宗祠文化源远流长，但祠堂还配建了门楼的却是鲜见。传说，武平万安朱氏开基始祖系南宋著名的哲学家、教育家朱熹第九代生小四郎公之子念五郎公。万安朱氏宗祠与谢氏宗祠相隔不到 100 米，同建于 300 多年前的大清康熙年间。据朱氏族人相传，朱、谢两姓开基建祠时，同时请江西地理先生廖炳做风水，两姓人为讨地理先生欢心比起了排场，每天必宰公鸡一只，轮流好酒好菜招待好先生，不料因下酒菜“鸡菌子”的事让地理先生误会朱氏族人，一时生气为朱姓人的祠堂选了一个不好的风水。误会解除后，先生急令徒弟帮朱姓人做一个宗祠门楼，从谢祠中分点好风水，以保朱姓人平安无事。这独特的宗祠门楼作为独立建筑，与朱氏宗祠相隔 10 米左右，与宗祠大门方向成九十度角，门楼门面呈外八字喇叭口形状。我站在娇艳的木棉花林边抬头看，那门楼顶部刻的“沛国郡”三个大字，仿佛在骄傲地诉说他家族开基始祖的丰功伟绩，那石条门嵌上雕刻的“沛国家声远，考亭世泽长”对联，以及“道学家门”的横批，无不彰显南宋理学家、教育家朱熹的理念，激励着朱氏后人积极进取。我不禁想，宗祠文化作为我们民族特色的传统文化，这大大小小的各个姓氏祠堂，不仅是一个庄严肃穆的场所，寄托了后代子孙对先祖深沉执着的感情，体现了人们对自身历史感、归属感、道德感和责任感虔诚的追求，也成了各个家族心灵的驿站，给人以特殊的关切、滋润和慰藉。在千百年后的今天，它继续散发着经过岁月沉淀下来的独特魅力，以道德、舆论审视每一个人，促使人们反思反省自己的言行，在文化传承中发出对自觉自律、反哺社会的责任意识。

在万安上镇村和下镇村这两个兄弟村里，人们最为自豪和津津乐道的当数“剥皮公爹生日”民俗节了。据介绍，这“剥皮公爹生日”的客家民俗文化可追溯到明朝，距今有 600 多年历史。相传明朝有个叫魏侃夫的清官县令，告老还乡后，为防止闽粤赣土匪侵扰，私筑城墙，被人以“谋反”罪名诬告到朝廷。朝廷震怒，将魏县令处以极刑，从此魏县令被民间誉为“剥皮公爹”。万安百姓不忘他筑堡安民的功绩，在土堡东北十丈以外建了一座庙，叫作“魏公庙”，并把每年正月廿六（即魏侃夫的殉难日）定为纪念他的日子，当地村民习惯称“剥皮公王”或“剥皮公爹”生日。每逢此日，万安上镇村、下镇村村民像过年过节那样热闹，扛菩萨打醮，吹唢呐，扮故事游村，家家户户的亲朋好友都来相贺……而且这节日不单在武平县万安乡盛行，还在岩前镇魏姓中盛行，据史料记载，他们是“剥皮公爹”的后裔。当时所建的“剥皮公爹”庙宇，因“文革”期间破“四旧”，庙宇改为生产大队，现为上镇小学，至今小学校门口留下两个石狮子。我站在这充满敬意的两个石狮子旁边向前看，没有例行的“剥皮公爹”的画像，也没有关于其生平介绍和流传事迹。同行的当地人非常朴实地说，“我们曾考虑重建庙宇，但是，不管有没有庙，大家都不会忘记这个‘生日’的”。我想起自己也曾有幸受邀参加过这一民俗节日的情景，真是处处人山人海，鞭炮齐鸣、烟花腾空、绚丽多彩啊。特别是中午，更是人头攒动，摩肩接踵，小车、摩托车川流不息。其实，纪念先祖的庙宇改为推行教育的学校倒更有一番意义了，这经过岁月沉淀的民族文化，这民间流传的故事、人物、风俗，不在于有无纪念的庙宇或画像，或史料记载，只要长存于民间老百姓心中，世世代代，口口相传，便能永远传承下去。

总听人们喜欢说“读万卷书，行万里路”，指的就是知识不仅写在书本上，也写在大地上，写在走在大地上的人们身上。从某种角度上讲，与文化关系最大的应该是人，因为文化是被人创造的又是被人在使用的。要了解它不仅需要查看史料文献，更需要了解生活于其中的那些人。在学者的研究中，往往会把所有的文化都按不同的专业分得清清楚楚，而人，是不停地发展变化的，所以在民间文化中这所有的专业又都是纠缠在一起，几乎是难以分离的文化团块。如那《朱文公家训》，被后世视为中国传统的启蒙教育读本，影响深远。而朱熹关于读书起家之本、循理保家之本、和顺齐家之本、勤俭治家之本的“四‘本’”格言，体现了经典的客家精神，以这种精神作为内核的文化，不仅属于客家，也属于中华，更属于人类。

在我们武平县，沉淀在民间的文化远远不止万安乡这些宗祠门楼和民俗，永平还有“上刀山”“下火海”“捞油锅”，古镇中山镇有宫廷灯笼、“将军镇”、“军家话”，还有那有待进一步考证的南海国王城等。这些经过岁月沉淀下来并在民间绚丽绽放传承的文化之花，深深扎根在民间，也许没有文献或古物那样能够经久保存，但却有永远不会凋谢的生命力，就如那些两千年前就被文人记录下来的故事或谚语，直到今天，它还能够以基本相同或相似的形式活在人民口头上。

在岁月的长河中，民间文艺的前世今生交集着黑暗与光明、贫瘠与丰饶、穷困与富庶、暴力与耕读、坚守与前行、传统与突破，穿越着几千年的风风雨雨向我们款款走来，带着岁月的光辉与凝重，化为青石阶缝隙里的一棵小草，在时光中摇曳，伴我们继续行走，继续前行。

万安印象

潘琼芳

武平县城出城往北，是通往武北四乡镇的省道 309 线，约 3 公里处，群山环抱之中有一望平川的田园，有人群聚居成一小镇，每逢农历初五、初十，此处总是熙熙攘攘，人群挤满狭小的集镇，商贸交易，如每一个武平的客家小镇无异，平凡而满溢生活气息。

这是十多年前，在武北工作的我每每坐车路过万安时对这个小镇的印象。

后离开武北，不再经过万安，对万安的接触却在不经意间渐渐地多了起来，万安也在这些了解之中精彩起来。

某一年的正月，听得友人说去万安下镇打醮，说是“剥皮公爹”生日。我心想，这是谁家的公爹生日？哪有这样的，刚过完春节，大正月的，大家肚子里都还正有酒肉结余，谁还能吃下那些粄啊酒啊肉的？难道想节省酒肉钱？这地方的人也太小气了！难怪要叫剥皮公爹，跟周扒皮似的！

接下去的每年这个时候，总听到或看到有人说去万安打醮，参加剥皮公爹生日的事，心里的嘀咕犯多了，终于是抵不过心里的好奇。辗转问了万安人，却只说剥皮公爹是古时候武平的一个魏姓县尹，这天打醮是为了纪念他，再多，便也说不出个所以然了，这给“剥皮公爹”更是蒙上了神秘的色彩，激起了我心中一探究竟的决心。

寻觅之中，在一个偶然的机会，得到一本《客家地名文化》，细细读来，里面有一篇谢肃雍的《“万安”地名考》中有涉及这位魏姓县尹的内容，关于原名“刘坊镇”的万安因何更名的两种推测中，其一写道：元朝至顺年间（1330 年）兵荒马乱，武平县正堂（县长）魏侃夫卸任后，因宦囊羞涩，无法返家，遂携眷属移居于万安。为防贼寇侵扰，魏公率乡民筑城，居民赖以安居。但城中原有某姓祖坟，认为筑城有碍他们风水，遂向上诬魏私筑“王城”。朝廷不作深入调查，将魏公凌迟处死。乡民为纪念魏公保民而获罪之事迹，遂集资建庙，于每年农历正月二十六集会以祀魏公。由于筑城之后，寇不敢犯，人民得以安居乐业，时人将“刘坊镇”改名为“万安镇”，寓长治久安之意。至此，心中的疑惑终于得以解开，原来“剥皮公爹”名叫魏侃夫，还曾是武平县尹，是个为官清廉、为民谋福的好官，为了百姓安居乐业而蒙冤被处以酷刑。凌迟，这一刀一刀的剐肉之痛，比剥皮更痛楚千万倍，与我想的“周扒皮”是南辕北辙，截然相反。自然，每到正月二十六魏公殉难日，受到福泽的上镇、下镇的村民均呼朋唤友，外嫁女携儿带女回娘家，从早到晚热闹非凡，蒸糕做粄，买鱼斫肉，扮演传统故事，护着魏公塑像踩街巡游，纪念当时为这一方谋平安而付出生命代价的魏公，这一民俗一直延续至今。到了现在，国家富强，人民安居乐业，生活得到了极大的改善，交通的便利也使得人口的流动比以往任何时候更甚，借由这一民俗，也让平时在外工作的乡贤们能够聚在一起，大家一起聊聊一年的生活，谈天说地，沟通感情。魏公若能目睹今日的繁盛、子民的安居，定也是当年初衷得展、愿望实现的一番欣慰吧。

古有筑堡安民的县尹魏公，今有政府领导班子勤政为民。2001 年，人少、田少、山多的万安小山村——捷文村，正在酝酿一场改革。作为全县集体山林确权发证的试点村，率先开展了确权发证工作，提出了“山要怎么分？山要平均分；山要由谁分？山要群众自己分”的林权改革方向。2001 年 12 月 30 日，捷文村村民李桂林领到了全国第一本林权证，脸上笑开了花，这个小山村成了远近闻名的全国集体林权制度改革的“策源地”，这朵灿烂的笑靥之花开遍了全国。林权改革之后，山定了权，人定了心，从根本上扭转了当时“乱砍滥伐难制止，林火扑救难动员，造林育林难投入，林业产业难发展”的困境，被誉为“地球之肾”的森林经过了十多年的养护恢复了元气。

万安的山绿了，水资源丰富了，位于五里村的石径岭几年前就是城区居民生活饮用水的水源地。还记得有一年与几位朋友聊到旧时“武平八景”之一的石径云梯，想象着一阶斑驳布满青苔的石砌路在深山密林之中延伸，没入云雾之中，那种“深山不见人，但闻人语响”的意境。大家激动地说走就走，直奔石径岭而去，那里流水潺潺，清澈见底，循溪水而上，在石径岭水厂小憩，犹记路上有一茶亭，历经风霜的古旧，触摸一把，似乎就感知了旧时经石径岭云梯往江西而去的商贾们的欢笑和汗水。遗憾的是，有位朋友穿着高跟鞋，行至山下的旧屋，已经脚踝生疼，而天色也渐晚，我们未能一睹石径云梯的真容，就结束了石径岭之行。如今，石径岭已经在建水库，不知是否还有机会弥补当时的遗憾。城区的人口渐多，石径岭的水量已经不能够满足用水所需，于是，位于林改第一村捷文村的捷文水库在 2002 年由省政府划定为一级水源保护区，总库容 1234 万立方米的水库，在阳光映照下，松风轻语，碧波浩渺、波光潋滟，四周青山葱翠、鸟语花香，一湾湖水犹如森林之眼，晶莹剔透，成为武平县唯一的饮用水水源，正源源不断地向武平城区供水，养育着城区的十多万武平人民。

林业的发展也带动了林下经济的兴起，捷文村适当流转土地，有种植了草珊瑚、麦冬等中草药基地，也有在林中养殖兔、鸡等产业，而在这些产业中显得尤为突出的是养蜂业，被媒体称作“最甜蜜的事业”。

在万安集镇往捷文村的省道边，一排排蜂箱整齐列队，蜜蜂嗡嗡忙进忙出，“武平县第二届采蜜文化节”特别吸引人的眼球。林权改革前的护林员钟亮生在改革中下了岗，却在林权确证后林业的良好发展下，又成了受益者。他依托良好的地理位置，一边是林权改革后的青山碧水，一边是国家级的自然保护区梁野山，大力发展林下经济，养起了蜜蜂，创办了石燎阁蜂业公司，创建了“石燎阁”蜂蜜品牌，还把这项事业做强做大，建成了集科研开发、生产、销售、服务等为一体的科技型企业。并作为技术支持，与武平县残联一起培训了十多期的养蜂技术培训班，在全县发展了110多个残疾人养蜂基地。在梁野仙蜜养蜂合作社里的墙上，有一张红色的表格格外引人驻足，这是一张记录武平县残疾人养蜂情况表，大红的表格里记录着全县各乡镇残疾人的养蜂情况，令人心头一暖，残疾人养蜂，为残疾人提供了一条就业之路，让残疾人也走进了“甜蜜”生活。

万安的绿色经济还远不止这些，一望平川的田野里现在早已不再是单一的稻谷，五里花廊连接了县城与万安集镇之间的3.5公里，下镇村山樱花苗木培育基地里的山樱花灿烂绽放惊艳了今年初春，还有小密村拔节修长的毛竹林……这一切装点得万安五彩斑斓，俨然成了闽粤赣边生态文明之城——武平县的后花园，人们随时可以在繁忙的生活里出走，体会一段轻松、休闲、“甜蜜”的万安生态行。

万安纪行

张自贤

仲秋时节，天高云淡，惠风和畅。倚靠着车窗远望，只见天地辽阔，山水清明，风光如画。在广袤的原野上，阡陌纵横，田园缀彩，呈现丰盈绮丽的景象，好一幅斑斓锦绣的岭南山野秋韵图景。

在这个金风送爽、风景宜人的秋日，我们怀揣新奇美好的憧憬，携兴致盎然的情趣，呼应着灵魂深处充满激情的召唤，来到美丽丰饶的万安镇。

我对于县城近郊的万安镇，可以说非常地熟稔。因为我在此工作过六年，曾经走遍这里的山野田园，造访过所有的村落人家。因而，对于这块美丽神奇的土地，总怀揣一种特别的情感，感到非常地亲切。每当回忆起往事的时候，内心总萦绕着缱绻的情怀，如天空中缥缈舒展的白云，在思维的空间悠然地徜徉，带着无限的缠绵和依恋。如今故地重游，心中更是充满着激荡的思绪，萌生起探寻的意念，祈望发现更多的美丽和精彩，收获更多意想不到的惊喜。

我们乘坐着汽车，沿着宽敞笔直的公路，刚刚进入万安境内，就看到了公路两边广阔的田畴，展现着美丽诱人的田园风光。万安镇是武平最具盛名的现代农业示范区，是我县蔬菜等农产品的生产供应基地。在这个金色的收获季节，走在万安盈裕的土地上，空气中弥漫丹桂的清芬，微风里飘逸瓜果的甜香，到处呈现一派丰收的景象。你看，在坦荡无坻的稻田里，禾苗显露茁壮的生机，正是晚稻扬花孕穗的时节，清风徐来，稻浪翻腾，禾花飘香，令人陶醉。在鳞次栉比的大棚里，种植着名优水果、特色花卉和绿色蔬菜，诸如葡萄、西瓜、猕猴桃、芜菁、富贵籽等。如今，广大农民掌握现代农业技术，不断创新经营理念，改变传统的耕作方式，使农业的经营效益不断攀升。他们尽情体验着收获的快乐，脸上洋溢着丰收的喜悦。

我们来到闻名遐迩的捷文水库，只见一座高大险峻，气势恢弘的大坝，耸立在陡峭的崖壁之间，围拢起一泓莹澈的秋水，形成高峡出平湖的壮丽景观。站在岸边的凉亭里眺望，看到浩瀚渺茫的水面上，清波荡漾，碧水微澜，摇荡着蓝天白云、丛林红叶的倒影。浩渺的水库周围，远山空蒙，绿树葳蕤，竹影摇翠，芳草如茵，显得异常地空旷和幽静。山野间的微风，轻轻地吹拂着平静的水面，荡漾起一圈圈的波纹。成群的鱼儿，在水中自由自在地遨游，不时跃出水面，激荡起一层层的细浪。一只优雅的白鹤，正在水岸边静静地觅食，听到人的声响，倏然惊起，飞向苍莽的天际。在这情景交融的自然山水之间，只觉得有一股逍遥灵逸的气息，在思维的空间冉冉地浮动。

捷文水库位于万安捷文村霞彩绕自然村，离县城约 18 公里，总库容 1234 万立方米。该水库于 2007 年建成，次年正式向城区供水，目前为武平县城区唯一的饮用水源地，同时兼具发电、灌溉、防洪等多项效能，属于多年综合调节的中型水库。

从捷文村的霞彩绕一直到小密村的白面石下，已经成为捷文水库的库区，现在早已沉潜于水底的自然村落，我对这一带还是比较熟悉的。这里以往田舍依稀、蹊径迤逦、炊烟袅袅、鸡犬相闻的山水情境，总是那样的纯朴自然，风姿绰约，深藏于我的记忆。然而，这些物象现在都已经不复存在，融汇到眼前的一片汪洋之中。为了支援捷文水库建设，万安乡捷文、小密等村的群众，离开故土，迁徙异地，辟处安居，做出了重大的牺牲和超凡的贡献，他们的行为厥功至伟，富于历史担当精神，是应该让人们永远铭记的。

不仅于此，万安拥有广袤的青山绿水，森林蓊郁，水系纵横，交通便捷，能源丰富，是一个美丽而且富饶的宝地。除了作为城区预备饮用水源的白莲塘水库，目前在建的城区第二水源石径岭水库，也坐落在万安五里村境内。目前，万安承载了县城及周边地区水源供给的重任，充分说明其优良的生态环境，蕴含丰富的水源，加上地处县城近郊得天独厚的地理优势，必将得到充分的开发利用，以其充盈的能量，为全县的经济社会发展做出更大的贡献。

当然，使万安更负盛名，甚至闻名于全国的，是发端于此的林业经营体制改革。作为全国林改的第一村，捷文村对于林业经营管理体制，进行了艰苦的探索。先是分配集体责任山，然后是兴办股份制林场，都尝到失败的教训。终于从 2001 年开始，因地制宜，大胆探索，推行联产承包的林业经营体制改革，发放了全国第一本林权证，为全县林改起到了示范和引领作用。万安林改的成功经验，被迅速推向全国各地，得到国家领导层面的高度肯定，已经作为一项国家政策确定下来。由此，可以看出万安人过人的胆魄和超凡的智慧，以及勇于探索的精神。只要稍具创新发展的机会和条件，就会迸发出无限的创造力。

我们来到石燎阁，只见深壑幽谷，怪石嶙峋，峭壁森然，全然是“一夫当关，万夫莫开”的情境，确实令人感到惊叹。在我的印象当中，这里原先遍布采石场，每日机器轰鸣，烟尘蔽日，道路逼仄，遍地狼藉，是一个事故多发地段。如今，这些乱象已经不复存在，环境得到了有效治理。一条平整通衢的省际公路，从峡谷之中蜿蜒而出。公路的两边视野开阔，树木葱茏，藤萝披拂，鸟语花香。依着山谷周围的地理形态，散落着几个“农家乐”餐馆，还建成了两个游泳池，这里已经成为人们游乐休闲的场所。尤其令人感到惊喜的，是坐落于半山腰上的蜜蜂养殖场。这个由退伍军人发起建立的养蜂场，利用面对山野、四季花开的自然生态条件，科学养殖，以点带面，扶持和带动周边群众发展养蜂业，盛产纯天然的优质蜂蜜，取得非常可观的经济效益，成为自强自立的模范，一时传为佳话。他们以顽强的拼搏精神、严谨的科学态度、强烈的社会责任感，矢志不渝地经营着“甜蜜的事业”，实在令人可敬可叹，值得大加褒扬和赞赏。

我们走出绵延的大山，来到贤溪村畔岗子自然村猴子石下的文庙，这里供奉着被历代尊称为“大成至圣先师”的孔子牌位。该庙的旧址，据说本来在渔溪小学附近，因在“文革”动乱中被毁，只好迁移至此。这个文庙的规模不大，是一个新落成不久的建筑，由热心的民间人士发起募捐，并于去年冬天动工兴建而成。该座庙宇坐西向东，融合在晴朗的秋阳里，前面是视野坦荡的开阔地带，朝向逶迤苍莽的远山，周围是大片平整的稻田，展现无尽的丰收景象，充满着祥和的气息，契合着氤氲的氛围，确实是一个好地方。

孔子是儒家思想的集大成者，他所创立的以“仁”“礼”为核心的儒家学说，与“孝”“悌”为主要内容的宗族文化，一脉相承，互为表里，相互作用，影响了中华民族数千年的历史。所以，被称颂为“万世师表”，理所当然得到历代统治者的尊崇，也受到老百姓的顶礼膜拜，形成具有广泛认同的价值观念和民间信仰。所以说，这座孔子文庙的建成，对于传承中华文明、发扬传统道德、促进乡村文化建设，有着极其重大的现实意义。孔子文庙与万安久享盛名的谢家祠堂、朱氏祠堂等人文历史遗址一样，都代表着民间文化的精髓，印证万安人文底蕴的深厚和广博，需要认真加以发掘，并得到进一步的弘扬。当此孔子诞辰（夏历八月廿七或阳历9 月28 日）两千五百六十五周年纪念日即将到来之际，到文庙拜谒孔子，参悟其博大精深的思想，了解其对中华文化的贡献，缅怀其对世界文明所产生的影响，具有非同寻常的意义。

在这个令人神清气爽的好日子里，我们带着十分兴奋的心情，一路上尽管是走马观花，匆匆地游览了万安的许多地方，然而，兴之所至，情有所衷，意有所得，却是一个极为愉快的行程。走在万安美丽的土地上，满眼是旖旎的山野风光，到处是蒸蒸日上的兴旺气息，使人备觉心旷神怡。对于我来说，这不仅是参观之旅，还是回顾之旅，确实受益匪浅，感触良多。

求实奋进的万安镇

中共万安镇委员会　万安镇人民政府

万安镇位于东经116.4°、北纬25.7°，地处武平县的中南部，县城北部近郊，镇政府所在地下镇村距离县城3.5公里，是一个典型的城郊型乡镇。东与城厢镇接壤，南与平川镇毗邻，西与东留镇相连，北与永平镇为邻，平均海拔310米，年均气温21℃，气候宜人，省道309线贯穿其中，交通便利。全镇辖6个行政村，总面积112.31平方公里，2014年年末，总户数3635户，总人口12293人，耕地面积12756亩，林地面积140538亩，森林覆盖率84.6%。万安镇有久远的历史，早在元代县尹魏侃夫率领群众建筑了万安城（又称土堡），至今尚存部分城墙；明洪武十四年（1381年）改为万安镇，属顺平里；新中国成立后先后属第一区、城厢区、卫星公社；1964年4月改称万安公社；1984年10月撤公社建乡；2014年11月13日撤乡建镇。历届党委政府领导和全镇人民奋力拼搏，开拓创新，积极作为，持续推进全镇经济社会事业，保持科学发展的良好态势，努力打造武平城北新镇、城郊花园、保障基地，形成了求实奋进的万安镇。归纳起来，有林改策源地、县城水源地、建筑实训地、绿色生态地、古镇文化地、山樱花基地、菜篮子基地、养蜜蜂基地八大亮点。

一、林改策源地

想当年，万安这个林业乡镇的广大农民守着金山银山过穷日子——林业经济占经济总量的比重与林业应有的地位极不相称，林业发展遇到了产业归属不清、主体经营错位、机制不灵活、分配不合理，农民无心耕山育林的僵局，经济危困、资源危机慢慢出现了，怎么办？当时的万安乡党委、政府经过深思熟虑，审时度势，为了老百姓的致富奔小康，为了林业的持续发展，决定冒着一定风险改革，走“分山到户、家庭承包”这条路。2001 年 6 月，万安乡党委、政府决定在捷文村开展林改试点工作，同年 12 月 30 日，捷文村村民李桂林拿到全国第一本新林权证，所以，该镇也成为全国名副其实的林改策源地。

13 年林改，13 年辉煌，万安镇林改实现了森林资源持续增长，森林覆盖率达 84.6%；林改前，是“要致富上山偷砍树”；林改后，是“要致富一定要管好树”。万安大力发展林下经济，促进了林农收入稳步提高。

万安镇林改工作最重要的就是对林业实施了“四权”改革，即“明晰产权、放活经营权、落实处置权、确保收益权”。林改的成功实践，引起了各级领导的高度重视和关注。2002 年 6 月 21 日，时任福建省省长的习近平同志在武平调研时，对武平开展的林改工作给予充分肯定。

作为我国林改第一镇，万安并没有人们想象的那么高调，2001 年 12 月 30 日，万安发下中国第一本新林权证，这个点燃林改星星之火的小乡镇，历经了13年的林改探索之路。山定权、树定根、人定心，从最初的探路者，到如今的拓路者，一路奋斗，一路创新，一路凯歌。

二、县城水源地

万安镇捷文水库和在建的石径岭水库是武平县城区的饮用水源地，水质的好坏直接关系到城区居民的身体健康。多年来，万安镇始终高度重视水源地及其水质的保护工作，以确保饮用水环境安全，让城区群众喝上放心水。2012年10月，镇政府积极筹资430万元开工建设捷文水库饮用水源地保护工程。工程主要包括水质在线监测系统及其机房建设，设置保护区告示牌、宣传牌，建设“三防”垃圾收集池，修订了捷文水库水资源保护管理规定以及库尾生物防护带等，并采取多项措施加大饮用水源地保护工作力度：一是扎实开展农村环境综合整治；二是坚持定期巡查，严格控制排污；三是加大农业产业结构调整；四是进一步加大全乡生态公益林、水源涵养林的管理力度；五是加大对饮用水源保护区的宣传力度。城区饮用水源地保护工程建成后，将极大改善和保护捷文水库的水质，对于保护该地区生态系统、改善生态环境、促进人与自然和谐相处和经济社会可持续发展、提高民生质量具有重要意义。

三、建筑实训地

为充分整合资源，提高农民的劳动技能，也为传承泥、木、铁三项传统技艺，万安镇致力于搭建培训平台。2014年9月1日，该镇上镇村农民泥、木、铁三项技能实训基地正式挂牌成立。该基地采用以师带徒的形式进行培训。据初步统计，万安镇现在建筑工人600多人，这些人经常在一起研究工程作业技术，互相交流，共同合作，有时几人、几十人形成一个建筑工班，有时单干作业，他们当中有些人已获得二级建筑师以上职称，万安建筑师傅技术一流，做的工程质量安全可靠，远近闻名，许多外地的人员到万安镇来学习建筑技术。

四、绿色生态地

2014 年 9 月 30 日，国家环境保护部授予万安镇“国家级生态乡镇”称号。这是万安镇党委政府一直致力于绿色生态保护的结果；这是全镇人民齐心协力整治环境污染，最大限度地节约能源，多栽树种草，保护野生动植物资源的结果。绿色生态保护是一项长效机制，需要全镇人民持之以恒，自觉做到绿色生活、绿色工作、绿色生产，我们头顶上的天空才会更蔚蓝，身边的河水才会更清澈，周围的大山才会更翠绿，城区人民才能呼吸上更清新的空气。

五、古镇文化地

2200 多年前，汉初刘邦分封了东南方诸侯王国之一的南海国。龙岩市南海国考古调查组在武平境内，发现了春秋战国时期佩剑 1 把、战国至西汉时期编钟 1 只、秦汉遗址 10 处，在汉代古遗址上采集到各种陶片 561 片，其中的弦纹、蕉叶纹、细方格纹等陶片都是典型的战国—西汉文物。目前，武平县已对“初步确认为战国至西汉时期遗存的”万安镇五里村刘屋后背山遗址进行保护，以待专家考古认证。

元朝末年（1367 年），武平有一个清正廉洁的好官、外籍县令叫魏侃夫，卸任后定居万安镇，为保障地方安全，率众筑万安土城，被后任县尹告发，以谋反罪被判酷刑，被活活剥皮致死，并被暴尸示众数日。魏侃夫事后不久，当地民众向朝廷申冤，皇上重新派官员核实，才知道这是一个冤案，魏侃夫率众修筑的是防盗保民的“土堡”，并非图谋造反的“王城”。皇上立即给他平反昭雪，封他为“光禄大夫”，并荐其为土地隍公。万安百姓不忘他筑土堡、防匪盗的功绩，在土堡东北十丈以外建了一座庙，叫作“魏公庙”。并把每年农历正月廿六日定为纪念他的日子，当地村民习惯称“剥皮公王”或“剥皮公爹”生日，其实是其殉难的纪念日。

六、山樱花基地

福建山樱花为蔷薇科、李属落叶乔木，是冬季和早春的优良花

木。在冬季温暖、霜冻较少的地区，此花往往于冬季开放，花色绯红，因此又名绯寒樱，通常为5片花瓣，有单瓣有双瓣，颜色还有红、白、紫红等，树皮黑褐色，树皮和新鲜嫩叶可药用。它象征纯洁、高尚、淡泊，是重要的园林观赏树种。2012年1月，万安下镇村成立了一家以培育福建山樱花为主的武平县万欣农业发展有限公司。在该公司的带动下，现在全镇各村都有人培育山樱花，万安镇成了远近闻名的山樱花基地。

七、菜篮子基地

2003年，万安向国家农业部申报了全国无公害蔬菜生产基地，并获得全国无公害蔬菜生产产地和产品认证标志，其中，大白菜、甘蓝、荷兰豆、甜椒、冬瓜、甜瓜6个产品获得认证标志。2014年，全镇种植蔬菜9616亩，产量17977吨，大部分蔬菜供应给武平县城，是县城名副其实的菜篮子基地。

八、养蜜蜂基地

万安镇具有四十多年的养蜂历史，依托梁野山国家级自然保护区的地理生态优势，经历了几代人的摸索和实践，特别是万安上镇村退伍军人钟亮生继承父业养殖蜜蜂后，为万安养蜂事业打下了长足发展的基

础。2011 年 5 月 5 日，成立武平县梁野仙蜜养蜂专业合作社；2012 年 2 月 28 日，又成立了一家集科研开发、养殖加工、生产销售为一体的龙岩规模产业化的蜂业龙头企业——武平县石燎阁蜂业有限公司。通过采用“公司 + 合作社 + 基地 + 农户”的先进管理模式，进一步扩大了养蜂基地。到目前，合作社养蜂箱数达到 12000 多箱，产量达 20 多万斤，养蜂农户有 150 户，其中残疾人农户就有 80 多家。2014 年，养蜂引领人物钟亮生获得“全国社会扶贫先进个人”“诚实守信福建好人”“市五四青年奖章”“县优秀共产党员”等荣誉。

编后记

万安撤乡设镇是一大喜事、一大好事。万安镇历史悠久，文化底蕴深厚。相传，早在西汉时期，万安镇五里村刘屋背就是南海国王城所在地；元末明初又有勤政爱民、刚正不阿的县尹魏侃夫在这里安家落户，为人民筑城防寇，办实事；现在又有全国林改策源地——捷文村。因此，镇党委和镇政府为打造万安，使其成为武平城北新镇、城郊花园、保障基地，研究决定编印《古镇新韵——万安》一书，以挖掘万安古镇深厚的文化积淀、红色的历史脉络及辉煌的奋斗业绩，唤起人们的历史记忆，推动本土文化研究。这对激发人们爱国爱乡之情、增强全镇人民的凝聚力、构建魅力万安，是大有裨益的。

在编辑本书过程中，我们始终得到各级领导、社会各界人士的关心、支持和帮助。这里，我们对武平政协文史办、武平党史办及武平文博园等单位给我们提供资料，或查阅资料所给予的方便表示衷心的感谢！同时，我们很荣幸地得到已达期颐之年老红军谢毕真的题字和题写的书名，中国社会科学院社会科学文献出版社社长谢寿光及福建师范大学历史系教授、博士生导师谢重光也为本书作序。在编辑过程中，《闽西日报》记者、编辑钟德彪给予精心指导及谢元安等诸位优秀乡贤慷慨解囊、鼎力资助。在此，我们一一表示最诚挚的感谢！由于该书编辑时间仓促，资料收集不足及水平有限，挂一漏万或珠遗书海现象在所难免，殷切希望作者鉴谅。同时也希望有关专家、学者、读者和乡贤批评指正。

编　者

2015 年 1 月 25 日

图书在版编目(CIP)数据

古镇新韵——万安/钟富民主编. —北京：社会科学文献出版社，2015.10

ISBN 978-7-5097-8062-6

Ⅰ.①古… Ⅱ.①钟… Ⅲ.①文化史-万安县
Ⅳ.①K295.64

中国版本图书馆 CIP 数据核字(2015)第 225340 号

古镇新韵——万安

主　　编 / 钟富民
执行主编 / 谢观光

出 版 人 / 谢寿光
项目统筹 / 宋月华　张倩郢
责任编辑 / 张倩郢

出　　版 / 社会科学文献出版社·人文分社（010）59367215
地址：北京市北三环中路甲 29 号院华龙大厦　邮编：100029
网址：www.ssap.com.cn
发　　行 / 市场营销中心（010）59367081　59367090
读者服务中心（010）59367028
印　　装 / 北京季蜂印刷有限公司

规　　格 / 开 本：787mm×1092mm　1/16
印 张：26.5　插 页：1　字 数：364 千字
版　　次 / 2015 年 10 月第 1 版　2015 年 10 月第 1 次印刷
书　　号 / ISBN 978-7-5097-8062-6
定　　价 / 98.00 元